破中论

听云 著

加拿大国际出版社

Canada International Press

书名：破中论

作者：听云

出版：加拿大国际出版社

出版社网站：www. intlpressca.com

出版社电子邮箱：service@intlpressca.com

国际书号 ISBN: 978-1-989763-80-3

9 781989 763803

电子书 ISBN: 978-1-989763-81-0

Reprimanding the Mula-madhyamaka-karika

Written by: The Cloud Listener

Published by: Canada International Press

www. intlpressca. com

email: service@intlpressca.com

ISBN:978-1-989763-80-3

EBook ISBN: 978-1-989763-81-0

前　言

　　对于中文读者来说，《中论》难以读懂大约是个共识。不知该怪原著作者龙树本人为了便于传播和死记硬背写成了颂词而不是长行？还是该怨鸠摩罗什的翻译？反正最后呈现的汉语作品完全可以被称为一个灾难。虽然也许罗什在其他经论的翻译中做得不错，但仅就《中论》的翻译而言，笔者猜想外语学院的老师是会断然拒绝给鸠摩罗什先生发毕业证的。通过罗什（或者他的翻译团队）的翻译，读者拿到手的中论颂词就像一份法庭庭审笔录，但这份笔录上却没有标注哪一句是原告说的，哪一句是被告说的，哪一句是律师说的，哪一句是法官说的！龙树的原文没有标明，罗什也可以在翻译中标明，而无需僵硬迂腐的为了保持颂词格式捡芝麻丢西瓜。更别说翻译里的众多同字异义把颂词搅成了文理难清的绕口令。

　　龙树之后，几代论师前赴后继，砥砺前行。青目，佛护，清辩，月称等等纷纷为《中论》作释著论。终于大概把龙树在中论里的大多数内容理清了（当然仍然有一些颂词到底是龙树的观点还是佛门内部其他宗派的观点尚未明确，个别地方到底是龙树的原意还是鸠摩罗什自己的意思也有待考证，但基本上不影响大局了）。

　　由于疫情的影响，待在家里哪儿也没去。索性把印顺导师的《中观论颂讲记》与索达吉堪布的《中论密钥》（注：笔者在正文中引用此书的文字时均简单标注为'藏译')以及演培法师的《入中论颂讲记》(注:本书中标注为2)重新做了对比阅读。和以前的粗读相比,有不同的感想。同时以参考了一些其他的著作。对龙树的《中论》的大致内容有了进一步的了解,但同时也对《中论》的内容产生了更多的质疑。由于印顺导师,演培法师,索达吉堪布在各自的书中分别采用了龙树之后各位中观学派论师(佛护,月称,清辩等等)以及格鲁派宗喀巴大师,萨迦派果仁巴大师,宁玛派全知麦彭仁波齐的观点。以上论师均是站在中观学派的立场,或倾向于赞同龙树中论的立场,而本文的观点是与以上论师的观点不同的。

如果本文的观点破除了龙树设下的迷雾,那么读者能得到缘起的正见吗?答案可能是仍然不能。为什么?笔者将于本书后记中解释。

虽然本文的观点主要是在破龙树在中论里的论证方法,但丝毫不会降低笔者对龙树以及后世中观学派诸论师的尊重。在古印度宗教信仰广博深幽的奠基之后,他们在如此早期的时代就走入了如此深广的领域进行无畏探索,不得不令人于内心深处升起随喜赞叹。更需要着重说明的是,笔者不是站在婆罗门诸教,六师外道,佛门内部早期部派佛教以及后期的唯识,如来藏等等任何一家的立场去破龙树的中论。而仅仅是因为个人认为龙树的方法去解释佛陀的缘起论是失败的,并且大多数论敌的观点用龙树的方法也破不了。假设笔者的观点碰巧能够成立,并为那些在龙树的无以伦比的权威与中论的糊涂帐之间痛苦挣扎的学人佛子带来帮助,那就权当作笔者对佛陀教导的大悲心的实践。如果有读者对笔者观点不认同, 大可秉笔直书, 怒加挞伐。笔者也乐于当块引玉的石头。

演培法师说"龙树的论典, 是佛教各派学者所共遵的, 所以诸有欲求诸法空性正见的, 十有八九都以龙树的《中论》为指南, 特别是西藏佛教学者, 差不多纯以龙树的中观解释佛法"。(2)

汉传佛法更有一种说法, 龙树被尊为汉传八宗共祖。

因此尽管笔者可以对自己的悲心实践冒巨大风险却依旧坦然, 但仍然衷心希望他们不要把对龙树观点的破斥仅仅认为是欺了他们的师灭了他们的祖, 或许能为他们各自的解脱道带来寻找新途径的思路也未可知。

2021 年 3 月

听云

目　录

前　言 iii

一、观因缘品 1

二、观来去品 40

三、观六情（根）品 82

四、观五阴（蕴）品 91

五、观六种（地、水、火、风、空、识）品 98

六、观染染者（观烦恼，烦恼者）品 105

七、观三相（生，住，灭）品 115

八、观作（业）作者品 144

九、观本住（我）品 156

十、观燃、可燃品 168

十一、观本际（轮回）品 181

十二、观苦品 189

十三、观行（一切有为法）品 200

十四、观合和（根尘识）品 209

十五、观有无品 218

十六、观缚解品 230

十七、观业品 242

十八、观我法品 259

十九、观时品.................................269

二十、观因果品.................................277

二十一、观成坏品.................................293

二十二、观如来品.................................306

二十三、观颠倒品.................................317

二十四、观四谛品.................................331

二十五、观涅槃品.................................349

二十六、观十二因缘品.................................364

二十七、观邪见品.................................370

后 记.................................387

一、观因缘品

不生亦不灭　　不常亦不断
不一亦不异　　不来亦不去
能说是因缘　　善灭诸戏论
我稽首礼佛　　诸说中第一

　　这开篇两颂被称为归敬颂，是中论全篇的宗旨。笔者作为佛教徒，豪无疑问是依于佛陀的缘起的立场（第二颂）的。但对于龙树在第一颂里的"八不"的立场，笔者个人是不完全赞同的，甚至可以说大部分都不赞同。

　　首先是第一句————不生亦不灭

　　不生是什么？不灭是什么？只要知道生和灭是什么就能明白了，'生'就是从来没有的，现在显现而有了。'灭'的意义正相反，从显现而有变成没有。如下图所示：

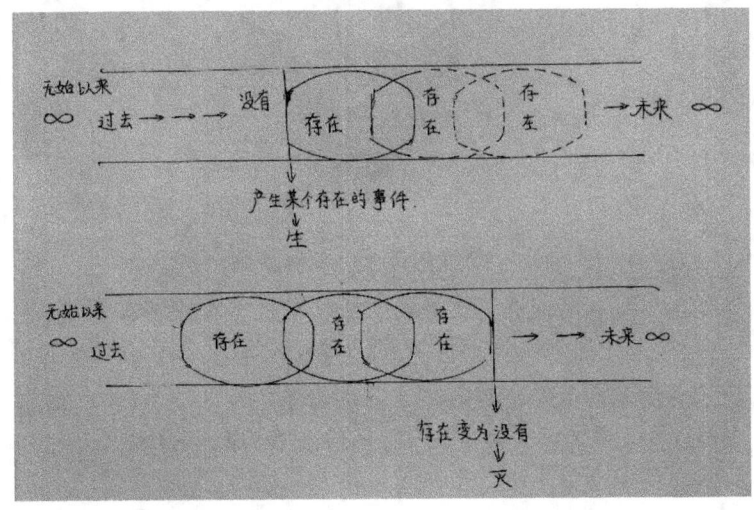

　　根据上图的定义，不生和不灭只能在如下图里的图一与图二中各自得到满足：

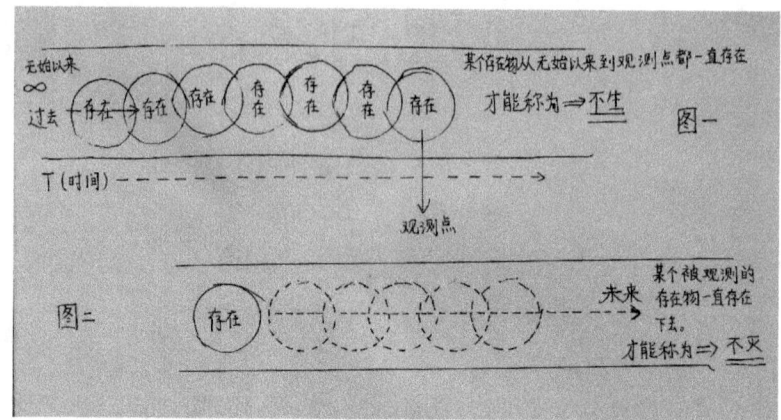

　　而要同时满足不生与不灭则要在图三的状态中：

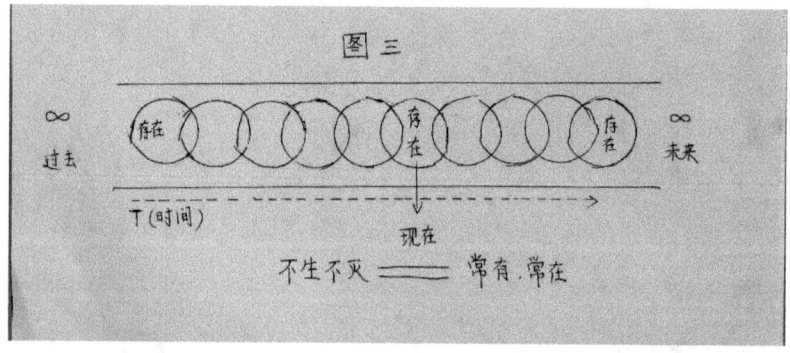

　　这样颂词第一句'不生不灭'明显与龙树的颂词第二句'不常不断'里的'不常'自相矛盾。

　　也许有人会说你这种'不生'是建立在诸法'有'的基础上的，并没有包括诸法本'无'作为基础。废话，诸法本'无'就是断灭，还用得着说吗？

　　对比一下《心经》里的"不生不灭，不垢不净，不增不减"毫无违和感的对宇宙总相进行陈述的这一句。这其中的差异是不言自明的。而龙树几乎是开门就撞上了自己的山。

特别需要指出的是，这里的‘常’能否按如下观点来理解？应该不能。

有一种观点认为常见是相信三世因果的，认为有个常住不变的受生死法（灵魂，神我、或不可言说的我，补特伽罗），或生天上，或游人间，或降地狱，而这常住不变的受生死法，就是我。

因为龙树的‘八不’指向的是宇宙诸法整体。如果在这里其中一句话转换成指向宇宙诸法里的一个局部个体（我），则‘八不中道’便失去终极权威。‘八不中道’里的‘常’，必须指向整体，也只能指向整体。

同理，‘八不中道’也不能按清辩论师那样划分成第一义谛（胜义谛）与世俗谛，（注1）而只能是胜义谛。

当笔者第一次读到这四对八边的‘八不中道’时，下意识的产生过怀疑——难道被中观宗奉为宇宙实相的终极真理会排列得如此对称齐整？后来一读《中论》第二品观来去品，不禁失笑。原来‘不来亦不去’并非二边而只是一边，龙树在此仅是试图证明运动没有发生，或者位移没有发生（并且他的努力以失败而告终）。来和去两个方向并不是辩论的主题。‘八不中道’充其量也只能是‘七不中道’。如果再将八不中的‘不生不灭’算成一边（常）。实际上只剩‘六不中道’。第二句的‘不常’因相违被废掉后，不生不灭与不断可以合并。剩下的其实是并不对称的‘四不中道’。

1.1
诸法不自生——破数论的自生论

亦不从他生——破胜论的他生论，也破佛门之内的其他宗派

不共不无因——破耆那教的共生论，破顺世外道的无因论

是故知无声——通过破四生（自生，他生，共生，无因生）推论出龙树自己的观点——'无生'。

以上观点是后世中观论师对龙树中论总破四生所对应的外道内道不同学派的解释。

诸法不自生

笔者认为龙树颂词中的'自生'并非数论派（婆罗门诸教之一）的'自生'。根据数论的观点来看，数论是典型的二原论——补卢沙或神我（最高精神），原质（原初物质）。完全不符合龙树的自生定义。龙树的'自生'是一种自己完全复制自己的模式，并且无穷的复制下去，如同一粒黄豆，不断复制自己。整个宇宙最终成为黄豆充满的世界。形成无义生，无穷生的过失。遗憾的是没有任何一个学派的观点对于诸法是如何产生的解释是符合龙树这个'自生'的定义。那么龙树像唐吉科德一样扑向风车的举动就毫无意义了吗？也许有！这个'自生'的定义可以成为龙树以后破敌的一个理论原则，当辨论对手的观点被龙树成功的推论出有'自生'的嫌疑时，对方的观点就被攻破了，但龙树之后的中观家把'自生'的帽子带在数论派的头上进行破斥是完全不合理的，数论派完全可以对此不予承认。

数论的宇宙观有点类似于宇宙大爆炸的理论。只是这引起大爆炸的第一因，数论派认为是'补卢沙或者神我'的动

念，然后原质（原初物质）就大爆炸了，化现出万物给'神我'享用（请自行参看数论派的三德，二十五谛），从这里可以清楚的看到，数论派并未按龙树的标准让原质像黄豆一样不停的复制自身，而是先由'神我'的动念进而引发原质化现出万物，也许这个化现的过程和宇宙大爆炸理论差不多————爆炸，喷射，膨胀，大分解，再局部重新合成。无论如何也与龙树所定义的像一颗黄豆那样自己复制自己的理论完全不同。

接下来，数论派还给宇宙安排了后面的旅程——'神我'通过修行，渐渐看清了'原质'变化出的万物虚幻不实。看清了其本来面目，'原质'也很不好意思了。收回了所有变化，'神我'得到解脱（注2）。到这里为止，数论派的宇宙模型就几乎完成了一个类似于从宇宙大爆炸开始，到膨胀再到膨胀失去速度，因失速无法保持膨胀而反向收缩，回到宇宙大爆炸之初的高密度状态的一个历程。这几乎也和佛教的大劫之中的成，住，灭理论近似。至于下一次宇宙重启，或者下一次'神我'重新动念之后的宇宙是个什么样子？不得而知。也许是与这一次完全不同的物理规律支配的宇宙也未可知。站在佛教的诸行无常诸法无我的立场上来看，正应该如此。宇宙如果每次重启之后都是前一次的模样，那么诸法无我就无法立足了。

退一万步讲，既便允许中观家认定数论派属于'自生'，那么数论派的'自生'也可以在循环往复的重生中千变万化，也可以有意义，并不会出现中观家所嘲笑的像一粒黄豆不停复制自己的无穷生，无义生。龙树对'自生'的否

定就失去效力了。由于自生破不掉，接下来龙树否定他生，
共生的基础都失去了。

亦不从他生

龙树与中观家眼里的'他生'其实是另外一个自生。龙
树把自生看成 A 生 A，把他生看成 B 生 B。在这里的 B 在本
质上仅仅是另外一个 A 的代称而已。所以龙树的推论是 A 生
A 不能成立，则 B 生 B 同样无法成立。现在我们可以先让一
步，暂且承认龙树的'A 生 A 不能成立'的观点。但是重点
在于龙树破斥的其他学派的'他生'是 B 生 B 吗？答案是显
然不是。其他学派的'他生'非常明显是 B 生 A。无论是婆
罗门诸教之一的胜论派探索至'极微'（类似于上帝粒子）
后所引申出的创世者（梵），还是旧约里创世的上帝，还是
佛门内部的缘生（不但也属于他生的范畴，而且还是佛陀亲
口所说）。众多的这些他生派无一例外都不是龙树所说的 B
生 B 的类型，而是 B 生 A 的类型。谁曾听闻过梵生梵？上帝
生上帝？没有吧。在此笔者无意把龙树往故意的方向去想，
如果龙树是想故意用这种攻击稻草人的方式去破敌，那实在
是摆不上台面。先自行扭曲对方的观点再战而胜之是无法赢
得任何辩论的。虽然我宁愿相信是龙树自己搞错了，但鉴于
龙树本身出生于婆罗门，这仍然很令人费解。而读完中论之
后又见怪不怪了，龙树就是这么干的。自少他认为通过这样
的卑劣手段可以赢！

不共

这两个字是破共生的。本来笔者已经不必再破了，因为
龙树破自生，他生的失败，按龙树自己的推证链条已经无法

破共生了。之所以还要再费点笔墨，是因为中观学派破共生的逻辑和例证有必要梳理一下。龙树，月称等认为，自生不能成立生，他生也不能成立生，那么这二者加在一起（自他共生）也不能生。并举例说明"一粒沙榨不出油，二粒沙也榨不出油。一个瞎子看不见，一百个瞎子加一起还是看不见"。的确粗略一读，似乎证据很有力。但一经仔细观察就发现问题远没有这么简单。自他共生并不是一粒沙与同样性质的另一粒沙（A+A）的关系，前面已经指出过了（是 A+B的关系），也就类似于一粒沙与一滴水的关系。

龙树破自生，他生，共生都是在破诸法这个宏观的整体。而举证的上述例子却仅是诸法的很小一部分。完全无法证明宏观的整体会服膺这个局部的经验归纳。辩论对手也可以在这个宏观的整体之下轻而易举找的到一大把反证。比如一个男人独自不能生孩子，一个女人独自也不能生孩子，两个加在一起却可以生出孩子来。一个火不能产生黑暗，一千万个火加再一起也不能产生黑暗，可是火多到有三十个太阳那么大，条件具足的时候就有可能产生黑洞了。

龙树、月称似乎对量变引起质变的问题也毫无思想准备，以至于他们未能发觉他们的很多论证都无法立足。一块干旱的土地，给它降半天大雨就是在救命。如果连降十天大雨就是在杀人。

人们也经常能够亲身体验到有人说的每一句都是真话，可把每一句组合在一起就变成了巨大的谎言。真实的谎言随处可见。

1：自 1930 年至今，中国队在近一个世纪的世界杯历史中仅输过三场

2：没有一支球队能够在世界杯上击败中国队两次以上

3：即使是巴西队这样的世界强队也仅战胜中国队 1 次

4：还没有任何一支亚洲球队能够在世界杯上战胜中国队

5：面对欧洲诸强：德西荷法英意葡等中国队至今保持不败金身

6：中国队在世界杯上的丢球数远少于足球之国的巴西和以防守见长的意大利

7：世界杯史上没有任何一支球队能将中国队拖入加时赛

8：没有任何一支非洲球队能在世界杯上战胜中国队，哪怕是逼平

9：强如 C 罗梅西这样的超级巨星也从未在世界杯上攻破过中国队的大门，世界杯历史第二射手克洛泽也没能对中国队取得进球

以上这个没有查到出处的网络段子经查实，每一句都与事实相符，但加在一起却变成了一个巨大的谎言。

不无因

这是龙树否定无因生，前面三项————自生，他生，共生，都是有因生。由于所有的有因生都被龙树所否认，其实结论已经显而易见，只剩下无因生了。但是龙树却把无因生也给否决了。得出了他想要的结果'是故知无生'。说到这里，如果笔者是这场辩论赛的裁判，立即就会向龙树出示红牌，将其罚出局。这场辩论的基础是有共识（共许）的。就是讨论'诸法'这项存在物是如何产生的，无论这个'诸法'的性质为何。诸法是虚幻的还是实在的都可以暂时搁置

不论,主题只是讨论存在物的产生方式。也就是说在存在物已经产生的前提下去找寻产生的方式是什么?辩论各方可以畅所欲言,各抒己见。

在此议程中并没有被允许去讨论诸法到底有没有产生这项新议题。如果要讨论这一项新议题,再开一新局。那么相信不仅是数论,胜论,部派佛教,耆那教,顺世外道都乐于带上新说词再次参与,恐怕让龙树头疼不已的正理派(婆罗门六大之一)也会不请自来。

龙树想通过消解前提的方式去赢得辩论是很难得逞的,更何况这样干也会给自己留下隐患,论敌也可以用同样的方式让龙树什么也破不了。龙树在此不仅严重越线了不说,论证过程更是值得商榷。

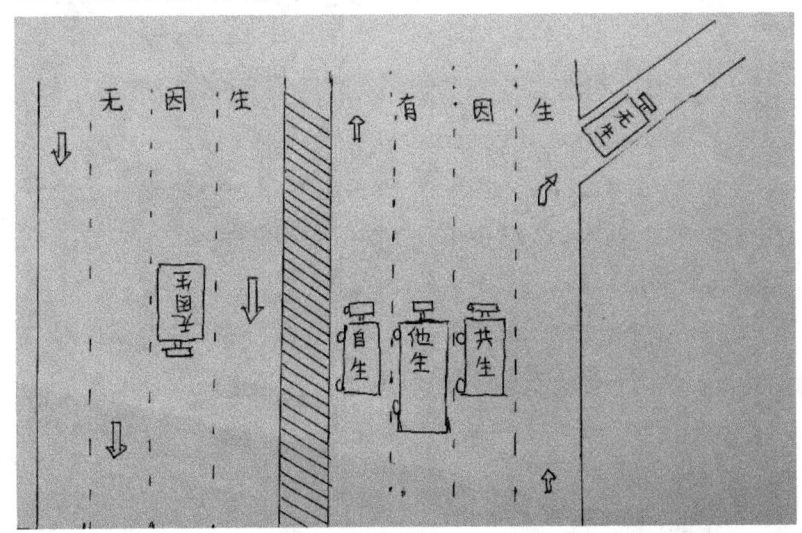

如上图所示,龙树一开始是把生的所有可能性分别出两种来源(有因生,无因生)。除这两种来源之外就再也没有其他任何可能了。在有因生之下又分为三个支项(自生,他生，共生）。他生之中即包括胜论派这种他生，也包括佛门各派的缘生那种他生。

笔者认为如果把龙树的排除法的顺序倒过来用，其实本应如此。先否定无因生，就只剩下有因生。然后于有因生中否定自生，共生，留下他生。再从他生中否定掉胜论的他生，佛门各派的缘生，建立或者留下龙树定义的一种缘生。未尝不是一种思路。龙树并没有走上这一条路，原因何在？

笔者只能猜，可能还是龙树担心一旦走向缘生，即使和佛门内道的缘生不同，也还面临论敌的责难。诸法由缘生，而缘又由其他的缘而生。无限倒退随即产生，和基础主义的搏斗又被端上台面。在这个无限倒退中的任意一点停下来就必然导向非缘生的他生（上帝，梵一类的造物主创世）。如果不停下来一直倒退，主张无因生的会说"即然你说是缘生，那请把真正的缘找出来给我看看"。结果主张缘生的在这个无限倒退中永远找不到最基础的缘，天平突然就倒向了主张无因生的论敌。一下子就从缘生直接滑向了无因生了。而无因生果，又是破坏世间善恶罪福一切因果律的。这个罪名龙树可担待不起！这也许就是龙树不得不从高速路上下道的原因。

其实这担心有点多余，本来探讨缘生果就是在单层结构中讨论。只需让定本层的缘即可。至于下一层这个生果的缘又是由什么缘生成的是下一个主题，双方如果愿意就可以继续讨论第二层，第三层。但已经不影响第一层的认证成果了。如下图：

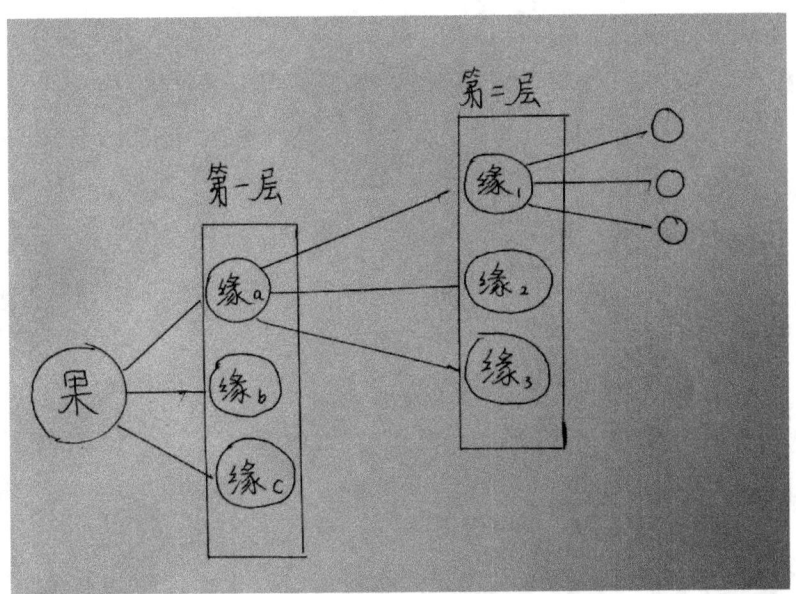

让我们借用韩非的'矛盾'的典故来观察，韩非的故事中，一个楚人称声自己同时拥有能刺穿一切的矛与能挡住一切攻击的盾。结果被人轻松的提问（用你手里的矛攻击你手里的盾会有什么结果）给破了。这个提问虽然比龙树早了几百年，但却是更地道，更严谨的持行了'应成法'应该遵守的法则。比起龙树在中论里破敌时那些擅自添加对自己有利的条件的行为，韩非的版本就显得严谨异常，没有任何添加剂。

龙树在破别派的观点时似乎忘了矛和盾只有同时属于一个'楚人'的情况下才能使用这个方法。当矛和盾分属于'楚人'与'秦人'时，就不能去分别破了。龙树的中论采用了广破一切的态度和方法，很轻易就能造成这种难以挽回的后果。广破一切就必然包括分别破除不同主张者之间的对立观点。

当某人（A）主张的无因生被龙树所破→龙树只能得到某人（B）的有因生。

当某人（B）主张的有因生被龙树所破->龙树只能得到某人（A）的无因生。

结果龙树自己变成了同时手握矛和盾的'楚人'。在中论后面的广破一切里，龙树仍然在重复这种错误。而在本颂之中为了避免这种荒谬尴尬的结局，龙树干脆如前图一样开着'无生'的小车从高速公路下道了。

这里能不能采用中观家们"龙树不执着二边（无因生，有因生）超越二边"的说词？

可以。

但是随即将产生横向纵向两个更大的困难。

一方面在横向上这也意味着讨论统合于一个封闭系统里的两种对立概念的边界被打开了，也就是说在一个集合中除了无因生，有因生之外还有其他选项（亦有亦无、非有非无。甚至于和因果完全无关的选项）。这种讨论方式如果被允许，龙树之后的依靠封闭状态下的对立概念（比如：果为从缘生？为从非缘生？是缘为有果？是缘为无果）来破敌将无法立足。论敌也可以把边界打开来辩论，龙树就什么也抓不住，什么也破不了。总不能允许龙树以双重标准来破敌吧！

另一方面在纵向上产生下图的状况：

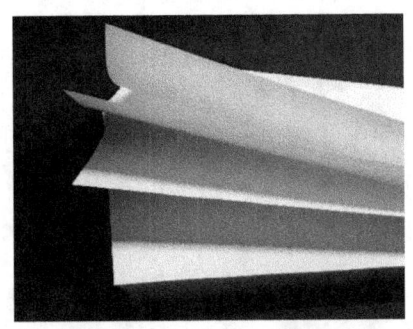

假设图中最上面一层的纸就代表了对整个宇宙整体的一种描述，而这一描述是一个集合（P）的性质，集合内只包含对立的两个概念（a, 非a）。如果龙树否定了a，又否定了非a。也就把最上而这一层纸给撕掉了，显露出第二层纸（诸法的实相）。当然龙树也可以暂时不承认第二层纸是诸法的实相，还可以把第二层纸［非（a, 非a）］也否定，撕掉。把第三层｛非［非（a, 非a）］｝认作诸法的实相。但无论撕多少层，最终都必须留下一张作为'诸法实相'的本体。既便这最后一张纸里的内容是无法用语言，逻辑思维来描述，也必须有那一张纸。如果一张不剩，也就意味着'诸法实相'消失，进入了断灭论。但是一旦有这一张纸存在，也就意味着无法实现中观学派至高无上的'毕竟空'。

而这个'毕竟空'不但是中观学派奉为圭臬的最彻底的终极意趣。并且是碾压一切内道，外道各派观点的最高维度的尚方宝剑。如果在这里出了麻烦，宝剑变羽毛，那就要命了。

1.2
如诸法自性　　不在于缘中
以无自性故　　他性亦复无

大意是：存在物的自性，在因缘中是找不到的。因为没有自性，他性也就没有。

本颂前半段是龙树的立论（立宗）。后半段是龙树据前半段的立宗推演出的结果。只不过这前后之间的因果关系的主体是什么，龙树却没交待清楚。

1：如果主体一直是诸法，即便因缘中找不到诸法的自性，但不能证明诸法本身没有自性。本颂前后两段之间因果关系就无从建立。

2：如果主体是指因缘，因缘中没有诸法的自性，这丝豪不影响因缘有自己的自性。

3：如果前半段的主体是诸法，后半段的主体换成因缘。这就变成了移花接木的骚操作，瞎胡闹。

据颂文的意思，笔者的判断龙树属于第3种。其骚操作步骤如下：

第一步：诸法的自性
第二步：因缘中找不到诸法的自性
第三步：把因缘中找不到诸法的自性=因缘无自性
第四步：把因缘无自性=诸法无自性。
第五步：诸法无自性=诸法无他性

虽然一颂之内，龙树用'无自性'这个抽象概念串联始终，但这个概念对应的主体却换了几轮了。

颂文虽然到此就完了，但是后面的结论已经明白显现，即然'他性'没有，怎么会有他生呢？这就是龙树通过观察自性在诸法与因缘两者之中的存在状态来达到破他生的逻辑链条。

龙树在他的《回诤论》中说"若我有少宗，则我有彼过，我无立宗故，唯我为无过"（3）意思是如果我有少许的立宗（主张某一观点），则我有相应的过失。这不过是他的一种不切实际的宣传口号而已。本颂中龙树就立了宗，并使之成为破敌的理论依据。整部中论里龙树不仅立了宗，而且还立了不少的宗，并未仅以月称论师标榜的'应成'方式破敌。这只能显示两个可能：要不《回诤论》这一颂不是龙树写的，要不就是龙树在干既当又立的事。

龙树的立宗不少都是歪门邪说，之后读者就会看到。本颂的立宗论敌当然不会同意，所以依靠这个立宗推论出的结果（他性亦复无）也仅仅是龙树个人的一厢情愿。

一般对因缘的认识如下

因：内在属性，也称本身的因素。（内因）

缘，外部条件，外部的辅助因素（外因）

因缘合成才能生果。

以种子为例：

因———种子（内因）

缘———阳光，空气，土懷，水等。（外因）

种子生长成热，，最后结出稻米就是果。

龙树在本品中所说的'缘'却不仅是上面的缘（外因），而是包括了上面的因与缘的统称（也许这是罗什的翻译造成的）。龙树这个缘也就是指产生果的所有条件因素的总和。既指因（内因），也指缘（外因）。龙树对'自性'的定义是与辩论对手定义的'自性'不能等同的（参见数论派的原质的自性，说一切有部的自性）。龙树的此'自性'

非辩论对手的彼'自性'。所以龙树用偷梁换柱，移花接木的方式破他生宗（缘生）必将失败。

按照龙树牌自性，诸法的自性是不可能在缘（条件）中去找到的。用现代的事物为例，一台汽车是不可能在它的众多的缘（条件）里去寻觅的。你能在轮胎里，方向盘里，挡风玻璃里找到一台完整的汽车吗？当然找不到。

按辩论对手的'自性'的定义，却可以轻松的找到。稻米的自性当然蕴藏在稻米的种子里，如果没有这个自性存在，那么稻米的种子也可以长出小麦来。用现代的语言可以理解为类似于 DNA 的东西。并且允许了这个类似于 DNA 的东西可以结合外部环境发展变化。而其整个发展变化的过程都可以囊括到这一事物的自性之中。

由于定义不同，龙树辩论几乎就是在鸡同鸭讲。不会有任何效力。

但站在旁观的立场却毫不费力的就能感受到龙树那毫无意义的执着，这种执着在《中论》接下来的颂词（比如本品中缘与果的关系）多次出现。他在执着什么呢？其实就是坚持某事物从内容到形式上完全孤立、完全封闭、不允许有变化、自己成立、永恒存在的特征——自性（龙树牌自性）。这也是龙树所有悲剧故事的主要缘起之一。

'自性'这个概念的起源较晚，直到部派佛教的论藏中才使用这个术语。也就是说原始佛教里没有这玩意儿。有观点认为是说一切有部制造出来的一个抽象概念。

但依笔者看来说一切有部的'自性'怎么看都有些像是柏拉图的形式论理念论的变体（鉴于时间先后与西北印度的地理位置，以及柏拉图的徒孙亚力山大大帝东征带来的古希腊文化冲击，以及说一切有部中标的国家工程项目先天所具有的海纳百川，兼容并蓄的惯习。这种可能不是不存在）。

其内涵与龙树牌'自性'的差别，肉眼可见！

据印顺导师在《中观论颂讲记》中观四谛品里对龙树牌'自性'的解释：

自性：自体实有，自己成立，从时间的前后看，他是常住的，静止的。

从彼此关系看，他是个体的，孤立的。

从他的现起而直觉他自体的存在看，他是确实的，自己如此的。

凡是自性有的，推究到本源，必是实有，独存，常住的。

是此常，一，实的观念..即是自性见。

根据以上的定义，笔者认为龙树作的破除自性的工作的意义可以忽略不计。除了和说一切有部吵个内部架，就没有什么市场需求了。当龙树努力的否定万事万物的绝对独立存在时，他应该抬头看看经院外面的世界，不要说大多数辩论对手没有这种执着，就算是造物主在创生万物时也已经不是绝对的独立存在了。龙树只有在造物主还没有创生万物之前去找绝对独立存在的造物主说道说道才有点意义，但遗憾的是一但龙树出现在造物主面前时，造物主就不孤独了。宇宙中只要有二个基本粒子，龙树牌自性就会被变成被嘲笑的对象。

至于龙树喜欢在纯文字概念里选择一些所谓的'自性'之类的抽象名词加入推论，再熟练的挥刀破斥论敌观点。那也不过是些精巧复杂的虚拟世界的把戏而已。

　　讨论具体问题时引入抽象概念来进行替代论证的把戏正如龙树自己在中论十七品观业品里讲了一个比喻（龙树在《七十空性论》里第四十颂也讲了同一个故事），说佛陀以法力幻化出一个魔术师，而这个魔术师又变出了一个幻化人。龙树的概念把戏就如同去研究这个幻化人。实际上无论龙树把这个幻化人研究得有多么精细透彻，头头是道，都无法形成对魔术师的判断，更无法形成对佛陀的判断。而龙树想尽一切办法都在努力的把人们从幻化人朝魔术师方向引导。希望人们在认可他对幻化人的判断之后，然后照猫画虎的把这个判断套在魔术师头上。

　　当然，龙树不这么引导是不可能的。如果他只去破斥幻化人，没有任何现实意义，既无作用也无效果。内道也罢，外道也罢，普罗大众也罢。都不会搭理他。也只有把在概念上完成的工作套到概念的指向物身上才能达到他的目的，不然啥也破不了。

　　读者如果对这个幻化人的比喻觉得陌生，可以想想现代的游戏。一个程序员写了一堆代码，然后这堆代码在运行着一堆虚拟角色参与的游戏。龙树就是那个专心刻苦打游戏的人。打完游戏之后他把自己的心得体会告诉大家"程序员与游戏里的虚拟角色都是按同一规律运作的，虚拟角色是没有的，所以程序员也是没有的"。你信吗？游戏里的各种虚拟角色就是龙树在中论里玩耍的各种抽象概念。

　　1.3
　　因缘次第缘　　缘缘增上缘
　　四缘生诸法　　更无第五缘
　　大意是：

万事万物都是由因缘、次第缘、缘缘、增上缘这四种缘生起的，除了这四种再也没有第五种缘了。

本颂是论敌的观点。

佛教的说一切有部，经部认为：'他生'存在，因为一切万法都是依靠他体的因缘聚合而产生，这在他们看来是符合佛陀的'诸法缘生'的教义的。（注：藏译）

在本颂中，佛教内的说一切有部给世界规划出诸法产生的四种来源（说一切有部在《大毗婆沙论》中说四缘出自契经，但目前还找不到证据）。笔者对四缘说是不以为然的，除了第一个'因缘'之外，第二个次第缘和第三个缘缘都可以归于因缘之中，这仅仅是印度哲学里瓦上盖瓦，叶上长叶的传统刻意制造的混乱，毫无必要。第四个增上缘几乎是在自毁宫城。增上缘的前半部分助缘完全可以归入因缘之中，后半部分'不阻碍'算个什么鬼？活脱脱的老子没坏你的事，你就该感恩戴德的流虻无赖习气。民国才女潘柳黛讽刺张爱玲的'贵族血统'就好像太平洋里淹死一只老母鸡，上海人吃黄浦江的自来水自称是喝到了鸡汤。现在看来和增上缘的'不阻碍'一比，真是小巫见大巫了。远在几十亿光年之外的星球上的某个生物放了一个屁都会是地球上某个家长的孩子考上大学的增上缘。看你服不服？考虑到这套理论的建设是当时的国家投资项目，据说花了十二年，这算不算佛法都要打个大问号了？

学习了《俱舍论》的学人佛子们要小心了，是把六因四缘的内容死记硬背下来？还是仔细思考思考？

龙树对四缘的故弄玄虚，体系混乱倒不在意。在接下来的颂词中走了另外的道路去破斥说一切有部的上述观点。

1.4

果为从缘生　　为从非缘生

是缘为有果　　是缘为无果

大意是：

如果有果。这个果是从缘生。？还是从非缘生？若说有缘。这个缘中是有果？还是无果？

这一颂龙树开始破斥论敌，仍然以前文中提到的那种对‘自性’的执念来破缘生（他生）的观点。龙树的‘果’仍然是一个封闭的，静止的，不变的内容。然后回朔到因缘中去观察有没有这个‘果’。还是一个前文提到的到轮胎中去找汽车的问题。回朔到因缘之后，龙树就把讨论的话题封锁在二元对立（非此即彼）的环境中，是从缘生？还是从非缘生？缘中有果？还是缘中无果？这种封闭的二元对立的设定不过是龙树简单粗暴的自以为得计。论敌完全可以不按龙树设计的提问来回答。论敌必竟不是龙树的囚犯，龙树想当然的以为自己怎么问论敌就该怎么答有些天真了。

1.5

因是法生果　　是法名为缘

若是果未生　　何不名非缘

大意是：

缘之所以为缘，不是他自身是缘是因他生果而得名的。如父之所以为父，是因生了儿子才得名的，那么在果法尚未生起的时候，为何不称为非缘呢？

这一颂里前面一半是论敌对缘作的定义——-因为这个条件生了果，所以这个条件才能被确认为这个果的缘。后面一半是龙树的责难。也是龙树在中论中第一次用上'应成'的破法（一种论证策略）。

应成法，也就是从论敌的前提条件出发，通过推理让论敌的前提条件产生无法避免的过失以反驳论敌的主张。

（因）a+b + c ＝ A（果）

龙树的意思是A（果）还没有产生时为什么不称 a 是非缘？印顺导师为此还举例说明：如炭能发火，说炭是火的缘，在炭未发火前，为什么不说炭是火的非缘？

论敌当然不能接受'炭是火的非缘'。

于是龙树高高兴兴接过论敌的否认然后通过一长串推论链条倒推回去，显示论敌的'因是法生果，是法名为缘'这个定义的荒谬，由此进一步得出他缘生果的不成立。

我们把上述状况排列一下，让大家看得清楚一点

（因）a ＋ b ＋ c ＝ A（果）
炭 ＋ 氧气 ＋点火 ＝ 火

1：当火产生之后，我们确认炭是火的缘（条件）。

2：而火没生时，我们为什么不把炭称为是火的非缘？

龙树在第 2 点的责难有明显错误，这一次的火没产生时，炭不被确认为这一次火的缘，这是大家都可以承认的。但不能把炭说成是"炭是火的非缘"。

"炭是火的非缘"这一句话的含意在时间上不仅指过去，现在，也涵盖了未来。正因为此，竟管人们同意眼下未燃烧的炭不是一次未发生的火之缘，但人们也不能认同炭在未来不能生火。所以人们不会在过去，现在，未来的时间整体中得出"炭是火的非缘"的结论。龙树在这一颂的责难实

际上是因时间范畴模糊不清而失焦了，至使缘的确认与可能性被混为一谈。

龙树一开始陈述论敌观点时用的是确认性，而之后要求论敌同意的却是涵盖了确认性加可能性的结论。

龙树第一次使用'应成'破敌就遭遇出师不利。这个'非缘'的严重错误也为后面的更严重的错误奠定了基础。也还不仅仅是'非缘'这个个例会影响到后面的论证，龙树把偷换概念（确认'与'可能性'互换）当作破敌的武器在之后反复使用，当然只是多用一次多错一次而已。

本颂还有一个问题很容易让读者理所当然的略过，但其实这是一个不应略过的问题。那就是龙树的发问——'果还未生起时，何不名非缘'这个问题合不合法？

如果果未生时，是个什么状况呢？笔者提醒读者再想想缘与非缘。以上面的例子，火生起来了，观察者可以确认燃烧的炭是火的缘，而火堆旁两米外的一块石头是这火的非缘。也就是说，缘与非缘的确认要依靠果生起后才能判定。果未生时，判断缘与非缘的参照物都无法获得。所以果未生起时，龙树是无从去讨论缘与非缘的确认性的。他提的问题都无法成立。

倒是在这个前提下可以去单独讨论可能性。如果龙树再次提出问题"火未生起时，炭有可能成为将来的火的缘吗"？相信谁都可以回答这个问题了。逻辑的使用范围划清之后，龙树混淆视听的绕口令就很难存活了。

龙树在《中论》余下的各品里反复使用这个句型——————'当什么什么还没有生起时，相关的另一概念将会怎么怎么样？'————————来作为破敌的套路。

这个套路也将一直是龙树的漏洞，并且这个漏洞将被龙树自己越捅越大，直到产生谎谬的后果，读者在后面的颂词中可以看到。

1.6
果先于缘中　　有无俱不可
先无为谁缘　　先有何用缘

大意是：在条件中先有果的实体，先无果的实体都不合理。假设条件中先没有果的实体，这个条件是谁的条件？假设条件中先有了果的实体，又何必依靠条件。

这一颂涉及的仍然是前文提到的老问题，龙树对'果'的定义是封闭的不变的，静止的实体。但即便按龙树这个偏激固执的定义，我们也可以找到众多反证去推翻龙树的结论。

果是由众缘合成时，缘中就可以先无果的实体，比如汽车。

果是由一个总体分解之后产生的，缘中就可以先有果的实体，比如轰炸机扔的炸弹。

再比如 1+1-1=1

等号右边的 1 就是果，这个果完全可以在等号左边的缘中找到，并且也完全可以回答龙树'先有何用缘'的责难。你拿掉等号左边的任何条件都不行。

再说具体一点，男女结婚这个果已经产生了，男和女这两个缘被确认，果已经有了，能不需要缘了吗？你拿掉一个缘试试。三支木棍依某种角度搭成三角形互相挺立在地面上。这个果也形成了，三支木棍作为缘也被确认。果成之后就能不需要缘吗？你拿掉其中一支，这个三角架就会垮掉。

所以实际上可以得出与龙树完全相反的颂词"果先于缘中、有无俱可"。我们还可以找到不计其数的证据。

至于龙树的分证合成总论的论证方法隐含的重大逻辑错误——忽略范畴错配，笔者留到第十五品观有无品中进行详述，在此先蜻蜓点水一笔带过。

龙树以及之后的中观论师对世界的复杂性，多样性准备并不充分。他们的思路常常驻留在'单一规律通贯全宇宙'上，这有点像爱因斯坦的立场。但与佛陀教导的无常却是相违的。本颂就是这样，龙树看到一个规律————缘中有果。然后龙树就拿着这一条规律放到全宇宙去测评。一测就找到了不符合这条规律的一些现象。然后就否定掉这条规律。本身这种否定就因考察的现象缺乏广泛性显得极其草率，更重要的是龙树几乎就没考虑过缘中有果与缘中无果这两条不同规律本来就可以在宇宙中同时并存于不同区域的可能性。龙树的这一思路其实本身就是龙树牌'自性'在他大脑中的显影，这个心魔在之后的破敌过程中也会以不同面目反复出现。

另外补充一条：如果龙树自己不认可一条规律通宇宙，那么在破敌时也不能要求论敌必须遵守这个规定。也就是说龙树那些咄咄逼人的提问是抓不住论敌的。中论余下的颂词中一直有这个问题。

佛教最根本的立场是反对世界是由某个神或者某个造物主所创造。佛教只是把神充作构成如梦如幻的宇宙的参与者之一（众缘之一，或众多组成条件中的一个，大概可以算贬神论）。无常才是佛教所主张的，无常就限制了"一条规律通宇宙"。

就算抛开佛教的立场不管退一步到造物主的立场，也是不会依龙树的一条规律贯宇宙的。那其实也意味着谁找到了那条规律谁就是上帝了。上帝会答应吗？应该不会，即便有人马上要找到这一规律了，上帝也会抢先一步重写宇宙运行程序。

1.7
若果非有生　　亦复非无生
亦非有无生　　何得言有（因）缘

大意是：如果作为'果'的事物不是由先有果的缘所产生，也不是由先无果的缘所产生，更不是亦有果亦无果的缘所生。那么怎么能说有因缘存在呢？

由于前面的龙树总破缘生的颂词已经被破，基础已经垮掉，这一颂分别破四缘之因缘时，龙树再用已经失败的论据（缘中有果、、缘中无果均不成立）去破'因缘'已经不可能成功了。

公平的讲，龙树在本颂的总结呈词中把封闭的原则打开了。有，无，有无同时，三项共列。只不过这也是在龙树自认为有把握封闭得住的情况下打开的。只是建了一个更大的封闭空间而已。

到此为止，龙树对因缘的破斥结束，接下去转入破余下的三缘（次第缘，缘缘，增上缘）。问题是破因缘已经失败了，即便接下来龙树破三缘成功也无济于事。

破因缘失败就等于破佛门内道的他生失败。

也即是破整体他生的失败。

破他生的失败就意味着破四生的失败。

破四生的失败就意味着龙树自己立的论"无生"是无法证成的。

虽然这并不意味着其他人无法证成，但起码龙树是失败了。

1.8

果若未生时　　则不应有灭

灭法何能缘　　故无次第缘

大意是：果如果还未产生时，则不应该有因的灭。因为果和因是观待的，还没有果，因怎么能成立，没有因就没有因的灭法。

更何况灭法一经灭尽，则不能无中生有的产生果，所以'因'根本不能成为果的次第缘。

这一颂龙树表面上是在破说一切有部的次第缘，但破斥过程中已经触及到较为深广的区域了。

次第缘是说一切有部设定的思维之中前一念心引导后一念心的产生。龙树在这里要做的是破掉前一念心是后一念心的缘。当然龙树还是用的老套路先做个置换。前一念心是因，后一念心是果。然后在这一对因果关系中设置了一个条件——因灭果生，也就是因果异时。（当然论敌——因果同时派—————是不会同意加入这个条件的，我们知道旦凡论敌不同意加入条件，龙树的论证都难以成功，这里暂且放龙树一马，看他后面怎么玩）

龙树通过观察这个因的灭来最终达成前一念心不能成为后一念心的缘。龙树在此不但引入了因的灭，因果异时。还设置了因果的三个时态因未灭，因正灭，因已灭。果未生，果正生，果已生。如下图：

前念心	后念心 第一层
因	果 第二层
未灭	未生
正灭	正生
已灭	已生

依龙树的时态我们其实可以建立以下九组关系

1：因未灭　　　果未生

2：因未灭　　　果正生

3：因未灭　　　果已生

4：因正灭　　　果未生

5：因正灭　　　果正生

6：因正灭　　　果已生

7：因已灭　　　果未生（龙树只选了这一组关系来破）

8：因已灭　　　果正生

9：因已灭　　　果已生

　　笔者是不赞同把具象先抽象成概念后去观察论证再反回到具象层面去得出结论的，那样的结论将错漏百出。龙树在中论中就多次表演这种错漏百出。

　　但假如就按龙树抽象的层面去观察，也就是在因果这一层观察，似乎上述九种关系中有不少都能在不同环境中成立。读者可以自行验证。龙树只破第七组是达不成目标的。

　　再看看龙树破的第七组。

如果按佛经里的意思，前业造作，一万年后受报。在造作结束（因灭）到受报（果）之间的一万年这就是因已灭果未生。

果未生时因已灭，并且在因果之间留下一万年的时间间隔让龙树看清楚，一下就顶翻了龙树的责难。

这一条龙树还没法反抗。反抗就是在反对佛门内各派共许，也就是在反对"纵经百千劫，所作业不亡，因缘会遇时，果报还自受"（百业经）。

回过头去看看龙树写中论的初衷是什么？其中一条原因如下：

根据青目释，当时在佛教内认为龙树这一类主张'一切法空'的"空法坏因果，亦坏于罪福"。龙树为了不担此罪名，写下中论来解决这个责难，一路反攻倒算，指出执着'一切法不空'的观点才会破坏因果罪福。虽然不能认定龙树是站在因果不虚业力不失的观点上的，最少他没有直接对论敌说出"我就是破坏因果罪福，那又怎样？"。悬崖勒了马，也就是说龙树没敢直接反对百业经的论点。

读者们看到这里应该停下来想想，为什么龙树在这里回避了责问，采用反戈一击———"你说我烂，你不也一样烂吗"？

面对'中观的结论和断灭见是一样的'的责难，后来的中观论师佛护干脆回避问题只是说二者的认证过程不同（还找了个贴切的比喻———眼睛清澈的人看到什么都没有和一出生就眼盲的人什么都看不到的区别）

再说简单一点就，就是论敌质问中观的零和断灭见的零有何不同时，佛护的意思约为中观的零是通过 3+2-5=0 的运算得到零的，而断灭见本身就是零。虽然佛护在一时绕了过去，但并没有回答此零与彼零有何不同。

比佛护更晚的中观论师清辩明显看出来了像佛护这样耍流氓是没用的。只能自己关起门来乐呵乐呵！论敌、观众都不会买账的。所以开始从二谛（世俗有，胜义无）的角度挽救中观学说。

龙树一路破下去，因果，业力，啥都破完之后，他有没有发现问题的严重性笔者不知道，只从中论中看到他悬崖勒了马，一旦勒了马，就变成了一个首鼠两端、前倨后恭、异常尴尬的矛盾体。

由于龙树对于第七组的破斥难以自圆其说。龙树在第二层因果层找不到可靠的理论基础。所以龙树只能返回第一层的前一念心与后一念心里去破敌。

如果龙树对论敌说"后一念心还未生起时，前一念心不应有灭"。论敌只需说"后一念心还没生起时哪里来的前一念心？"。因为相观待的原因，无后则无前，没有前一念心，哪儿来的前一念心的灭？如同石女（无法生育的女子）的儿子，龟毛兔角。石女的儿子根本不存在还谈什么她儿子能否讨老婆？龙树连讨论'灭'的机会都没有，就完败了。这就是后来中观学派里的清辩论师最担心的事情，无法阻挡的发生了。论敌可以把以上中观学派最常用的破敌的语言套路，语言名词原封不动悉数奉还。

笔者认为，在这一点上，和月称论师相比清辩论师似乎要客观清醒得多。

笔者认为前一念与后一念是否有因果关系取决于前念后念是否类同。如下图：

前一念	后一念	
1：女孩善良可爱。	女孩善良可爱。	前因后果，次第缘成立
2：女孩善良可爱我爱她。	我爱她，我想娶她。	前因后果，次第缘成立
3：女孩善良可爱我爱她。	糟了，上班要迟到了。	前因非后果次第缘不成立

第 3 种情况随处可见，跳跃型思维。

所以次第缘在前后念之中是否成立只是依赖具体情况而定，并无定论。这才符合诸行无常的标准。

并且笔者前面已经说过，次第缘、缘缘、增上缘这些繁琐，混乱又无聊的分类只适合起到为国家工程虚增预算的功效。

1.9

如诸佛所说　　真实微妙法　　　　藏译：（若有此缘法，则彼无实义）

于此无缘法　　云何有缘缘

本颂是罗什的版本，藏译的前半颂与此不同，破的是缘缘。

缘缘是指心攀缘到认识对象。比如一场足球赛就是现场观众的攀缘对象。

本颂大意是：诸佛说过——世俗幻有的相在真实观察中一切法性空。在这种前提下，龙树认为认识对象都是法性空的，认识主体哪里还能认识对象，哪儿还有缘缘这回事？

很明显，龙树的推论和结论都走入了极端情绪之中。他没有给认识主体能够认识梦幻泡影留下任何空间。

如果认识主体不能认识所缘的对象，当然也无法认识到对象的法性空，诸佛是怎么认识到对象是法性空的？你龙树又是怎么认识到诸佛教言的？

纵观整部中论里龙树破敌时采用的不同角度的观察点，只要往深里挖，几乎都能挖出极端思维模式的根。完全偏离了佛陀的中道义。

至此龙树对四缘的破斥结束。

1.10

诸法无自性　　　故无有有相

说有是事故　　　是事有不然

前半颂是龙树的立论：如果一个法有自性，就可以成立它的有（存在）相。但诸法是没有自性的，所以没法成立它的有（存在）相。这也是一个必然受到诤论的观点。反方的观点最少有二个：

一是认为诸法有自性，当然其自性的定义与龙树的完全不同。这里不仅仅是指说一切有部的自性，其他学派，论敌都可以自行定义。龙树想自行定义一个缺乏共许的‘自性’是白费蜡，最后只能是一个毫无价值的完全封闭不变的龙树牌‘自性‘。用这个龙树牌‘自性’作为论据去破敌就显得有些痴心妄想了。

二是一个法没有龙树牌自性也可以成立它的有相。然后诤论的目标必然滑向‘有相的定义之争’。众所周知关于这一点的争论在历史上不仅限于佛教，众多的思想家，哲学家也参与其中。龙树的观点很明确"说有即是常"，说一个事物有即是有特征，有特征即是有龙树牌‘自性’。笔者认为这是一个非常极端的盖章认证，中间龙树预设的一个前提条件就是：有特征=有龙树牌‘自性’，如果论敌坚持有特征不等于有龙树牌‘自性’怎么办？

特征是为了区分事物被提练出来的，因为区分，就要有比照物，因为有比照物，就有比照物的选择。依选择而定的特征本来就只是一个相对概念，不可能有龙树牌自性。比如选择牛作为比照物，苹果 A 的特征可以提炼出——————植物、果实等等。同样是这个苹果 A，选择另一个苹果 B 作为比照物，那么观察者会发现为了和苹果 B 区别，苹果 A 不得不完全抛弃之前的特征，凡是让苹果之所以是苹果而不是牛的那些特征统统不能用了。只剩下形状大小，颜色，重量等特征可以采用。

论敌完全可以说这种相对特征就是事物的自性。而龙树的绝对特征的自性根本就是一种被极端主义控制的神经病惯常产生的妄想愚痴。

一个事物的身份认定是如此之复杂与不确定，无常就这么轻轻松松的就敲碎了龙树的执念。这也不仅仅敲碎了龙树，同样敲碎了其他有类似观点的思想家，哲学家。

回头再看龙树这句话："诸法无自性　故无有有相"（事物没有自己的属性特征，所以不存在。）。这句话本身就是一句常见病语，当龙树的语言指向事物时，已经认证了它的存在，哪怕这个概念是从论敌手中接过来的也是一样。如果事物根本不存在，龙树就无法用词汇概念去描述出任何一个存在物，而龙树自己也不可能存在。也就是'诸法'二字一出口、龙树就失去了讨论存在不存在的资格。

更让龙树绝望的是：'不存在'却是有自性的，它的自性就是绝对没有，啥都没有。

龙树前半颂的这个立论没有什么力量，只能划归自说自话。由于本颂是龙树在立宗，不是在使用应成法的语境中。本着谁主张谁举证的原则，论敌要求龙树自己定义什么是诸法？什么是自性？什么是无有？什么是有相？等龙树把这些概念补全了，估计就离被论敌打得千疮百孔不远了。龙树自己立的概念越多，论敌就越容易找到破斥之门。

在抽象概念的修罗场里，走在前面的很容易就被后面的玩家端着机关枪突突突了。

而后半颂，内容就喜剧了！

'说有是事故 是事有不然'。这两句根据各家的解释其实是：

说"有是事，故是事有"，此则不然。

双引号内的七个字其实是佛陀给缘起下的定义"此有故彼有"的同义语。

面对鸠摩罗什的翻译，简直有种欲哭无泪，无言以对的无奈。这气口断得和说相声的有一拼。

中论的颂词中还有不少这种把前半句没写完强行嵌入后半句之内的类型。

笔者第一次读颂词时完全把'是事有不然'等同于中论后面的颂词反覆出现的'是事有不然''是事亦不然'了。而其实完全不是一个意思。

在这一颂中龙树把佛陀教言破了，而上一颂龙树依靠佛陀教言去破缘缘。对比如此明显，问题就来了。哪些佛陀的教言可以被龙树采用？哪些佛陀的教言会被龙树破斥？标准是什么？同样都是佛说，凭什么有如此差别对待？难道对龙树观点有支撑的佛言就可以被采用，没有支撑的就统统给与破斥？

中观家或许要辩解——龙树采用的都是佛陀实说（真实义，甚深义），而破斥的是权说（方便义）。

站得住脚吗？好像站不住。

以前一颂与这一颂来对比观察，前一颂引用的佛言是"真实微妙法，一切法性空"。后一颂引用的佛言是"缘起即此有故彼有"。这不正是性空缘起，缘起性空吗？龙树肯定一半否定一半，只剩性空没有缘起，站得住脚吗？

缘起是佛教的核心教义，缘起即'诸法由因缘而起'。就是一切现象的生起都是相对的互存关系和条件，离开互存关系和条件，就不能生起任何一个现象。缘起论是佛法的代表，是佛教与世界上其他宗教相区别的根本特征。不管是原始佛教，部派佛教还是大乘佛教。均以缘起论为其根本教理。对缘起的解释就是此核心中的特质。佛陀通过自修自证并亲自对缘起作的解释'此有故彼有'也是教内公认的主旨。要把此佛言归于权说（方便说）实在是过于荒谬，这等同于否定佛陀的自修自证。不仅如此，读者不要忘了龙树本人在《中论》开篇归敬颂里说的什么——能说是因缘　善灭诸戏论　　我稽首礼佛　　诸说中第一

就是打脸也不能这么快。

1.11
略广因缘中　　求果不可得
因缘中若无　　云何从缘出

大意是：大大小小的条件中，都找不到果的存在，条件中没有，为什么还能说果从缘生？

这一颂笔者在前文已经破过了，无再一次破斥的必要，属于可以从本品删除的废话。

1.12

若谓缘无果　　而从缘中出

是果何不从　　非缘中而出

此颂的大意是：如果说缘中没有果，果却能从缘中产生，那么该果法为何不从非缘中产生呢？这也是龙树再一次用'应成'的思路在破敌论。主要是在破'缘中没有果也能产生果'的观点

看过前文中对龙树的'非缘'的破斥后，自然知道本颂连立足的基础都没有了。但假设没有看过前文，这一颂的确是很有欺惑性的，也很有代表性。

让我们用实物替换进龙树的推论中去

如果说轮胎，玻璃中没有汽车，汽车也能从轮胎，玻璃中产生，那么汽车为何不从建造房屋的石块中产生呢？既然不含有汽车这个果的轮胎，玻璃都能产生汽车，那么不含有汽车这个果的石块也能产生汽车。

任何人都能依以上表述判断龙树已经在不知所云了。真希望佛祖能救救他。

但是一但离开实际状况，回到龙树的文字概念中，为什么又听起来似乎有道理呢？

请看下图：

轮胎　玻璃　刹车		石块	第一层具体实物
因（缘）			
非缘	————>	非缘	第二层抽象概念
	汽车		第三层　果

本来一般的观点认为轮胎，玻璃等条件就是汽车的缘。

但龙树认为缘（轮胎等）中找不到果（汽车），所以轮胎就不是汽车的缘，不是缘==‘非缘’。论敌的果能从缘中产生就被替换成了龙树的果从‘非缘’中产生。于是‘非缘’这个抽象概念被龙树制造出来作为轮胎的代词。然后龙树在第二层抽象概念里做了一个平移的替换，从左边的非缘平移到右边的非缘中，然后又从右边的第二层抽象概念中上朔到右边第一层的具体实物（石块）。结论是：石块应能产生汽车。

论敌当然不会结受这个结果。龙树的如意算盘正等在这里。好，即然你不同意此结果，他也赞成。于是立马倒推回去，从右边倒推回左边，顺着推论链，一路反攻倒算，直到缘不能生果。他的目的就达到了。

石块不能产生汽车—>非缘不能产生汽车（右边）—>从右边的非缘平移到左边的非缘——> 非缘不能产生汽车（左边）—>轮胎，玻璃无法产生汽车—>缘无法产生汽车——>缘无法产生果

这个过程明显的能够展示龙树是怎么把自己以及其追随者拖进迷宫的。错误是如此严重，而在颂词中却又极难察觉。在第二层中，左边和右边的抽象概念（非缘）虽然一字不差，却根本代表了二种不同的事物，完全无法平移替换。之所以不易察觉只因为‘非缘’二个字在字面上完全相同。这也是龙树脱离实际，执着于在抽象文字相中去推论观察一切事物的悲剧结果。这一套玩法只适合去参加脱口秀制造段子，并不能真正破敌立论。说难听点，这种把戏连巡山游江的打滚青年都骗不了。

暂且不提龙树把缘论证成'非缘'的严重错误。仅就
"非缘"而言，这个抽象词汇仅仅是描述轮胎与汽车之间的
关联性的一个局部。并不能完整描述轮胎本身以及轮胎与汽
车的关联性的全部。所以是无法与轮胎互换使用来完成推论
的。更不能与石块的'非缘'互换。

轮胎—⊖—非缘（左边）—⊖-非缘（右边）-⊖—石块
　|　　　　　|　　　　　　|　　　　　|
汽车　　　汽车　　　　汽车　　　　汽车

在上面的链条中，每一个词汇与汽车（果）的关系都是不能
互换的。龙树未加仔细观察自作主张想当然的通通互换达成
了他需要的效果。其荒谬结果是可想而知的。

一年前正好听过脱口秀演员呼兰讲过一个段子如下：

烧烤（因）　　　　　　　　　　搓澡
弄完一面翻过来弄另一面〈—〉弄完一面翻过来弄另一面
烤焦了（果）

段子讲述了这两件事情的'本质'是一样的，一字不
差。

假设左边烧烤是'因'，'果'是烤焦了。按照龙树的
错误推论右边的搓澡也可以把人烤焦。

不同类型的例子还很多，比如因果同时：

左右，上下　　　　　A，B，C。　B是A的果，同时是C的因
　　　　　　　　　　　爷爷 父亲 儿子

因果同时　　　　　　　因果同时

在这里两个一字不差的'因果同时'完全是不同的意思。如果像龙树那样胡乱互换，结果可能不是喜剧就是悲剧。

龙树始终搞不明白不同事物之间有共相也有区别特征，他的推论始终陷在"二个事物有共相，二个事物就可以互换身份"的泥潭里无法自拔。陷入这个泥潭的不仅是龙树，也包括之后的众多中观论师及其追随者。

正如龙树之后的中观论师佛护的一个著名的嘲笑论敌时用的比喻——"为了生孩子急欲与人妖同房"。正好恰当的形容出龙树这种急于想仅凭对抽象文字概念模糊不清的推论就求证宇宙大道的行为。

由于事物是如此复杂多变，深奥难测。以人类的能力完全无力去完整真实的观察事物本身。即便是面对一滴雨水也无可奈何，直观尚且无望，又怎么能指望用抽象的文字概念去描述真实完整的雨水？这活脱脱就是一个不可能完成的任务！

任何一个概念，都不可能完全概括事物本质特性和全部内容。完全沉浸在抽象概念里找宇宙真理只能培养一代又一代"缘木求鱼"的精神病患者。

虽然这种精神病患者并非一无是处，不少的艺术家就产于其中。但是理智会提醒我们——可以欣赏他们唱戏，不能依靠他们解题。

1.13

若果从缘生　　是缘无自性

从无自性生　　何得从缘生

大意是：假设'果'是从缘生，这个缘无自性，从无自性的缘中怎么能生起果呢？

这一颂龙树又陷进了自己定义的'自性'的泥潭。按龙树对自性封闭不变的定义，凡是有自性的东西是不能产生任何其他事物的。也就是说果只能从无自性中产生。而本颂龙树又否定了自己的观点。

论敌则可以认为无自性的缘当然能生果。

'自性'这个抽象概念在说一切有部的"三世实有"里非常有用又好用，但在龙树这里却一点也不好用。

1.14
果不从缘生　　不从非缘生
以果无有故　　缘非缘亦无
大意是：

果不从缘里产生，也不从非缘产生。即然缘与非缘都不产生果，就没有果这个玩意儿。即然果不存在，哪里还能找到缘与非缘？

这一颂前半段笔者在前面已经破过了，没有意义，后半段却赞成了笔者在 1.5 颂里表达过的观点。相当于龙树在用自己的 1.14 颂打他自己 1.5 颂的脸。

二、观来去品

本品总共大约有 500 字，其中大约有 110 多个'去'字。鸠摩罗什的翻译带来的灾难在本品非常显著。

'去'在本品中有各种意思——可以指动作，可以指行为，可以指运动现象，可以指位置移动，可以指和运动相关的空间。

'去时'可以指运动的时间段，也可以指运动所在的道路，也可以指运动的时空一体。鸠摩罗什图便宜省事，一个'去'字包打天下，翻译得堪称混乱无比。

曾经听到过大言不惭的中论读者说"中论并不难懂，只是缺主语"。如果认真读过本品，或许就不会这么踌躇满志的信口开河了。

为了讲述流畅，笔者先在这里一笔带过，后面的讨论也不会单独指出每一个'去'字的意思。

2.1
已去无有去　　未去亦无去
离已去未去　　去时亦无去

大意是：1:过去已经过去了，所以发生在过去的运动或者位移已经不存在了。

2:未来还没有来，运动和位移还没有发生，所以运动和位移也不存在。

3:离开过去和未来，并没有现在存在，要么在未来，要么在过去。所以没有现在正进行的运动或者位移。

　　这就是大名鼎鼎的三时破，在余下的其他品里，龙树也多次得意地使用三时破。本品龙树使用三时破来否定运动的存在。

　　为什么要讨论三时？，因为论敌认为有时间相（过去，现在，未来三相）就有时间对应的运动，有运动存在就有运动的主体——诸法的存在。

　　龙树为了破敌，就创立了一个自己认为的观点：在时间轴上，只有过去和未来，没有现在，成立了'二时论'。然后用这个'二时论'作为理论基础去论证运动不存在。

　　当然笔者在前文中提过，在辩论过程中，龙树突然强行加入一个有利于自己结论的条件进去是犯规的，不仅论敌不会同意。裁判与旁观者也不会同意。龙树在此最多能做的是论证三时之中没有运动发生。而不能去把三时废了，成立二时论。你龙树可以拿掉现在。辩论对手则既可以坚持三时论，也可以拿掉过去、未来，只承认现在，成立一时论。更夸张的可以直接否定时间的存在，（包括莱布尼茨及康德）。在这一番喧嚣之后，辩论差不多就成为围绕时间定义的毫无意义的自说自话，口舌之争，而把运动是否存在的问题挤到一边去了。

　　更有甚者，以上观点都只是站在凡人的角度在讨论，龙树和众多凡人一样必竟只是三维动物，无法在时空一体的四维空间（这里指闵可夫斯基时空，而非数学上的四维空间）进行直接观察。关于这一点笔者比较有信心，如果龙树能直接看到四维时空，那么龙树立即会把他在本品写的每一个字都擦掉。

　　站在普通人的认识角度，虽然我们无法确定宇宙是否存在能直观四维的观察者，但也无法否认这种可能性的存在。至多也就是把这个问题悬置起来。

　　而站在宗教信徒的立场，这根本无须怀疑，上帝就是观察全时间（过去，现在，未来）段。佛陀悉知悉见，当然也能。这就可能引出'三世有'（过去，现在，未来）的结论。虽然三世有可能是幻有，未必和说一切有部的'三世实有'能等同。但对龙树的打击却是沉重的。

　　按照闵可夫斯基对时空的观点如下图：

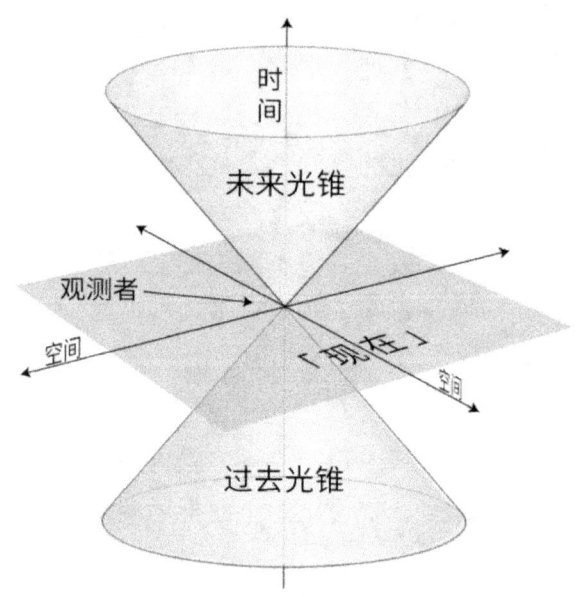

　　光锥中，水平方向表示空间，竖直方向表示时间。深色平面表示"现在"。中点代表观测者

　　龙树拿掉现在，上图中的模型就倾刻瓦解，并且不但标示诸法的"现在"消失。所有时空中的诸法也消失，于是龙树进入了龙树自己批判的断灭论。

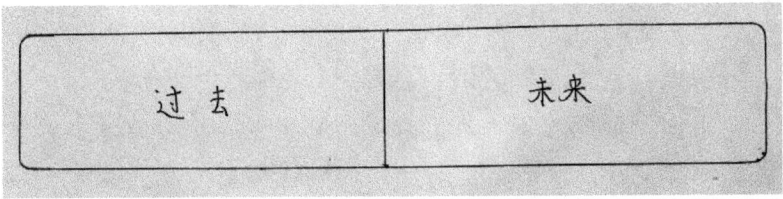

龙树的时间

如上图所示，在没有"现在"的时空中，龙树只剩未来与过去。当龙树否定了未来有诸法，诸法就只能待在过去，接着龙树再否定掉过去有诸法。诸法就此凭空消失，就完全进入了断灭论。没有时间，没有时间的标的物——'诸法'。本来龙树想否定运动的存在，但由于用力过猛，冒然抽掉现在，结果搬起石头砸了自己的脚，一头栽进了断灭论。断灭可是龙树在篇首归敬颂明明白白否定了的。

说到这里，读过中论的人大约已经知道后果了，'三时破'不成立对中论意味着什么？后面那么多使用三时破才能破敌的论述全部要土崩瓦解。不仅如此，由于中论被视为能广破一切而达至毕竟空，胜义谛。是不容有半点错误的，只要有一点被证伪，就算整个体系不坍塌，也不可能达至胜义谛了。这可要了中论的老命。

其实这一颂之后的内容笔者破与不破都不影响大局了。学习过中论科判的人应该都了解中论的推论链条。后面的破敌经常要建立在前面的理论之上。前面的理论不成立，后面的就龙树倒猢狲散。

这可怨不了任何人，三个否定步骤都是龙树自己一步一个脚印踏踏实实走出来的。

也没有任何人能救龙树，甚至包括后继的持胜义简别的中观自续派的清辩论师也无能为力。至于一般中观学人用嘴里常念叨的"我们破的是胜义有，不破世俗有"来救场也同样来不及了。

断灭一旦出现，世俗不会有。

唯识学前期的无著，世亲能不能来助龙树一臂之力？他们的'胜义有，世俗无'对此断灭同样爱莫能助。

断灭一旦出现，胜义也不会有。

还有一个问题，就是龙树的二时论在此提出后，于此之后的颂文龙树就不能使用三个时态去和论敌辩论了。你不能既否定三时，随后又依靠三时去说理。当然也包括龙树之后的其他中观论师，比如佛护论师、清辨论师，月称论师之类的再用三个时态去说理破敌就成自己打自己的脸了。

本颂中最后一句已经出现了"去时亦无去"，但和后文反覆讨论的"去时有去，去时无去"不是指向的同一意涵。本颂指的是正在进行时不存在，而后文中的'去时去'是指观察者描述的时间与正在发生的运动的关系。（罗什当年翻译时真不知道在想啥！）

龙树在前面否定了正在进行时，后面又乖乖的依正在进行时来讨论问题。这也是龙树矛盾体质的一种展现，笔者甚至认为龙树对此毫无感知。

让我们逐条检视一下，未来还没有来，运动和位移的确还没发生。过去和现在呢？如下图运动和位移实实在在的是从过去到现在的时间段里发生的。所以龙树的过去，现在没有运动的观点无法成立。

在给定坐标元点为 A，为了说理方便，假设'诸法'以均速前进，速度为 1 米/每分钟。三分钟后到达 B3，然后停在 B3 处。我们发现虽然三分钟已经成为过去，但思毫不影响观察者作出清淅的判断———'诸法'发生了位移，产生过运动。只要观察者确定过'诸法'的起始位置是 A 点，即便'诸法'在运动的过程中观察者转头睡觉去了，也不会影响到观察者的判断。观察者在第三分钟醒来和在第五分钟醒来观察到的位移并没有区别。也就是说观察位移有没有产生完全可以与时间的流逝没有必然联系。奇迹发生了，运动的动作虽然已经随时间的流逝而消失了，但发生在过去的位移并没有随时间变为而消失，踏踏实实的存在着。龙树的'已去无有去'再一次开门撞山。

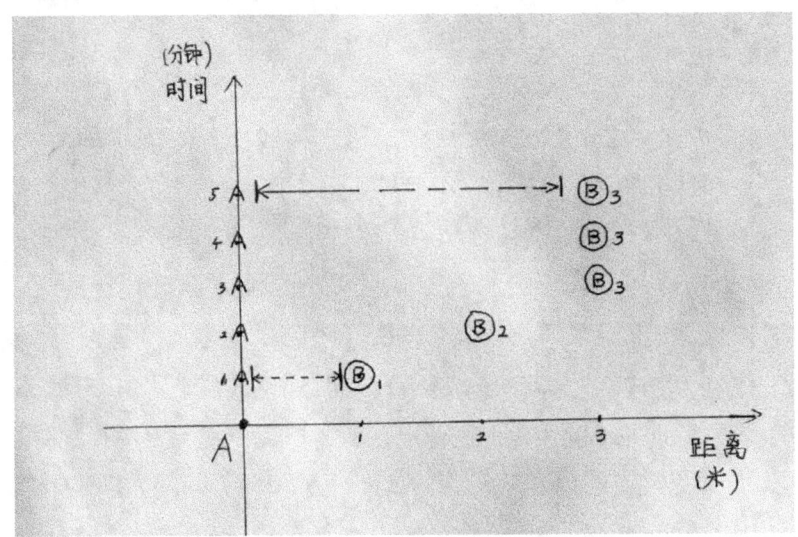

通过上图我们可以发现位移有没有发生主要的判断标准是依靠空间定位。只要确定了参照物（基点）就很容易判断位移是否发生。位移发生了就可推证运动的确发生了，那怕这个运动你没看见，或者已经过去了。至于时间，作为'诸法'的属性之一，除了有过去现在未来三相，还有其他相。这应该是龙树忽略了或者刻意回避了的问题。时间还有用于方便记录诸法运动的速度和存在属性。也可以衡量事件持续的期间以及事件之间的间隔长短（时间段）。

这里还要特别提到费尽心思帮龙树解释的印顺导师，印顺导师在'中观论颂讲记'中指出有人用类似古希腊芝诺的'飞矢不动'的观点来解释运动没有发生。

"一支飞行的箭是静止的。由于每一时刻这支箭都有其确定的位置因而是静止的，因此箭就不能处于运动状态"——————芝诺。

另外，中国古代的名家惠施也提出过，"飞鸟之景，未尝动也"的类似说法。

在芝诺眼里看到的是一张一张静止的箭的照片在空中连接成一串。如同电影胶片一样，每一格胶片都是静止的。

以上说法都不能成立。判断箭在运动的依据是箭产生了从A点——B点的位移。位移产生后距离就产生了。但凡运动的物体都拥有一定的速度。只须记录从A至B耗费的时间，根据时间=距离/速度的公式，就可以得出一个速度（为了说理方便暂时以匀速来观察）。而观察飞行过程中的被不断分割的时间段单位无论多么小，那怕无限趋近于零。都可以在速度假定的前提下计算出此一极微时间段单位里箭在空间中飞行（移动）的距离。无非是在小数点后面加多少个零而已。所以，即便在这一极微的时间长度中，芝诺也无法看到一幅静止的照片，他只能看到一幅动态影像。如下图：

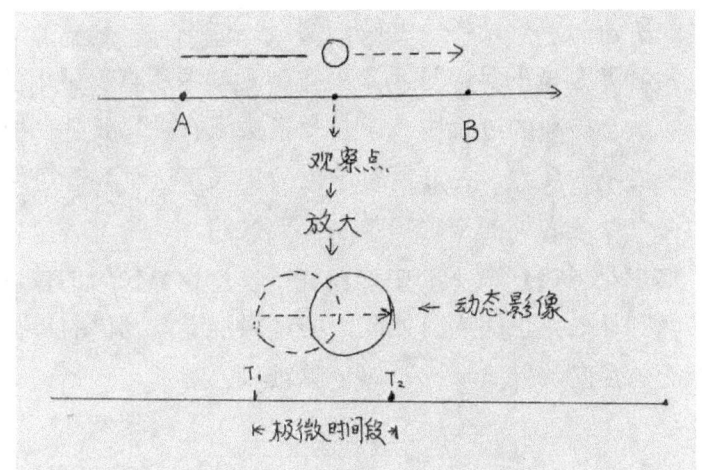

而在这段时间轴上，永远找不到细分到零的时间段。一旦找到，根据公式倒推位移为零，芝诺也好，惠施也罢，他们只能讨论箭和鸟。讨论飞箭与飞鸟的基础都没有了。

龙树在本颂里实际上还隐藏了一个非常重大的逻辑污点。那就是'已去无有去'。这里的意思并不是过去的时空中完全没有运动发生，而是在已经过去的时空中发生过的运动已经随着时间的流逝变成了没有。不但各家中观论师的论述均是这样解释，并且从本颂之后的中论颂词里也可以得到佐证。这就留下了一个异常怪诞的证据，也就是说龙树为了论证运动不存在，他首先是把运动存在作为前提的。虽然藏得很深，但也并非不能发现。如果运动不存在，龙树根本无法推论出下一条——"发生了的运动已经过去了，所以没有了"。

这如同天黑之后，龙树告诉听众——你们都看见了太阳已经落下，所以太阳已经没有了，夜里也没有太阳。所以太阳从来就不曾存在过。

太阳已经落下的前提就是太阳要存在好吗？这一套希里湖涂的所谓的'推论'能遍破一切！你信吗？

笔者要强调的是：这不是处在中观学派所喜欢采用的'应成法'破敌的过程中。况且'已去无有去'只是龙树自己一厢情愿的观点，并非所有的论敌都同意这个经验总结。用归谬，反证之类的来解释是完全无效的。

这也是龙树在余下的中论颂词中多次反复使用的伎俩。本品就有几处。正因为有如此大的逻辑混乱，龙树的那些推论才能勉强向前接着演，不然早就难以为继了。

2.2

动处则有去　　此中有去时
非已去未去　　是故去时去

大意是：正在产生位移的地方就有运动发生，与此运动相关联的时间也得以呈现。这个时间不属于未来，也不属于过去，所以运动正发生时的时间里有运动。

按后世中观论师的讲述这一颂是部分论敌所主张的观点，包括了一些佛教内道与外道。虽然他们也同意过去和未来都没有运动存在，但坚定认为现在（正在运动的当下）有运动存在。下面2.3颂开始就是龙树对此的破斥

这是龙树写的颂词，并不能确定论敌的原话是不是这样表述的，笔者对此表示怀疑。因为'论敌'这一表述似乎是一个无效的循环论证。先用运动存在去推论运动的所属时间段存在，又用运动的所属时间段存在倒推运动存在。笔者多多少少有些怀疑这些论敌是否会这么弱智？毕竟从现存的历史资料来看，龙树的众多论敌呈现出了很高的水准。

遗憾的是接下来龙树的破斥并没有去找这个循环论证的毛病。

也听到过有观点认为这是龙树自己设计的一个观点，其作用仅仅是为了方便自己破敌。对此我们可以暂且不管，看看龙树的推论能否成功破敌。

从 2.3 颂开始的接下去几颂。龙树的论证进入了崩溃状态。

笔者在此以印顺导师的版本进行讨论，因为藏文版里的'去时'依月称论师的注释理解为去的道路，暂且搁置。但无论哪个翻译版本，亦或本颂中一百多个'去'字又产生了多少歧义。但都丝毫无法掩盖龙树欲把论敌的观点强行扣上'一女二嫁'的帽子。

龙树抓住的点就是敌论的'去时有去'这一字面含义。相当于干了一个教师检查学生语法错误的工作。和什么毕竟空，胜义谛毫不相关。

2.3

云何于去时　　而当有去法

"在运动所属的时间里，有运动的行为"。你们为什么要这么认为呢？这是不能成立的。龙树在 2.3 颂前半截先提出了否定。

....

在 2.3 颂的后半截龙树开始了他的推论。

若离于去法　　去时不可得

因为离开了运动的行为，运动的所属时间段根本没有。这一前提条件应该是龙树与论敌都共同认可的，余下的推论时不时都要回来找这一条作为基础。

2.4

若言去时去　　是人则有咎

离去有去时　　去时独去故

龙树说：如果说运动所属的时间里有运动的行为。这么说的人是有过错的。

因为如果离开你说的这一运动的行为之外有一个没有运动发生的时间段单独存在，而这个单独存在的时间段就不是那个运动所对应的时间段了，去时就无法成立，去时无法成立，哪里还有去时去。

2.5

若去时有去　　则有二种去

一谓为去时　　二谓去时去

大意是如果依然论敌所说的运动所属的时间段里有运动的行为，那么现在将出现二种运动行为，一个是'去时'本来就已经对应的运动行为，一个是论敌口里的'去时去'中的'去'这个运动行为。

本颂龙树端出了他早已准备好的'一女不能二嫁'。根据上一颂的铺垫、这一颂就顺着继续推论下去。

在直接讨论运动与运动时间段的概念以及关系之前，笔者想把青目对这几颂的内容解释时使用的一个比喻梳理一下，以便读者能借由这个具体的比喻更容易理解龙树所定义的运动与运动时间段的关系。

青目在释中有一句"如器中有果"。意思是如同水果与装承水果的盘子的关系。也就是水果与果盘的关系。

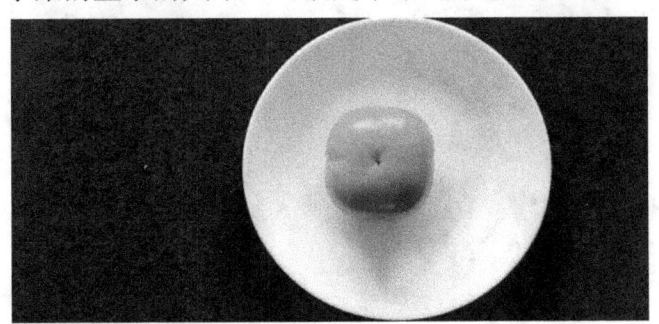

这是论敌想指认的状态

按龙树规定的前提条件是有水果的盘子才能称为果盘。

如果离开了水果，是没有什么果盘的可言的。

论敌认为果盘里有水果，龙树认为这样的说法是不能成立的。

第一种情况：如果论敌说离开水果之外有盘，果盘被分拆成了水果与无水果的空盘，无水果的空盘只能叫非果盘，所以只能成立水果在非果盘中。这个无水果的空盘正好推翻了'水果在果盘中'。

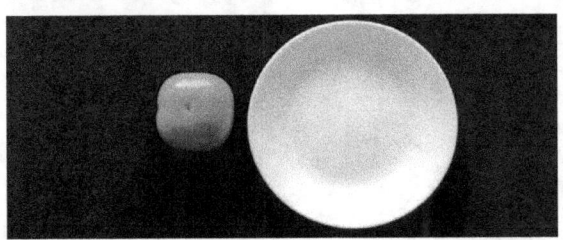

这是龙树给论敌'规划'出的第一种状态

第二种情况：如果论敌说成果盘中有水果，则有两个水果。

一个是先前使果盘能够成立的那个水果（过去时），一个是你嘴里说的现在这一水果。

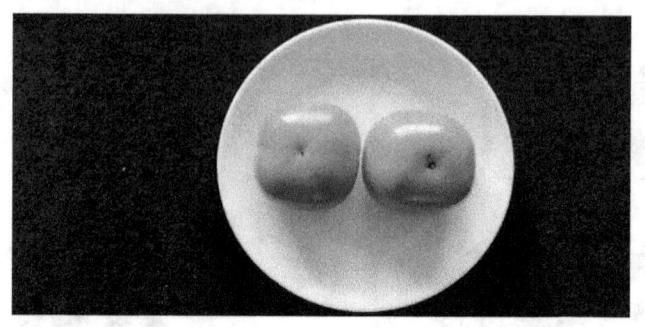

这是龙树给论敌'规划'出的第二种状态———'一女二嫁'。

龙树认为以上二种情况都无法成立，所以论敌的'水果在果盘里'不能成立。

这个比喻里的水果可以比照运动。果盘可以比照运动时间段（也不妨像月称论师那样解释为运动发生的道路，或者依现代观念解释为运动对应的时空，殊途同归，最后推论出的结论一样）。通过这个形象比喻，读者大略能知道龙树是如何破论敌的'运动就存在于运动正在发生的时间段里'。

这个破斥从表面上看似乎在破运动，其实更像是在纠正一个语法错误。也就是说既便龙树破斥成功，也仅仅是破了一种陈述方式而已，对运动本身并没有能够破斥。况且龙树破斥论敌的陈述本身所采用的方法也是有非常严重的问题的。

当论敌说出"'去时'（时间段）有去"，就是把'去时'与其对应的'去'当成同一时空中一个可描述对象。当论敌开始对此对象用语言进行描述时，龙树突然介入把论敌的'去时'与'去'进行了分拆，然后重新把二者分别划进了一前一后时空中。相对于这个'去'，'去时'变成了'去'的过去时，不在同一个时空之中了，并且龙树还偷偷把另一个不知从哪儿变出来的'去'帖在这个'去时'身上一并送入过去时。随后龙树强行把当下时空的这个'去'叠加到已经进入过去时空的'去时'+'去'之中，变成一个去时+二个'去'的组合。

这实际上是帮论敌开启了一个穿越到过去的权限。这下麻烦就大了。立即就把龙树在本品开头自己主张的观点'已去无有去'锤打得稀巴烂。笔者在前面已经论证过去中虽然运动的行为已经消失，但位移仍然存在。而龙树开通这个穿越到过去的权限后，就连消失的运动行为都会回来。

相较于一时能同时观察过去，现在，未来的四维视角而言，龙树开启的这个权限就要大得多，他直接允许现在的行为作为变量加入到过去之中，重写历史。当梅西踢进一球时，足球解说员只要说一句"球进了"。历史就会变成梅西进了二球。

事实上，这并没有发生。正因为这并没有发生，人类的描述才得以从容不迫的即能指涉对象，而又不能去改变过去时空中的对象以及对象产生的行为。

一个观察者能否指认描述观察对象的行为？按本品中龙树定的标准是不能的。观察者所有的记忆、描述、指称在龙树的'特意安排'下统统都会穿越到过去进入对象本体，从而改变对象。正因为所有人都不同意这个最终缪误的产生，于是龙树得以掉头去否认指认和描述。但否认指认和描述必然会引发灾难性后果——意味着任何运动的执行者的行为无法被指认。

　　在法庭上，
　　法官问："谁是凶人犯"
　　陈宫："曹操"
　　法官问：何以见得？
　　陈宫：我亲眼所见这个杀人犯杀了吕伯奢全家

　　作为律师的龙树辩解：不可能，如果曹操是杀人犯，本身已经有了一个杀人的行为作为对应了。陈官说他杀人。就有二个杀人行为，这不合理，一个曹操不能把吕伯奢全家杀两次。杀人犯不能杀人。

　　曹操龙颜大悦，感叹到：龙树不愧是大师，让孤的千古骂名一瞬间脱罪正名。

　　（虽然笔者认为曹操是华夏文明历史上的英雄，伟大的脊梁。为了说理方便就此事论此事了）

　　笔者虚构的世俗历史场景，依龙树制定的法则可以明白无误的在任何真实的世俗法庭上反复重演，也可以升华到业力上去考证。结果是任何造作的行为无法被业力识别确认归属某一造业者，还说什么'纵经百千劫，所作业不亡，因缘会遇时，果报还自受"（百业经）。当下就确认不了！业力不虚倾刻倒塌。

　　不仅仅是青目释中记述了龙树写中论的目的，就是龙树自己在中论第二十四品观四谛品中也明白无误语气严厉的强调——"那些说我的'空法'坏了因果，亦坏于罪福，亦复悉毁坏一切世俗法的人。其实是你们不能理解空性的真实义，所以才自寻烦恼"。

龙树的本意，写中论的目的都是明确的。本意归本意，实践操作（与论敌的辩论）中却弄出了南辕北辙的结果。因果不虚，业力不失被龙树捣得稀烂。

在接下来的中论颂词里读者将会继续看到这个灾难不断重复上演。

印顺导师在《中观论颂讲记》中关于这几颂已经提到过时态的问题了，他在文中已经标记过'去在时先''去在时后'。遗憾的是印顺导师停在了这里，未能前进一步。也许是他未能深入，也许是他对龙树的崇敬阻碍了他的深入。

龙树的错误还不仅于此。他实际上把论敌口中的'去'进行了支解，变成了一个没有时间属性的纯动作。在此基础上，才能形成一女二嫁的结果，造成一个运动时间段里有二个运动存在。

其实这根本不可能发生。

即便假设龙树开启了回到过去权限，那么龙树一样得不到一女二嫁，而只能得到两对夫妻的叠加。

为什么？

因为论敌口中描述的那个'运动'（去）本身也自带时间属性。

2.6
若有二去法　　则有二去者
以离于去者　　去法不可得

大意是：既然有两个动作，那么两个动作就需要二个运动执行者。

在此龙树认为一个动作只能有一个对应的执行者。但显然有二个运动执行者的结论是不合理的，于是又一路否定回去，直到否定掉'去时有去'，运动现象无法成立。到此为止我们可以看到龙树是如何在抽象名词概念里玩耍并把自己的推论玩崩溃的。

可以说从中论开篇，这种祸根就埋下了。从自生的定义开始，到对自性的定义，无不在让龙树的思维进入一种封闭狭隘的单一状态，相比于龙树建立在时间，空间，运动等等之上的复杂博大的框架，一旦进入细分领域，龙树的思维从复杂转入单一，单一到简单机械粗暴的程度。完全偏离了佛陀教导的诸行无常。

笔者只能感叹，作为龙树这种级别的大师在观察深细的事件时怎会如此单纯？他的主观观察落入经验世界时完全是一根筋。

在这几颂里二条重要条件悄悄的被龙树预设了进去：

一是时间与运动行为必须是一对一的关系，

二是运动行为与运动者（运动主体）必须是一对一的关系。

其实看看下面二图，龙树的这些预设条件又难成立了。

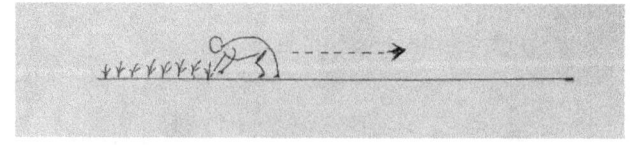

图中农人的倒退着种秧苗的运动行为所产生的时间可不止一个，这个行为同时产生了两种时间，一个是农人后退的时间，一个是农人向前（背对方向）种田的时间。

龙树的预设条件不能充分成立，其随后的推论也无法证成。

一个运动物体（'去者'）同时产生两个运动行为的状况比比皆是，火箭向后作功的同时就在向前飞行。实际上火箭还可以做得更过分，返回的过程中一边向地面快速喷火，一边向地面缓缓降落。就算龙树没见过火箭，也没见过突然放气的气球在空中飞行，好歹也见过船在水中靠浆划水的前进吧！

上面几种情况的存在让龙树的一根筋认死理无处安放。龙树只承认一夫一妻，那只不过是他个人产生的一种虚妄执着。

而诸法实相或许是一夫一妻，一夫多妻，一妻多夫，多夫多妻并存。也许正因为诸法的运行如此诡异难解，各具特征又广泛交织。才能显示归敬颂里'不一不异'的描述。龙树在辩论中话越说越多，说多了就忘了自己前面归敬颂里说过什么了。

也许辩论过程中龙树只顾着想赢，一个回旋镖扔出去，没想到回旋镖会飞回来把自己打晕。某些论敌则更刻薄，形容龙树善使大刀破敌，最后连自己老妈也砍死了。

2.7

若离于去者 　去法不可得

以无去法故 　何得有去者

大意是：离开运动者也没有运动现象，离开运动现象就没有运动者

藏译中颂词前两句是论敌的观点，后两句是中观宗的观点。而印顺导师的"中观论颂讲记"里则未作区分。但这点区分不影响在本颂之中龙树与论敌达成的一个共识———去者与去法是因果同时的。（值得注意的是龙树明面上是主张因果异时的，在第一品中已经呈现。）

离开运动现象就没有运动者，离开运动者也没有运动现象。

双方都尊重这一规律。只是龙树不承认有运动现象，所以根据这一规律推论出没有运动者。

这一颂开始龙树开始把运动的时间段换成运动者来破斥

2.8

去者则不去 　不去者不去

离去不去者 　无第三去者

大意是：运动者不能再运动一次，静止者当然不运动。

离开运动者，静止者，没有第三种。

龙树在本颂中依然携带着前面的错误继续向前推进———运动者不运动，因为运动者本身已经有一个运动来对应，如果再加一个运动上去，就变成了二个运动。

这个笔者在前面已经破过了。略过。但是第一句和第二句连在一起出现产生的问题就不能略过了。（在后面的

2.15 颂笔者还会从另外一个角度来详细破除本颂前半段这二句。这里面的逻辑也是有严重问题的。）

这里着重先说一下本颂后半段，龙树继续执着于单纯机械的二元论取向来观察事物。认为某存在物要么处在运动状态，要么处在不运动状态，不存在第三种状态。

笔者之前对运动的论述已经阐明，位移是运动发生与否的一个重要判定的依据，而位移是否产生的前提取决于参照物。由于同一时空里，一个存在物的参照物可以设定多个。所以一个人静止的坐在椅子上，以椅子为参照物，他是不运动者。而以太阳为参照物，他在飞速的随地球围绕着太阳运动。一个存在物很明显在同一时空里具有多重属性。这个存在物同时具有四种属性———动，静，亦动亦静，非动非静。龙树想把论敌匡列进一个二元对立的封闭系统里去破斥的企图难以实现。这种企图表面上凌厉凶悍而实际上简单鲁莽而草率，外强中干。

顺便再延展一点，静止是相对的观点很容易得到共鸣，那么能不能据此就走向另一个极端推论出运动才是绝对的呢？整个宇宙所有存在都处于绝对运动中呢？显然不能，宏观上看所有运动的依据都来自于某个静止。没有某个静止点被设为参照物，则任何运动都无法被确定。如果不设定某个静止点作为参照物，就只能设定成相对运动。这也是现代一种主流的观点。相对运动还怎么能绝对？

而局部上某个相对静止也客观存在，不然你无法端坐在椅子上，佛陀也无法禅定于法座。

诸法实相总是这么复杂多变而难解，它不会简单机械的演变着等待人们去认识。要不佛陀的诸行无常就太不甚深了。

当然再往深细的方向探研，参照系的选择又是一大堆不确定性。假设宇宙中只有二个原子没有其他参照物，二个原子以同样速度在同一平面上围绕一个圆心作圆周运动，并且不自转。这样既便有另一个原子作参照物，原子自己也无法发现有位移运动。这个圆圈上即便再增加若干的原子，只要都以同样速度运动，互相之间仍然发现不了有谁在运动。这些诡异的可能性才是诸行无常应有之义，而不是龙树那种单一，封闭，执着的绝对思维。

2.9

若言去者去　　云何有此义
若离于去法　　去者不可得

本颂按藏译前后两段的秩序是倒过来的。为了语言的表达流畅，就按藏译的解说。

大意是：离开了运动现象，运动主体根本无法存在。运动现象已经匹配给了运动主体，没有运动现象的情况下而说有运动主体，怎么能成立呢？

2.10

若去者有去　　则有二种去
一谓去者去　　二谓去法去

这两颂和前文破'去时'一样，龙树只是在重复自己前面的错误，

　　笔者在这里仍想探讨一下另一个假设，在某些状态下有二种去产生可不可以成立？如果成立，龙树在 2.10 的推理方法也会失效。

　　一个抢劫杀人犯挥刀砍向无辜女人，一个警察只好开枪击毙。警察这一个运动者开杀死了凶犯又救了无辜女人。

　　警察——————开枪凶死凶犯

　　去者——————去

　　开枪凶死凶犯————救下女人

　　去法———————去

　　从这个案例看，"一谓去者去　　二谓去法去"也是可以成立的。龙树在本颂采用的这个推论来责难又失效了。

2.11

　　　若谓去者去　　是人则有咎
　　　离去有去者　　说去者有去

这一颂总结没有价值，略过。

　　下面 2.12 开始转入关于'出发'的讨论

2.12

　　　已去中无发　　未去中无发
　　　去时中无发　　何处当有发

龙树认为已去中无发。

　　从笔者前面的论述可知，已去中当然有发，出发的判断标准本来就是位移，而每一次位移发生之后，观察者才能观察到'发'。观察者能观察到的'发'都进入了过去时。

2.13

> 未发无去时　　亦无有已去
> 是二应有发　　未去何有发

2.14

> 无去无未去　　亦复无去时
> 一切无有发　　何故而分别

这两颂的观察前提是出发还没产生时的状态。当出发还没产生时，就没有已去，未去，去时。随即龙树来了一个惊天老刹车，冲忙的下了个荒谬的结论'一切无有发'。我估计一车人都被这老刹车从汽车的前挡风玻璃冲出去了。

这几颂关于出发的论述意义不大，只不过是把运动（去）换成了出发（发）来讨论。套路也还是龙树前面破去时的三个时间段进行观察的老套路。不过本颂的喜剧笑果更突出。客观的看，本颂不应该算作论证，只能看作龙树讲得口干舌燥后突然为活跃气氛加进来的一个笑话。

依龙树这个套路，我们可以编出若干笑话段子，比如：

一个人C在法庭上向法官呈述自己是老人D的儿子，有权继承D的财产。

龙树跳出来质问"当D还没生你时，D是你父亲吗？

C答"不是"

龙树"既然你也承认D不是你父亲，还说什么？"。

如果遇到龙树这种讼棍，法官应该比较轻松，不用费太多力气去分析案情细节，就可以判龙树方败诉。

估计龙树也拿不到律师费。

这二颂中龙树先假设了一个前提，如果一个主体处于静止（没有出发）中，这个前提引出结果是已去，未去，去时这三种运动时空中都没有出发的存在。而随后龙树立刻把这个有条件限制作为前提推论出的结果变成了没有任何前提条件限制的结论————一切中无法。

为了帮读者加深印象，笔者再补充一个段子：

男人带着女人出现在众人面前，宣布这个女人是他的老婆。

龙树质问：她是你老婆？结婚了吗？

男人：结啦，结婚证都领了

龙树：等等，在你们还没领证之前，她是你老婆吗？

男人：不是

龙树：她不是你老婆，你还是她老公吗？

男人：不是

龙树：老公不存在，还会有老婆吗？

男人：没有

龙树：那就对了，根本没有什么老婆。你自己都承认了她不是你老婆。所以她的确不是你老婆。

'你老婆不是你老婆'～～就这么毫无预兆的产生了！

男人除了给龙树一耳光让他清醒清醒还有其他选项吗？

笔者之所以在此要费些笔墨编段子帮读者加深印象，主要是因为这个套路在之后的颂词中反复出现。由于龙树在第一句假设和最后一句把假设当结果之间加入了一长串推论，很容易让读者被中间的推论带偏而忽略了重点在第一句假设和最后的把假设当结果的逻辑矛盾。后面第六品观染染者品的 6.1 颂 6.2 颂也是在重复这个套路。

2.15

　　去者则不住　　不去者不住

　　离去不去者　　何有第三住

　　为了破'住'，龙树祭出了第一句'去者则不住'。大意是：去者是正处于运动状态的诸法，具有运动的行为现象，怎么能'住'呢？

　　这等于是龙树糊里糊涂的又承认运动是存在的。运动不存在可是本品要破的主题！绕了几大圈之后，为了破'住'，慌不择路的龙树把自己绕进去了，捡芝麻的同时把西瓜给牺牲了。

　　这一颂龙树还向我们再一次展示了如何利用 A 是 B 作为前提去证明 A 不是 B。第二句"不去者不住"大意是不去者（不运动的诸法）已经住（静止）过了，不能再住（静止）一次，所以不去者不住。这个结论所依托的前提就是龙树已经承认了已经有'住'产生。滑稽不？和前面的'已去无有去''太阳已经下山了'一样的套路。

　　如果有耐心，读者或许能发现另外一个重要问题。就是龙树在本颂前半段二句话分别用了不同标准。笔者先例出不同标准下的两套颂词：

　　第一套

　　1:去者则不去　2:不去者不住（按一女不能二嫁的标准）

　　大意是：运动者本身有一个运动行为与运动主体对应了，不能再运动一次。

　　静止者本身有一个静止行为与静止主体对应了，不能再静止一次。

第二套

a:去者则不住　b:不去者不去（按运动者不能静止的标准）

大意：

运动者处于运动状态之中无法静止，

静止者处于静止状态无法运动。

龙树把这两套标准搞了个错位配对，

把第二套的 a 与第一套的 2 组合就得到了本颂：

"去者则不住，不去者不住"

经过这种不同标准的嫁接组合后，龙树得到一个自相矛盾的东西。

观察去者（运动主体）时，人们会发现：

运动者既能静止又能运动（1+a）

观察不去者（静止主体）时，人们会发现：

静止者即能运动又能静止（2+b）

龙树这么玩概念很快就把自己玩崩盘了。在前面的 2.8 颂里，龙树也是这么玩的，玩出了个（1+b）———"去者则不去，不去者不去"。

也许龙树并没有意识到这是一个自相矛盾的套路，所以在中论其他地方又多次拿出来用，比如第三品的 3.5 颂。他还误以为这个套路很锋利，能把什么东西都打得渣都不剩。

2.16

去者若当住　　云何有此义

若当离于去　　去者不可得

本颂大意：龙树问：运动者如何能停止？这怎么可能？运动者一旦停下来，就离开了运动。如果离开了运动，这个主体已经不能被称为运动者只能是静止者了。所以运动者永远不能发出静止的动作。

这一颂的内容一般被认为相当厉害，难以反驳，应该算中论前六品里的高峰。如果承认它，它就会延伸出类似高兴者不能悲伤，年青人永远不能变成老年人，活人永远不能死等等令人观念崩溃的结果。最要命的是愚人无法获得智慧，凡夫无法修道。成佛就更不要想了。

也就是说龙树认为变化无法产生，彻底否认变化存在。

这个荒谬绝伦的结果是怎么被龙树制作出来的的呢？

其实还是与笔者在第一品中破斥'非缘'的状况类似。就是龙树在用一个纯概念在作逻辑推理时必定会掉进陷阱里难以自拔。请看下图：

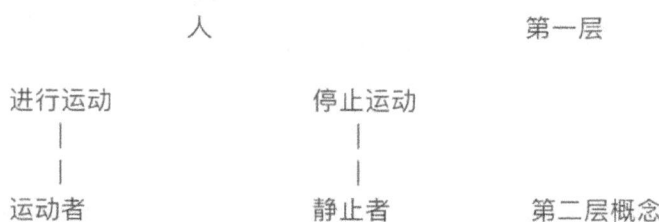

在上图中，第一层的人在被确定为运动状态时，我们可以称这个人是一个运动者。'运动者'这个创造出来的描述概念只是这个人的阶段性状态的某一个侧面特征的代称而已。而保持运动以及停止运动都会被这个人在正常情况下完成，人即可以运动也可以静止。丝毫不会受到龙树在第二层的纯文字概念里纠缠不清的影响。在第二层抽象的文字概念缺席时，世界依旧想转就转想停就停。

而龙树的算盘则是先在第二层概念里论证变化发生不了，然后引导听众到第一层概念的指示物上去承认指示物不能变化，让整个世界停止转动，证明运动根本不存在。

论敌当然不会胡里胡涂任凭龙树牵着鼻子走，毕竟这个运行的宇宙完全没有理会龙树的颠倒妄想。

也许龙树在想出本颂内容时以为自己赫然顿悟了，找到了通往终极真理的密钥。

其实不过是文字概念耍弄了一个小把戏，龙树误把这个虚幻的小把戏当成了宇宙实相。

现在人们普遍能够理解运动者同时又是静止者的现象，只须你同时使用两个参照系而已。这种多线条的依存关系本身也是缘起的显现。当你坐在椅子上看这段文字时，你就已经是个围绕太阳飞速运转的运动者又同时静止于椅子上。运动者无须离开运动就能静止。存在物这种复线的存在方式简直就是龙树的论证方式的天敌。

至于第二层概念层龙树就一定守得住吗？一样守不住。龙树在抽象的概念层里玩砸锅的事屡见不鲜。前一颂笔者已经论述过，龙树自己就玩出了运动者同时能运动静止两不误，虽然是他逻辑混乱的产物。

现在不忙算之前龙树在概念层的逻辑混乱的老帐，看看在本颂中龙树是如何在概念上建立运动者与静止者的关系的。

他主要的观点就是运动这个概念一经形成就无法改变。改变一旦发生就不是运动了。相当于把运动这个概念定性成了有自性的东西。这个自性当然只能是龙树所执着的那个不变的、静止的、独一的、封闭的龙树牌'自性'。诡异的是龙树一天到晚都在号称要破除这种自性。结果他自己这毛病比谁都重。他就忘了运动这个概念本身就涵盖了变化，没有变化，就不会有运动这个概念。有变化，运动这个概念就不可能是龙树设定的自性状态。只要运动这个概念不在龙树设定的自性状态，龙树就封闭不住这个概念。

龙树的工作就是试图把一个变化的现象封闭起来，作为一个整体不能变化。这在龙树的语境里面是一对无法调和的矛盾。一方面，这个被龙树选出的概念（运动）的整体本身是变化的，另一方面龙树又要求这个变化的整体不能变化。如果有人还想帮龙树，静止总是没有变化的，把运动换成静止来说事不就可以了吗？仍然不能，静止概念下包裹的也仅仅是相对静止，其内容也是含有变化的。

唯一能帮龙树想到的解释就是把运动这个概念看作是霍金那种果壳里的宇宙。从外面看果壳整体不变、而果壳内部是变幻无常的。一旦走上这一条路，龙树前面破数论的自生就彻底完蛋了。

龙树在本颂持有的观点很接近说一切有部的思路，这非常令人困惑。龙树一天到晚嚷嚷着要破说一切有部的自性，而本颂中龙树就坚定的选择所有的概念都有自性，完全顺从了说一切有部的某种思维模式。虽然龙树的自性定义与说一切有部的观点不能等同。其实细想也能想通，因为龙树的封闭概念的行为必将产生自性。这个因果就有点黑色幽默了！

为了破论敌的自性，龙树选择了用封闭概念的方式，而这个方式又产生了新的自性———龙树牌自性。怎么看都有一种孙武空跳不出如来手心的喜剧装点下的悲伤。

突然就想起了石头记里的几句词"丝丝点点计算，偏偏相差太远，兜兜转转""一心把思绪抛欲似虚如真，深院内旧梦复浮沉。一心把生关死劫与酒同饮，焉知那笑晏藏泪印"。

笔者在此还想再探讨一些东西。

龙树是大乘论师，当然要行大乘菩萨道。他开的药是要救度大众的，大众说"我们说看见，听见，闻到，尝到，触到各种存在，你非要说一切不存在。我们没这种病（自性），你非要说我们骨子里持着于自性。连佛陀都没有说众生有'自性'，你凭什么把一顶莫须有的帽子罩在我们头上然后肆意诋毁，还想强行灌药？有病的是你龙树吧！"。

龙树该怎么办？

他只能咬牙坚持"你们不是没病，而是你们没有觉察到而已。你们但凡起心动念，概念就产生，概念一产生，自性也随即产生了"。

人们当然可以继续无情的追杀龙树："凭什么概念一产生就必然会产生自性？好好看看你龙树对自性的定义————自己决定，自己成立。众生大脑里的概念是由众生与诸缘和合而成的，并非概念自己决定的自己。概念哪里来的自性？概念没有自性，众生还能执着什么？"。

一个人从一出生就被扔进原始森林，从未见过其他人的活了下来，或许被一支什么哺乳动物养大了，在完全没有语言能力之下，他的眼耳鼻舌身完全正常的感受一切—————阳光，水，空气，食物，危险等等。按龙树的观点，既便没有语言文字，他也是时时刻刻有概念产生的，他也将产生自性。同理动物也有概念产生。人类还没有产生语言文字之前差不多就是这种状况。

而这些概念的来源却是依靠感知器官（眼，耳，鼻，舌，身）。而通过这些感性器官渠道产生的概念，同样都是概念，为什么不能成为辩论中的依据？为什么眼见不能为实？眼见耳听鼻闻的都是概念，为什么这些概念不能采纳？为什么龙树就能笃定这一堆概念就应该被当成愚痴妄见应该进垃圾桶，而龙树自己使用的另一堆抽象文字概念就可以上辩论台？

往深里挖，龙树在辩论中使用的文字概念也是来源于感性器官。'运动'也好，'非缘'也罢。这些概念无一例外都是在观察事物时产生的，观察又必须通过感性器官。这就造成一个悖论，龙树一边要用通过感性器官生产出来的概念来立论，一边又宣布通过感性器官生成的概念是不能用的！

虽然笔者并不完全赞同眼见一定为实，但是也没法同意龙树这种双重标准的辩论方式。

龙树可以用论敌这些概念去反驳论敌另一些概念，随你怎么玩。也可以一开始就彻底否认所有的概念的合法性。唯独不能否认了概念的合法性之后又赋予概念有效性并用之来立论。

龙树的论敌甚至可以告诉他：

"我们知道万物皆流，无物常住。比你了解得更深。

我们也知道我们无法探知万物的全部真相。比你了解得更早。

我们还知道我们的语言概念有缺陷无法彻底描述万物。比你了解得更全面。

但是我们也不能因此就走上否定一切的极端思想。无法认识万物的全部真相就干脆污蔑万物不存在？描述万物的语言概念有缺陷就栽脏万物不存在？那既缺乏逻辑也过于简单！梦幻泡影如露如电也是存在。

龙树这种极端思想在历史长河中广泛蔓延着。当一些人寻求完全从客观世界里获得答案时，他们已经走向了极端。当他们发现在客观世界里无法获得完美的答案时，他们又彻底抛弃了客观世界全身心转投主观世界，重重的扔下一句"所有的本体论都是扯蛋"，然后毅然决然的从一个极端走向另一个极端。无论他们屁股坐在那一端，站在那种立场，都是一种歇斯底里的精神病状态。但这类思想家，哲学家在历史长河中俯拾皆是，甚至于你在欧洲的大城市上空随手丢下几块砖头，轻而易举的就可以砸死几个这类'伟大思想家'。

2.17

　　去未去无住　　去时亦无住
　　所有行止法　　皆同于去义

这一颂是龙树的总结，无论名称如何变换，只要是运动现象，都可以等同于'去'来看待。同样适用于三时破。

无奈的是，前文已经论述过三时破根本无法成立。

2.18

　　去法即去者　　是事则不然
　　去法异去者　　是事亦不然

这是龙树在中论里第一次端出'是事则不然，是事亦不然'。大意是这不符合此世界的经验事实。由于龙树在中论里多次使用这两句作为破敌的论据，笔者想就此特别说明一下。

龙树破敌时是否有资格使用经验世界的归纳作为自己的论据？笔者认为龙树是没有这个资格的。

因为龙树主张的'一切皆空'的毕竟空本身就限制了龙树使用这些经验归纳作为可靠论据。可靠二字在这里有多重要无须赘述。使用这些被龙树视为完全不可靠的经验来证明龙树的立论同样又是自己打自己脸的行为。

而主张诸法不空的论敌使用这些经验归纳却顺理成章。

笔者在此要再一次强调，龙树说'是事亦不然'时并不是在使用'应成法'的过程中，而是在立论。所以想用"龙树在使用'应成法'时当然会使用论敌的经验材料"为其辩护是不成立的。

本颂也是龙树于中论中首次从一体异体的观察角度去讨论诸法。龙树认为运动现象与远动主体是一体的也不合理，不是一体也不合理。说到这里似乎并没有什么不对，但其实是有很大问题的。面对一个事物中两个互为依存的描述某一特性的关联的概念，用一体异体的角度各自去观察本身就有点可笑。如果据此向后（2.21颂）想推论出运动与运动主体都不存在就更没有说服力了。

运动的现象与运动的主体一体异体，与运动存在与否没有必然关系。

龙树在中论中多次使用'一体还是异体？'的二分法来质问论敌。和三时破一样，算是龙树的拿手好戏。

这个二分法并不是来自于客观事实的全部，而是由龙树在试图说明诸法时，刻意'选择'出来的问题。

作为论敌而言，可以首先不忙于立即去回答龙树的质问，而是就龙树的质问进行质问。就是龙树的提问是否有合法性？最起码在笔者看来是没有的。

第一：

龙树的提问首先需要依赖一个前提，就是把互为依存才能在一个范畴里显现的二者（去法，去者）割裂开来观察，这显然是做不到的。一割裂二者，二者就从有变为不存在了，那还观察什么？所以关于二者一体异体的提问根本无法成立。更搞笑的是这一原则（割裂二者，二者既化为乌有）还是龙树自己反复（2.7颂，2.9颂）强调过的。

第二：

退一步讲，即便可以用割裂的一异的角度去观察，龙树的'一'和'异'到底如何定义？

A：如果把'一'定义为一个封闭不变的个体。最少也会产生两种情况：

1：

去法与去者只是这一主体的不同代称。那么去法与去者可以被称为'一'。

类似于汉语的'苹果'与英语的 apple 两种语言指称同一水果实体，又或者曹操与曹孟德两个名字指称同一个魏武帝。以上状况明显与去法与去者的关系不符，所以可以放弃。

但看看中论后面的颂词，其实是有不少在采用这种错误的界定。比如 2.19 颂。

2:

去法与去者只是这一个主体的不同构件。那么去法与去者可以被称为'异'。

就像一个人的心脏和肺属于一个人体之中而又互相依赖，心亡肺死，肺亡心死。但观察者的确能观察到二者的不同。无能如何都很难得出心就是肺，肺就是心的结论。但去法与去者的关系和心肺的关系也明显不相同，所以也可以放弃。

B:

如果把'一'定义为一个主体开放变化发展的全过程，类似于对一个广义上的人的描述：包含其全部行为。或者如赫拉克里特的观点"世界是事实的全体，而不是事物的全体"。佛教也有同类概念："我与我所"。

那么去法与去者则是被涵盖在一体之内的，可以称为一。这里的一既包含主体也包含主体的行为，如同现代人心里存在的曹操，不但包括曹操的肉体和思想也包括他在历史中的文治武功。

在过去、现在、未来之中，心肺产生的所有运动行为与心肺的变化着的自体都要算作一个广义的我之中。扩展到人与人的行为也是一样。中论里涉及不少这样的相似类别，诸如作者-作业，去者-去，染者-染。

同理，如果把'一'仅定义为不含行为的主体。那么去法与去者的关系就是'异'。曹操的肉体归肉体，曹操的文治武功是文治武功。

也就是说去法与去者的关系是一还是异只是依靠给出的标准而定，可一可异，亦一亦异并无成说，都可以成立。而不是龙树认为的都不合理。

2.19

若谓于去法　　即为是去者

作者及作业　　是事则为一

大意是：如果把运动的现象看作就是运动主体的话，那么作者就应该是作业。

这一颂龙树又用上了自己擅长的'应成法'。

同样的，任何人都不会同意这个结论。所以龙树又可以反攻倒算去否定掉去法就是去者。

但问题是几乎没有人把运动现象看成运动主体。龙树等于是白忙了，对着空气挥拳一个通宵。

2.20

若谓于去法　　有异于去者

离去者有去　　离去有去者

大意是：如果把运动现象和运动主体完全看作是不同，那么就会产生离开运动主体有运动现象，离开运动现象有运动主体的荒谬结论。

在这里龙树的推论犯了逻辑错误。

虽然这两者是不同的，但仍属于一个整体范畴之内并且必须相互依存才得以产生的，属于此有则彼有，此无则彼无的状态。所以即便二者不同也不会产生'离开'。也不会产生"离开运动主体有运动现象，离开运动现象有运动主体"的后果。

就如同左与右，左和右是不同的，谁也无法否认。但是据此'不同'是推论不出二者必然会离开彼此的，更不可能推论出离开左有右的结论的。这类因果同时的证据比比皆是，随时都可以推翻龙树的立论。

笔者仍持有一惯的无常的观点，因果异时与因果同时都只是诸法实相显现的一个类别的不同特征，可以分别在不同环境中显现。

2.21
去去者是二　　若一异法成
二门俱不成　　云何当有成

大意是：运动现象与运动主体是二种事物，如果在一体，异体的二种情况下二者的关系都不成立，那去者又怎么能成立呢？

在本颂中龙树的错误除了仍在使用已被证伪基础条件之外，推理过程也出现了问题。因为运动现象与主体即便在一体，异体的二种单列情况下不成立，也可以成立在不一不异中。

第一：不一不异的观点也并非是龙树专有。早于龙树七，八百年的赫拉克里特就说"万物为一，一为万物"。但凡能看到事物之间彼此不同又存在广泛联系的观察者，都不会简单认为事物之间的关系要不是一，要不是异。

第二：龙树在本颂中的论述基础和他在"八不中道"中的主张是自相矛盾的。在'八不中道'中龙树主张不一不异，在本颂之中却牢牢地锁定事物要不处于一，要不处于异的状态。这种执着顽固瞬间就会让人感慨————到底是大众的执念需要被救治？还是龙树的执念更需要被救治？

以上几颂龙树主要在论证去者（运动主体）是不成立的。很显然并不成功！

2.22

因去知去者　　不能用是去

先无有去法　　故无去者去

大意是：

因为此去法（B）才能成立此去者（A）。所以此去者
（A）不能再用此去法（B）；

为什么？

因为之前没有这个去法（B）时，就没有去者（A）。所
以没有去者去。

注：以上按青目释的解释

这一颂与下一颂连在一起，可以大略看出龙树想得出什
么结果。

'是去'也不行，

'异去'也不行。

但是后人对这个结果怎么推论的解释众说纷纭。

如果按青目的说词，那么青目自己的文意解释就没有因
果关系。和鸠摩罗什的颂词字面意思差不多，后半颂成不了
前半颂的因，论证失败。

再来看看印顺导师的解释（注1），印顺导师按照前因
后果的原则，把这个问题放在时间轴上来观察如下图：

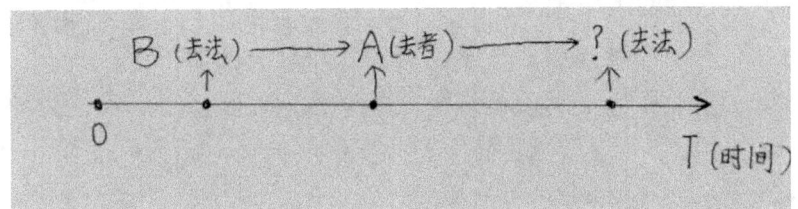

如上图，因为有去法 B 才能成立去者 A，所以去法 B 在前。

而论敌说的'去者去'则是先有去者 A 后有去法（？）（比如作者在写作，行者在行走，听者在听）。印顺导师问你这个问号是哪个去？

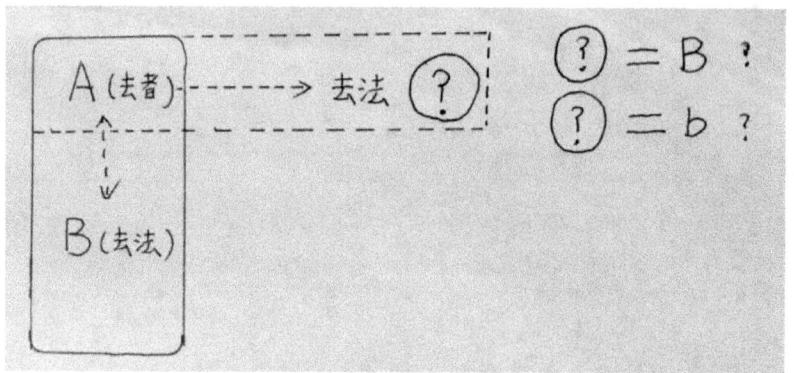

论敌如果回答问号（？）是 B，印顺导师认为不能成立。B（去法）已经在成立 A（去者）时用过了。

论敌如果回答问号（？）是 b，一个另外的去法。仍然无法成立，一个主体怎么能用二个去法呢？

既然在二种情况下去者都没有去法，所以论敌的'去者去'不成立

印顺导师这个的确算是把因果建立起来了。论敌会认吗？当然不会！因为论敌不会同意这个前因后果，也就是因果异时的前提条件。如果论敌坚持去法和去者是因果同时，印顺导师的因果关系就无法建立。

为了仔细观察这件事，笔者重新画一图如下：

当 X 作为运动主体从 A 点向 B 匀速直线运动。在三分钟里，X 就一直是去者。而去法 S（运动现象）随着时间段 P

的变化而变化。

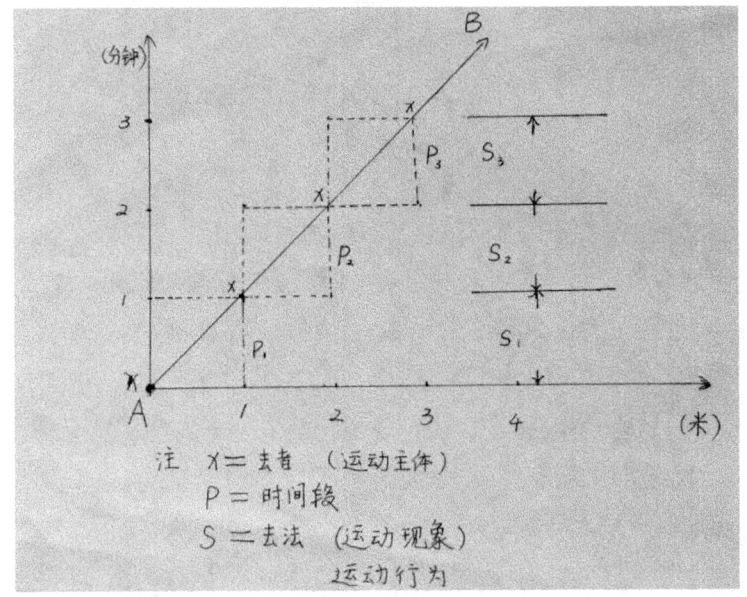

当观察者在 P1 时，观察 P1 时间段，X（去者）对应的是 S1（去法）。

当观宗者在 P1 时，观察 P2 时间段，X（去者）对应的是 S2（去法）。

运动主体不变的情况下，运动现象一直在变，也就是说'异去'是成立的。

如果印顺导师认为 P1 时间段的 X（去者）不是 P2 时间段，P3 时间段的 X（去者）。这个 X（去者）变成了和 P1、S1；P2、S2；P3、S3 对应的 X1、X2、X3。那么他主张的因果异时，前因后果就崩溃了。又回到论敌因果同时的框架中。

所以印顺导此在此的解释也是失败的。

虽然这里讨论的是印顺导师解释的观点，如果没有别的说词能解释本颂，实际上笔者倾向于印顺导师的解释大约就是龙树的意思。

2.23

　　因去知去者　　不能用异去
　　于一去者中　　不得二去故

大意是：因为这个去法才能知道这个去者，所以去者不能用其他去法而去，因为在一个去者中不存在两个去法。

笔者在前一颂里已经把这个'异去'破了。特别要强调一点，一个运动主体可以对应多个行为在龙树这里是无法理解的，以前面的警察杀人救人的例子，龙树会认为这需要两个行为，一个行为负责救人，一个行为负责杀人。而二个行为需要二个警察来执行。如果一个警察的一个行为既救了一个人，又杀了一个人，就是'一女二嫁'，这是不能成立的。

而这偏偏是可以成立的，诸法无常完全不以龙树的个人意志（执着行为与运动主体一对一的关系）为转移。

2.24

　　决定有去者　　不能用三去
　　不决定去者　　亦不用三去

大意是：确定成立的去者不能从三时上去，不确定的去者也不能从三时上去。

宗喀巴大师认为这里的三去不是三时，而是去者，去法，去业（注：藏译）

一用三时去来破，就不用看了。前面笔者已经破过了。龙树在此时已经只能用二时了。下一颂也一样。

值得注意的是——————对于'三去'，麦彭仁波切按照《佛护论》的观点采用了三时。而宗喀巴大师认为这里的'三去'不是三时，而是去者，去法，去业（注3）。

虽然佛护的观点已经不值一驳了，但宗喀巴大师《理证海》里的这个独特观点就会产生完全不同的东西。由于资料不足，就不展开论述了。

2.25

　　去法定不定　　去者不用三

　　是故去去者　　所去处皆无

大意是：去法既确定又不确定的去者也不从三时上去。所以去法，去者，所去的时空都不存在。

由于龙树前面的三时破论述已经千疮百孔，本颂关于第三种情况的总结陈词就只能当口号听听了。

三、观六情（根）品

3.1

> 眼耳及鼻舌　　身意等六情
> 此眼等六情　　行色等六尘

佛经里讲有六根（眼耳鼻舌身意）与六尘（色声香味触法）。眼观色，耳闻声，鼻嗅香，舌尝味，身着触，意缘法。

龙树认为——没有这回事

为什么没有呢？龙树在下一颂弄出了人、神、佛共愤的一个解释。读下面这一颂时笔者足足笑了几分钟。

3.2

> 是眼则不能　　自见其己体
> 若不能自见　　云何见馀物

龙树认为眼睛不能见自体。既然见不到自己，怎么能见他物？于是眼不能见色就这样诞生了，同理类推——六根当然不能连接六尘。

在《七十空性论》里，龙树又把这个观点重复了一遍。

如果在此颂之前，龙树还只是个犯了很多逻辑错误的正常人的话，那么龙树这一颂里天外飞仙似的立论几乎和一个精神病人没啥区别。论敌也只有因为龙树的名望才会出于礼貌去追问"为什么"？换成一般闲杂人等这么说就直接报警送精神病院了。

在哲学这个领域里，干着干着就干成精神病的一大堆，去看看欧洲过去几百年，特别是在认识论转向引领下出了多少精神病就明白了，这些精神病通常还有另外一种称呼——某某主义的创立者。常年以自己是造物主的妄想沉浸在概念里打滚，他们以为他们自己已经可以任意玩弄抽象概念的时候，也就是抽象概念把他们变成精神病的时候。相当于在概念里干得越好，就被判刑得越早。

论敌当然不会同意龙树私自加入的这个疯癫的'立宗'作为辩论基础，更没有人能理解龙树是怎么建立眼睛见不到自己就不能见他物的逻辑的？

龙树就没解释一下自己是如何通过眼睛，用手把中论的几百颂一字一字的写到纸上的？如果龙树的眼因为不能自见就不能见他物，龙树的中论也许只能通过盲文书写出来。更可笑的在后面，龙树用眼不能自见去以理类推剩下的五项——耳鼻舌身意，其结果是盲文也写不出来了。

现代人因为学习了成像原理与光线的知识很容易想到照像机不能照自己，但是可以照其他物体。龙树那时代虽然没有照像机，也不了解光的一些常识与作用，更不知道物体、光线与眼睛这套系统三者之间的工作原理，但手指不能自指却可指他，刀不能自割却能割他总是有的。中观应成派的月称论师就是用刀不能自割来破唯识的自证分与证自证分。中论后面几品的青目释也同样用了指不自指作论据。那怕是基于这些原始的经验归纳也不应该走到如此荒谬至极的程度。

究其原因，可能还是龙树执着于'广破一切'把自己逼进了死胡同。'所有的论敌无论说了什么都是错的'成了龙树的政治正确。看看这些论敌——从婆罗门的六大派系，到六师外道，到佛门内各大派系，一直到佛陀本身。

龙树在'广破一切'的政治正确中不自量力的无理呈强（这里的无理是采用围棋术语里的含义——因贪婪加狂妄，违背常识的变形动作遭到对手狠狠痛击），其结局就可想而知了。

经过一定程度围棋棋理培训的人士也很容易看出龙树的破敌方法过于拘泥于局部死活，是一种试图赢下每一个局部战斗的低级战术。这就很容易被类似武宫正龙树这种宇宙流降维打击。

并且纵观中论，也不难发现，龙树由于没有经过《发阳论》的培训，在局部死活中屡尝败债，'治孤'几乎从未成功！太尴尬了！

再者，在进阶到第十地菩萨之前就妄想'广破一切'！这难道不是一种贪？第九地的菩萨是不是都还要忍一忍？就算依他们自吹自擂的龙树已经到达初地，以月称论师在〈入中论〉里的划分，要了达般若，也要到第六地才行。

3.3
火喻则不能　　成于眼见法
去未去去时　　已总答是事

有人用火的比喻来说明——火不能烧自己却能烧他物来类比眼睛虽然不能看见自己却能看见其他物体。龙树认为这个类比不能成立。为什么呢？龙树又一次抬出了自己的'三时破'。过去已经烧过了，未来还没有烧，加上没有现在这个时间。所以烧在三时都不成立。既然烧都不成立，火喻就不成立。火喻不成立，则火喻类比的眼睛不见自己能见他物不成立。

前文第二品中已经论述过'三时破'就是一个笑话。这里就不再赘述。如果'三时破'真能破敌，那么就可以破一切，根本用不着龙树想这么多种破敌套路了。

比如本品的眼也可以用三时破————未来眼还未生，过去眼已经过去了，现在时没有，哪儿有什么眼。其实所有一切事物都可以用这一招全破完。

龙树在本颂对于火喻想不出什么破的招术，立马就从药箱里翻出了三时破这副所谓的'万能灵药'。

用三时破混过去肯定是不行的，论敌根本不可能放行。

3.4

见（者）若未见时　　则不名为见（者）

而言见（者）能见　　是事则不然

注：本品中颂词中小扩号里的内容是笔者按藏译的意思填加进颂词的。如果按鸠摩罗什的翻译的绕口令是不知道龙树在说什么的。

大意是：眼睛还没有接触事物之前，则不应称为见者。如果在这个时候称眼睛'能见'事物是与经验世界相违的。

龙树在这里犯的错误非常明显，和之前第一品里的'非缘'一样，说好听点是把确认（名为见）与可能性（能见）混为一谈，说难听点就是蓄意偷换概念。

人们在夜里无梦深睡时，眼睛也好眼识也罢，都停止了工作，这个时候，这套能看见事物的系统处于与客体切断联接的状态之中。这时放一个物体在眼前，扳开眼皮也看不到，也就是颂词中所说的的'见若未见时'。此时的眼睛只是被确认了在这一时段不见物，但并不缺少在过去时段曾经有过的确认和未来时段能见的可能性，只要不是功能损坏，当然可以称这眼睛为'能见'。只有功能损坏的眼睛————瞎子————才符合龙树的'不能见'。

而龙树则是试图在概念混乱之中把可能性也一起干掉。当然人们从深睡中醒来，重新连接，既使还没有睁开眼睛也能嘲笑龙树的无用功。

能见的特性是不会因为龙树的偷换概念或主观愿望就消弥无踪的。

龙树想用这一颂去试图补充说明前面那条举世共愤的"眼不能自见就不能见它"太苍白无力了。

笔者在此又要再次强调，龙树是最没有资格用'是事则不然'的，连提的资格都没有。特别是在3.2精神病颂出现之后，正常情况下，应该是正常世界的人告诉沉浸在颠倒梦想中的龙树"别一个人瞎琢磨了，是事则不然"。

关于本颂，笔者看过的各种帮龙树的解释版本都是稀里哗啦，东拉西扯，不值一文，这些解释全部都转到强调如果要说眼能见，那么就必须恒常能见。时见时不见就不能称之为'能见'。

谁规定能见的眼睛就必须恒常一直见？完全是在无理取闹！先把'能'字的意义形成共许好吗？

按照这套无理取闹的逻辑，鸡为了证明自己能生蛋，就只能一刻不停的生下去。照相机只能一直不停的照下去，汽车只能一直不停的开下去。人类为了证明自己有新陈代谢的能力，就必须一直坐在马桶上并不停进食。

3.5
见（者）不能有见　　非见（者）亦不见

　　若已破于见（眼根见色）　　　则为破见者（眼识见色）

　　前半段大意是：

　　1：见者已经有一个见法成立它，就不能再有一个见法，不然又是一女二嫁。

　　2：不能看见事物的眼睛当然没法能看见任何东西。

　　龙树再一次拿出了这个熟悉的逻辑混乱的套路，笔者在2.15颂已经详细破斥过了这种两套标准交差组合的类型，不再赘述。

　　着重讨论一下后半段，假设龙树破了眼根见色（虽然笔者认为他失败了，但他自己应该是觉得破成功了），那么能不能推论出眼识见色也被他破了？

　　应该不能。

　　按印顺导师的介绍（注1），佛门之中，"有部说见只是眼根的作用；犊子部说我能见；大众部的观点就是眼根不能见，眼识才能见，不过要利用眼根才能见"。

　　大众部的观点和现代的医学观点几乎差不多了（藏译里认为经部也是这个观点）。犊子部则更深一层是'不可说的我'（类似于灵魂又不是灵魂）才能见。

　　看看这一大堆关于眼根与眼识的不同见解，也就是说龙树要破眼识也需要重新上路，没有那么便宜省力的事。

　　3.6

　　离见（见法）不离见（见法）　　　见者不可得

　　以无见者故　　何有见（见法）可见（所见的法）

大意是：不论离开见法还是不离开见法，见者都了不可得。没有见者的缘故，哪里有见法和所见的法。

这一颂的前半段'离见、见者不可得'与'不离见、见者不可得'是身相矛盾的。这种按两种标准组合成的句子与第二品观来去品 2.15 颂犯的错误类似。

而'不离见，见者不可得'还是用的一女不能二嫁的老套路。

后半段推论因为完全建立在前半段基础之上，自然就沦落为无效的论证了。

由于本颂破斥照久失败，下一颂成了无根之水。

3.7

见可见无故　　识等四法无
四取等诸缘　　云何当得有

大意是：因为见和所见不存在，色就不存在了，所以受想行识等四法也不存在。没有受想行识等四法，四取诸缘怎么会存在呢？

本颂龙树以上一颂依错误逻辑推论出来的一个虚假的条件（见法与所见的法不存在）作为前提破了佛陀的十二缘起。十二缘起如下：

分别是：无明，行、识、名色、六入、触、受、爱、取、有、生、老死

因为它们之间是依"此有故彼有、此生故彼生"的**法则**而显现。所以第三项'识'不存在了这个十二项互依互存的链条就断了。其于十一项也都不存在了。

佛陀自修自证的十二缘起被破，说一切有部在十二缘起基础之上发展起来的分位缘起，刹那缘起，连缚缘起，远续缘起也都通通成了石女的儿子的老婆。

龙树从中论开篇就在破缘起，就按某种粉饰太平的说法，龙树破了这些缘起，是为了显示出甚深缘起。那么龙树的这个所谓的'甚深缘起'真的如他们自认为的那样才是佛陀的真实密意吗？至少通过前面龙树逻辑混乱的表现，笔者是一点都看不出来。

就让他们自己解释这个'甚深缘起'也从来都没有看到他们说清楚过。如果按龙树在中论十八品观我法品的观点"诸法实相者，心　行言语断"为标准—————万法的实相以语言无法表达，以分别心无法缘取。那么这个标准和其他学派没啥大区别。其他外道学派提出此类观点还早得多，比如《道德经》。大家都在说我们知道宇宙本体存在但无法言说，那还说个锤子！

3.8

耳鼻舌身意　　　声及闻者等

当知如是义　　　皆同于上说

大意是：耳鼻舌身意五项，都可以等同于眼。

龙树在本品中要干什么呢？就是要破佛门的六根接触六尘十二处

1：色一一〉　眼　　　　　　一一〉　眼识

2：声一一〉　耳　　　　　　一一〉　耳识

3：香一一〉　鼻　　　　　　一一〉　鼻识

4：味一一〉　舌　　　　　　一一〉　舌识

5：触一一＞　　身　　　　　　一一＞　　身识

6：法一一＞　　意　　　　　　一一＞　　意识

上图就是佛教展示的人的认识与世界一切现象和事物之间如何互动的过程。

龙树舞着大刀就冲上去欲灭此朝食。

龙树选了第一组（眼————色）关系来破，他认为只要破了第一组，其余的是同样的道理，统统被破。

其实这里面问题是很多的，暂且不去管他能不能破第一组，即使破了，与后面几组关系似乎就不大。

前五组和第六组完全不同，前五组属于物质层面，第六组属于精神层面，破了物质层面未必能破精神层面。

而在前五组中，除了第一组是眼不能自见却能见它。其余四组都和第一组性质不同，耳能自听且能听它，鼻能自闻也能闻他，舌能自尝也能尝它，身能自触也能触它。

所以龙树对这些明显区别不加区分，以为破了眼能见色就能破除余下五组关系，显然是思虑有些空疏，想当然了。

况且第一组龙树也破失败了！

四、观五阴（蕴）品

4.1

若离于色因　　色则不可得

若当离于色　　色因不可得

大意是：

如果离开了色（物质）的因，色果则不会存在

如果离开了色果，色因就不存在。

本颂就简单阐述了色因与色果必须相关待而成立。

这里的色因依众家解释为四大种，物质现象的状态呈现出地，水，火，风四种相状。这四者对应着坚，湿，暖，动的性状。

由于四大种的观点不是一家一派之言，从柏拉图，亚里士多德，顺世外道，无作论者，佛教各派经典都持近似的观点，虽然多少有出入，但大差不差。

但根据他们各自描述的细节而言，对于现代人来说难免不会带来了疑问？

到底四大种是物质的元素？还是相状？

这几乎涉及两个不同的领域————从本体论到认识论的跨越。

按青目解释的纱与布的关系就是指向元素。一到本体论，由于人类认识能力的局限，谁也说不清楚，当然也包括本品的作者龙树。

笔者认为在古代那种科技水平的条件下这一堆糊涂账只能暂且放一边。也就是说在本品讨论四大种没有什么意义，

当时提出四大种观点的各家都处于无眼蚂蚁摸巨象的状态。一堆蚂蚁互相辩论大象的实相是没有多大价值的，你要说他们一无是处也过了，毕竟有人摸出了尾巴，有人摸出了鼻子，有人摸出了脚。

但即便二个不同的人都摸出了同一根尾巴，对此尾巴的描述，以及对此尾巴的未来的预测也各不相同。

如果只能以模糊化的抽象概念'色因'来讨论，就会如同龙树本品的颂词一样始终飘在空中无法落地。而青目释就被迫花了不少具像文字（纱与布的关系）以元素的立场来解释色因与色果。

4.2
　　离色因有色（果）　　是色（果）则无因
　　无因而有法　　是事则不然
大意是：如果离开色因有色果，这个果则是无因果，没有因而有果，在经验世界里这是不合理的。

前半段龙树的观点是果不离因，就是和他在第一品观因缘品里的观点自相矛盾的。

后半段面对龙树不承认有无因法的观点，论敌提出了'佛法，外道法，世间法中都有无因法'。龙树没有回答，而青目释的解释是————这只是一种言说。

这种解释是没有什么价值的答非所问的自说自话，完全无法击退论敌的问难。

4.3
　　若离色有因　　则是无果因

若言无果因　　则无有是处

大意是：如果离开色果。单独有色因，那么这个因就是无果因。得出这种结论简直是一无是处。世间没有这样的事情。

不清楚龙树为什么要写这一颂？如果有论敌认为'有因无果'，龙树写本颂就还有点意义。但是如果没有任何一家持这一观点，这不是对着空气挥拳吗？

4.4

若已有色者　　则不用色因
若无有色者　　亦不用色因

前半段大意是：如果已经有了这个果，就不需要引发这个果的条件了。

这一条笔者在第一品的1.6颂已经破过了，纯属是龙树坐在书房里的脱离实际的沉浸在名词概念里的想当然。

后半段大意是：如果没有这个果，也不需要引发这个果的条件。

这完全是废话。

4.5

无因而有色　　是事终不然
是故有智者　　不应分别色

大意是：没有因色而有果色，在经验世界里是不合理的，所以有智慧的人不应该去分别色。

本颂前半段仍然停留在口号上，对内道外道众多论敌4.2颂提出的'无因果'够不成反驳。

而后半段龙树突然转向，从阐述五蕴中的色应该是由因缘而成的转向告诫世人：所以不要执着分别不同的物质。豪无逻辑关系的一个硬转弯。

这也是各种经论里经常出现的现象，前面先说一套东西，后面紧跟着就说'是故'（所以）怎么怎么样。但一经仔细观察，前因和后果并没有直接关系。有的是前因与后果之间缺过渡的条件，有的则是非因计因。

4.6
　　若果似于因　　　是事则不然
　　果若不似因　　　是事亦不然

大意是：如果因与果相似，与经验世界相违，（就象纱与布不可能相似一样，）

或者因与果不相似也与经验世界相违。（就像粗纱织不出细布。）

注：括号里是青目释的具象化表达

本颂和前面的一、二品已经略有不同了。已经进入诸行无常的的视角了。可惜龙树仍然在使用'一条规律贯宇宙'的方式在思考问题。完美的错过诸行无常。

青目释据此得出另一个结果——色不可得。本颂的两个条件其实很难推论出色不可得。这中间差着一条鸿沟。只有逻辑混乱的情况下才能得出这么浑浑噩噩的结论。遗憾的是除了青目，其他人也是这么认为。

色因与色果的关系在本颂的解说中，仅仅是说明了："世间诸法有色因似色果的可能，也有色因不似色果另一种可能"。

4.7

受阴及想阴　　行阴识阴等

其馀一切法　　皆同于色阴

这一颂与第三品的 3.8 颂犯的错误如出一辙。龙树认为解释清楚了物质就等同于解释清楚了精神。

到 4.7 为止，笔者认为青目释与龙树的颂词似乎在各说各话。

青目释认为是破了五蕴（后世众人也多持青目的观点），单从龙树的颂词 4.1，4.2，4.5 来看，更多的是在主张自己的观点：色蕴有因。而对无因论的破斥并没有什么实质性内容与进展，仅有空乏的信念下苍白的口号。

4.8

若人有问者　　离空而欲答

是则不成答　　俱同于彼疑

4.9

若人有难问　　离空说其过

是不成难问　　俱同于彼疑

这二颂大意是：无论是回答论敌，还是批评论敌，都不能离开性空去操作。

这个总结算是龙树对自己的跟随者继承者的指导方针。主要用于应对论敌上。（不是论敌的信众或者本派中人，产生疑问时实际上也是站在论敌的立场上，所以思想上可以都暂时归于一类。）

这两颂也被一些后学称为一切有关空性论议的心要，见色法的空性，即见一切的空性，用本品的套路去套一切。

这有点像夫妻俩打架，因为丈夫没有还手，妻子完胜告终。妻子总结了一下刚才'战而胜之'的套路。对外人宣告她的这一套可以去打赢职业自由搏击的并夺冠。

由于并不需要用自己的身体上擂台接受武器的批判，反正都只是打嘴仗，后世中观学人往往理屈词穷之际，就会抬出祖师爷龙树留下的这一遗诏，为自己脱身。后人对于中论的解释多次出现这种情况，后面的颂词，读者还可以看到。

总的来说，本品的论证结构稀里哗啦，如下：

1:阐述因色果色必须相互观待而成

2:有果也不需要色因，无果也不需要色因。

3:没有色因则不可能有色果。

4:因色果色相似也不行，不相似也不行。

从龙树以上四点，可以看出第二条把第一条彻底否定，第三条又把第二条彻底否定回到第一条的观点。第四条不知道跑那条羊肠小道上去喊了一嗓子。一通瞎折腾。完全不是前面三品的风格。

并且龙树论证过程中过多的使用'是事亦不然，是事终不然'作为论据。笔者多次提过，龙树是没有资格去用经验世界的素材来支持自己的观点的。只有在使用应成法时，龙树才有资格使用论敌的论据里的经验素材。既便是在应成法内，龙树使用自己采用的经验素材也是不行的。

本品的全篇大部分内容用龙树自己的话来说就是'无有是处'。笔者甚至怀疑这是不是出于一人之手。但看到青目释的内容又释怀了不少，按青目的意思，本品各颂在回答一些论敌的提问，也许论敌问得凌乱，所以龙树答得也随机。

观察整部中论，也会发现龙树的观点并非都一致。前后矛盾的不少。这有几种可能。

第一：鸠摩罗什翻译时自行添加进去的。（这一条仅针对中文译本，不涉及梵文原本）

第二：龙树自己写多了之后精力不济写糊涂了。

第三：龙树精力旺盛时也没有完全搞明白，仅仅因为执着于想赢下不同的论敌，枪法大乱。

笔者认为以上三种情况可能同时并存于中论之中。

正因如此，一些前贤读完《中论》后各自总结出龙树的本意是完全不同的：

1：胜义无，世俗有（清辩）

2：胜义有，世俗无（唯识）

3：一切皆空，空不是没有，而是无常没有自性。性空不碍缘起，缘起不碍性空。

4：断灭，空就是什么都没有，不存在任何东西，毕竟空。

每一种观点都认为自己才是龙树思想的真实密码

如果考虑进龙树自身的逻辑混乱，推论过程又失误频频等因素，以上四种说法都是一厢情愿。

本品还留下另外一个疑问，龙树在本品中破的色是物质本体？还是破的人类对物质本体产生的概念？

笔者认为龙树破的是物质本体。如果他要破的是概念，那么他应该去论证受，想，行，识这四蕴无法真正认识和感知物质真实的本体，但他并没有这么论证。

五、观六种（地、水、火、风、空、识）品

由于龙树在本品中主要在破这六种当中的'虚空'。由于当时对虚空的认识与现代已经完全不同，所以用现在的暂时的眼光来看，本颂的讨论再次体现出一群盲人在辩大象的感觉。这里面主要面临一个对虚空的'法相'的理解，就是能说明虚空之所以是虚空而不是其他事物的基本特征。当时一个共识就是————————无碍性，没有阻碍，能够容纳一切法。（这个共识显得粗糙而轻薄，能否完整描述虚空的特征质得怀疑。）基于这个共识，各个派别对虚空有不同的见解。说一切有部认为虚空有实在体性。经部譬喻师认为虚空没有真实体性。

现在的人则可以不管各家的观点，直接在虚空的'法相'上就一锅端了。因为按照目前暂时的经验认识，虚空不是完全无阻碍的，因为在受到物质重力的影响时，空间会发生弯曲。重到大质量物质，轻到光的波、粒，经过这些空间时都会因空间弯曲无法依惯性直行。由于时空一体的关系，时间也会被弯曲。这完美的契合了佛陀的诸行无常。

说到这里读者是不是有一点点"五位百法"需要重新修改的冲动。虚空作为千百年来佛门认定的无为法已经立不住了。

但是，受限于时代，龙树走的还是他自己的老路去破虚空。

这里还要强调一下，国家工程项目《大毘婆沙论》里有一种观点认为虚空非色、空界是色。大概是指虚空不是容纳宇宙万事万物的空间，而是排开物质，精神、空间所有一切之后的那个东西才被称为虚空。笔者认为这种观点不适合用于本品的六种之中，按这种定义，这种虚空就不是和其它五种是同一范畴的关系，无法并列。

注：

《大毘婆沙论》："问：虚空、空界，有何差别？答：虚空非色，空界是色。……虚空无为，空界有为。……问：若尔，虚空有何作用？答：虚空无为，无有作用，然此能与种种空界，作近增上缘；彼种种空界，能与种种大种，作近增上缘；彼种种大种，能与有对造色等，作近增上缘；彼有对造色，能与心、心所法，作近增上缘。若无虚空，如是展转因果次第，皆不成立。"

一提到国家工程项目，特点就是钱多，为了对得起这个工程款，那怕是一把锄头，工程承包商也会想办法给锄头镶上钻石。虽然说也有个别皇帝，国王具有很高的审美能力，但那毕竟是极少数。而实际上绝大多数都是土包子也是事实。工程承包商拿不出象高迪那样惊才绝艳的天才作品时，最好的交货方法就是用庸俗繁复的细节，庞大的体量撑起所谓的皇家气象。

5.1
空相未有时　　则无虚空法
若先有虚空　　即为是无相

大意是：虚空的法相（不阻碍的特征）还没有产生时，那么就没有虚空这个事物本身。如果没有特征时而先有虚空这个事物。即是一个没有特征的虚空。

5.2
是无相之法　　一切处无有
于无相法中　　相则无所相（依）

大意是：这种没有特征的事物，任何地方都没有。在这种不含特征的事物中，那么特征无法安立。

龙树这次还是在玩他的愚人愚已的老把戏，老套路，老句型：当某 xx 还没有时，和这个关联的事物将会怎么样。

这套老把戏笔者在前面几品 2.13 与 2.14 中已经破过。

简而言之，在讨论虚空这个事物时，这个存在物的一体几面就呈现出来了。下面仅列其中二项作说明：

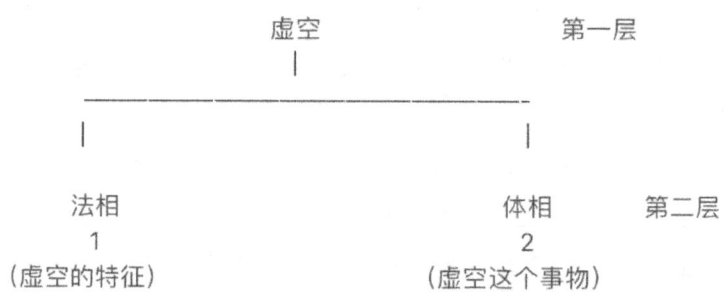

龙树的老套路不是直接去讨论第一层的虚空（一体）存不存在，而是在描述这个存在物的第二层的（二面）概念中去假设其中一个概念没有的话，另外的概念将变成什么样？

在这个一体二面内，此有则彼有的关联下的事项，当其中一项（1）没有产生时，其实就意味着另外一项（2）也没有产生。

龙树假设上图中1（法相）没有产生的情况下，另一个2（体相）以单独存在的状态将改变属性的推论根本无法实现。

也就是虚空的特征（法相）未产生时，虚空这个事物（体相）也没有产生。虚空都没有，哪里还能推论到虚空这个事物是没有特征的事物！

都到中论第五品了，龙树还在用这种戏论来破敌，就不免有些让人为龙树着急了，其实这种戏论啥也破不了。

本颂龙树讨论的无相法也是个笑话。

5.3

有相无相中　　相则无所住

离有相无相　　馀处亦不住

大意是：在有法相（特征）的虚空，无法相（特征）的虚空上，不阻碍的特征都不能成立于虚空之中。而离开了有相和无相的法，在其他地方也无法安住。

这一颂又是一个'相'字打天下，只读颂词不知道在说啥！笔者都不想把鸠摩罗什那一伙称为团队了，只想把他们称为团伙。还不如现在的一些翻译外国电影的字幕组。

有法相，无法相进一步详解如下：

有法相：

已经有的特征不能安立到虚空中去，因为虚空本来已经有一个特征，如果再安立，就有两个特征。'一女二嫁'的老帽子又来了！

龙树在这里和观来去品（第二品）犯的是同一个错误，把对事物的描述错误地定义为添加一个法相。

由于有法相这个前提破不了，下一颂 5.4 的推论就没法成立。

无法相：

如果虚空本来没有法相，无不可能变成有。所以也没办法安立法相。

和前面笔者提到的一样，无法相的推论毫无意义，没有法相即没有虚空，没有任何讨论必要，纯属废话。根本不可能存在一个无相法来让龙树讨论来讨论去。

本颂龙树得出的错误结论就是————法相（事物的特征）不存在。

5.4
相法无有故　　可相法亦无
可相法无故　　相法亦复无

大意是：法相不存在的原因，事相也不存在。事相不存在了，法相也不存在了。

这一颂的起点是建立在上一颂龙树的错误结论的基础上————法相不存在。然后后面搞了个循环论证。由于前一颂就错了，后面自然跟着错一串。

如果读者回头去重新审视一遍，就会发现龙树这个法相不存在的结论来源于————龙树假设法相不存在。

好玩吧！玩的还是你老婆不是你老婆的梗。

5.5

是故今无相　　亦无有可相
离相可相已　　更亦无有物

大意是：所以，当下没有法相，也没有事相。离开了法相和事相，也就更不可能有其他的事物了。

5.6

若使无有有　　云何当有无
有无既已无　　知有无者谁

大意是：如果没有'有'的虚空，又怎么会有'无'的虚空？

在有、无、都没有的情况下，哪里还有能观察到有无的观察者可以存在？

由于前面已经崩塌，这两颂延长的推论就显得毫无价值了。

5.7

是故知虚空　　非有亦非无
非相非可相　　馀五同虚空

大意是：因此应该知晓虚空既不是有，也不是无，既没有法相，也没有事相。

其余的五界———地、水、火、风、识。和虚空一样都是不成立的。

龙树认为剩下的五项都可以照方抓药，按照他破虚空的方式来破。

其实剩下的五项中，地水火风归于物质一类，识是精神一类，

而虚空既不是物质，也不是精神。属于第三类其他。

也就是说可以确定宇宙是由物质，精神，'其他'所构成，这个包括虚空在内的'其他'我们目前仅仅知道一点点。按一个套路去破属性完全不同的事物能否成功非常质得怀疑，何况就连'其他'之中虚空这一项，龙树的破斥也是失败的。还能指望什么呢？

5.8

> 浅智见诸法　　若有若无相
> 是则不能见　　灭见安隐法

本颂大意是：智慧浅薄的人观察诸法，或者认定有，或者认定无。所以不可能见到寂灭一切的安隐之法。

由于龙树之前的破斥错漏百出，这个时候出现这种高屋建瓴的语气来评价智慧的等级就显得有些自视过高大言不惭了。

六、观染染者（观烦恼，烦恼者）品

本品的染指的是一切烦恼，比如贪心，嗔恨、痴愚等。染者即是被烦恼缠缚的补特伽罗或心王。

6.1
    若离于染法　　先自有染者
    因是染欲者　　应生于染法
大意是：假设离开了染法，之前先有一个染者，因为染者观待染法而产生，那么这个染者应该能从染法中生起。

6.2
    若无有染者　　云何当有染（法）
大意是：如果先没有染者，那怎么会产生染法呢？

据藏译这半颂是和上一颂连在一起的，形成了一个完整的'先有或先无染者，都不能成立染法'。

    若有若无染（法）　　染者亦如是
大意是：如果先有染法，先无染法，染者都无法成立。采用和前文一颂半的观察次第相同的方法可以破除染者。

这两颂龙树实际上在说观察染法与染者在因果异时，前因后果的情况下不成立。

但是就颂词本身是否思路清晰的论证了上述目标，的确一点都看不出来。就连印顺导师也说"本颂的意义不显"

（1）笔者怀疑是不是因为颂词在传承过程中缺失了，颂词里的语意明显断裂了，只有把青目释补进去才勉强可读，暂且不论这补充的内容是否正确。

若离于染法　　先自有染者

‥‥‥‥‥‥‥‥‥（笔者注：这里应该有缺失的颂词）

因是染欲者　　应生于染法

‥‥‥‥‥‥‥‥‥（笔者注：这里应该有缺失的颂词）

若无有染者　　云何当有染

若有若无染　　染者亦如是

当然在笔者看来无论有没有补充完整，这个论证从结构上看也是失败的。如下图：

假设离开了染法‥‥‥‥‥‥所以怎么会有染法呢？
（若离于染法）‥‥‥‥‥‥（云何当有染）

同样是龙树在 2.13 颂 2.14 颂的老套路——'因为你老婆成为你老婆之前不是你老婆，……，所以你老婆不是你老婆'。中间的省约号里无论添加多么曲折蜿蜒逻辑严谨的推论都不影响这个论证结构的无效。所以前两颂论证染法染者在因果异时的情况下不合理是失败的。

另外：

青目释——若先定有染者。则不更须染。染者先已染故。

青目应该算是很了解龙树的，补充的说词也是龙树的套路。所以一样是龙树那套站不住脚的'一女二嫁'。

6.3

染者及染法　　俱成则不然

染者染法俱　　则无有相待

大意是：染者和染法同时存在（因果同时）不合理，因为染者和染法同时，就不是互相观待了。

这一颂的龙树的观点很难成立，他建立的这个因果关系则显现出非因计因，非果计果的因果脱节。

和左右，上下，前后一样，染者和染法同时，正好是互相观待，此有则彼有的状态。

这一颂的目的是破因果同时，前两颂是在破因果异时。读者可以自行判断龙树在本品的前三颂中是不是在搬起石头砸自己的脚。

如果染法与染者的因果关系仅仅被限定在二个选项之内———因果同时与因果异时。那么可以确定龙树是在自己打自己的脸。

在本品中，龙树并没有打开这个封闭的范畴去讨论第三种———因果同时异时并存的可能，所以这个封闭的界内只有对立矛盾的两方。

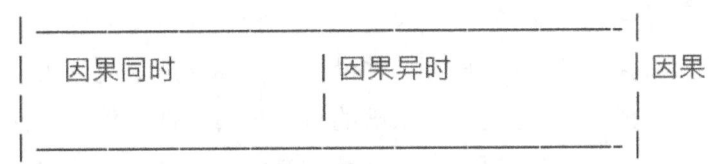

龙树否定了因果同时，手里就只剩因果异时，

龙树否定了因果异时，手里就只剩因果同时。

所以龙树又一次成为了左手握矛右手提盾的楚人。和第一品里破有因生无因生的状况一样。

如果龙树不承认自己是这个自相矛盾的持有人，那么就只剩一条路，就是因果异时，因果同时这两项都不成立，都被废掉。也就等于废掉了染法与染者的因果，堕入了无因生。

6.4

染者染法一　　一法云何合
染者染法异　　异法云何合

大意是：

染者与染法如果成为了一体，那么这两个事项就变成了一个事项。一个事项还怎么和合？要和合起码要二个事项。

染者与染法如果成为了异体，那么这两个事项在本体上是独立的。独立的事项是不可能有和合的。

龙树的以上观点明显错漏，以'要和合起码要二个事项'作为共许的基础条件龙树和论敌应该都同意。染者与染法正是二个事项合二为一，如同一台电脑的硬件与软件。论敌说硬件与软件合为一体，没有问题。龙树的质问却是软硬件一体化后的电脑怎么能和电脑自身和合？这就质疑偏了，因为论敌在说硬件，软件，并没有说一体化后的电脑可以和自身合为一体。而龙树本来破的目标也是硬件软件，突然之间他就再次失焦去观察一体化后的东西了。说个再简单一点的比喻：

a+b=C

1+2=3

论敌认为 a 和 b 二者合成了一体的 C。

而龙树在说 C 不能和 C 合为一体，所以 a 和 b 合成一体不成立。

读者这下应该看清楚了龙树玩的是个什么毫无逻辑关系的破玩意儿。就靠偷换概念在混日子了。

这一颂龙树又搬出了他的一体异体的老方法来破染者染法。读者可以参看笔者在第二品 2.18 颂对龙树一体异体这种无效的观察方法的破斥。这个'一'的具体标准没有确定，龙树的论证就只是在朦朦胧胧的谈感想，没有论证效果。而如果把'一'的标准确定为—————-染法就是染者，染者就是染法。则会引发所有论敌的哄堂大笑。然后龙树就会被论敌们以智力堪忧搞不清楚状况为由客客气气地请出辩论现场。

至于龙树的另一个观点——二个独立的事项不可能有和合。就显得太缺见识了。别说现代化学，就是古代的练金术也可以教育龙树了。二块独立的金块炼化后成为一块，你还分得出里面哪一部分是原来的吗？仅以印度河流域而言，早于龙树三千五年前就进入了青铜时代，这种红铜、锡、铅的合金难道龙树没见过？比龙树早四，五百年的孔雀王朝更是已经能生产高品质的铁——碳钢——由生铁，煤炭、玻璃混合加热，铁溶化并吸收碳。

可笑的是关于龙树的某些传记中还记载龙树自己会练金术，或者点石成金，并用这个神通挽救了国家的大型烂尾工程。这可如何是好？

不可避免的是，在此龙树用'异法云何合'再一次重申了自己对龙树牌自性的坚持，意思是只要是异法，就是独立有自性的，有自性就无法产生和合。龙树强烈坚持的这一铁律本身就是一种永垂不朽、无法违背的'自性'。

虽然我们知道，明面上龙树是高举着破一切自性的大旗，但一到破敌时，不经意间就露出了马脚。龙树还是把自己的脚放在了自性的台阶上。

可惜的是就连论敌都未必同意异法就必须要有龙树的那种自性。没有龙树牌自性的两个事物也可以被称为异法。一滴水与颜料都无自性，是异法。而这两个异法一和合就形成了新的一体的混合物。

而龙树，青目的思维还固化在六界（地水火风空识）的'地'之中，只以固体的经验来判断一切。他们口中的'异'如同杯子和盘子，靠得无论多么近也无法融入彼此。然后以这个固体事物的经验总结来推论一切，这就犯了以偏概全的毛病。

这六界其实是三个范畴

1，物质：地，水，火，风

2，精神：识

3：非物质非精神：空

龙树用'地'的经验去检验水，火，风就已经不靠谱了，更煌论去印证识？印证虚空？

而本品的染法与染者就横跨了地水火风空识。

6.5

若一有合者　　离伴应有合

若异有合者　　离伴亦应合

大意是：如果是一体而有和合，那么在离开另一半的情况下，每个法上应该有和合；

如果是异体而有和合，那么离开了另一半，每个法上也应该有和合。

本颂龙树犯的仍然是逻辑错误，染法与染者是此有则彼有，此生则彼生，互相观待的。这也是龙树在颂词 6.3 里自己主张的。当彼此分开了之后，两个事项均不存在了。不会出现染法消失后留下一个单独的染者，然后这个染者再去和另外一个法结合。如同左右，左不存在了，右也就消失了。哪儿还能用一个没有了的'右'去和其他什么东西和合啊？

在结构上，'一体，异体'与'离伴应有合'并没有建立起因果关系。

而青目释对此颂的补充说明则是东拉西扯了一大把——

1：如果二者以一体而和合、不需要因缘了。

2：人与法合为一体了，天下将大乱。

青目忽悠了半天不但建立不起'一体异体'与'离伴应有合'之间的因果关系，还给论敌提供了反戈一击的武器。青目主张人与法不能合为一体，观点正确与否暂且不论。最少也提醒了论敌——人与法不能合为一体是什么意思？

要想天下不乱，就不能让人和染法一体，这里含有的条件之一就是人必须存在。这可要了龙树的老命了，本来本品的起因就是论敌认为"染法与染者存在，所以'我'存在"。龙树的破敌思路是破掉染法与染者，如果染法与染者压根就没有，论敌的因果链就无法成立了。

而青目是在无意的揭示染法与染者只是第二层的概念，不要忘了还有第一层的人存在（有情众生）。

如上图，一回到这个两层结构中，并且第一层铁定存在，龙树本品的努力就全作废了。

6.6

若异而有合　　染染者何事
是二相先异　　然后说合相

前半颂大意是：如果染与染者是异体而有结合，又怎么会有染法和染者？

这一颂前半段龙树继续困守在自性上，顽固的认为二个不同的事物就一定应该是两个有龙树牌自性的东西，因为有龙树牌自性所以不能合为一体。

人一旦执着起来就很难揪着自己的头发把自己从泥坑里拔出来。

后半段据说是论敌的观点。

大意是：这两个事项的先是分开的异体，然后才说它们有和合的相

笔者猜这是龙树自编自导的内容，为了衬托出自己的正确。因为染法与染者互相依存而显现的观点是大多数人都共许的。不太可能论敌突然自乱阵脚改弦更张去主张一个'二相先异'。

6.7

若染及染者　　先各成异相
既已成异相　　云何而言合

大意是：对于6.6颂后半段论敌的表述，龙树在本颂又重复罗嗦了一遍：异就是有自性，不能说合。

6.8
　　异相无有成　　　是故汝欲合
　　合相竟无成　　　而复说异相
大意是：你主张的异相不成立，所以你转头去主张合相。而合相也不成立，你又回头去重新把异相捡起来。
龙树在本颂痛斥论敌。

6.9
　　异相不成故　　　合相则不成
　　于何异相中　　　而欲说合相
可以看得出来，从本品6.8颂开始一直到6.9颂这二颂。进入了龙树与论敌的口水仗，主要是龙树在谴责论敌为了胜利反复无常，狼狈不堪的耍赖皮。当然读者必须明白这可能是龙树一个人在自导自演，演绎了一出非常无聊的小孩吵闹，这二颂本不应该出现在高端大气上档次的中论之中。

6.10
　　如是染染者　　　非合不合成
　　诸法亦如是　　　非合不合成
大意是：染法和染者和合也不成立，不和合也不成立。一切法也是如此。
这一颂是龙树总结本品，然后推而广之，放之四海而皆准。龙树曾经嘲笑数论派自生是无穷生，无义生。而本颂龙树就自己上阵玩了一把无穷生、无义生。只不过是龙树把自己认定的一条所谓的'规律'进行了无穷无尽的复制拷贝。

因为笔者在前面对本品的评述是依龙树编出来的框架在评论。下面笔者想离开这个龙树的框架讨论一下本品的染法与染者。

染者是怎么来的？是远古时代有一个干干净净的人，然后被什么东西给污染了才成为染者的吗？谁也说不清楚！这个问题在基督教哪里很清楚，先是干净的，后来背叛了上帝，被污染了。但在佛教这里就说不清了。在佛教这里由于否认了造物主创世，讨论任何问题都是以无始以来作为前提。你要刨根问底的朔源是找不到源头的。只能悬置！

放弃在纵向时间轴上朔源，就只能观察横向的能影响到染者之所以成为染者的那些原因。染者就是烦恼者，有烦恼的人或者有情。

为什么人会有烦恼？

佛陀为我们指出了根源——贪，嗔，痴。

为什么要贪？为什么会嗔，为什么会痴。

笔者认为原因是：爱、外部条件对自身的生存造成的压力引发反射、信息缺失和缺乏对信息的分析处理能力。

为什么会爱？

因为人建立了审美。

审美是怎么产生的？⋯⋯⋯⋯⋯⋯

说到这里任谁也能感知这将是一个无穷无尽的探索，还是打住吧！佛陀早就在贪嗔痴三毒那一层开始下药用八正道的修行来救人了。

七、观三相（生，住，灭）品

佛经说有为法有三相———生、住、灭。万物以生法生。以住法住。以灭法灭。所以有诸法。

7.1

若生是有为　　则应有三相

若生是无为　　何名有为相

大意是：如果生是有为法，就应该有生，住，灭三个法相。

如果生是无为法，无为法怎么能是一个有为法的相？

印顺导师在《中观论颂讲讲记》里介绍：

说一切有部与犊子部认为三相是有为的，

分别论者说三相是无为的。

法藏部说生，住是有为，灭是无为。

虽然几家说法各异，但这里各派的共同背景却是一样————凡有为法都有三个法相：生，住，灭。

龙树手起刀落，非常神速的一刀毙命。应成刀法终于有点像样了。

经历了前六品的千疮百孔，奄奄一息的龙树突然满血复活，从谷地冲上了顶峰。并且本颂采用应成法的过程中也很干净，没有把对自己有利的的私货夹带进去，几乎和韩非的‘矛与盾’一样清白公正。

龙树说既然你说有为法有生，住，灭三相。那么生是不是有为法？

如果是，那么生也应该有生，住，灭三相。

这下麻烦大了。如果承认，这个生下面有生，住，灭三相。这个就自相矛盾了。生怎能有灭相？

如果生不是有为法，那么生就成了无为法，无为法怎么能成为有为法的法相？

所以龙树认为一切有为法有生、住、灭三相是不成立的，三相不成立，哪儿还有什么有为法可以成立。

犹如武功已至化境的剑客，龙树拔剑刺敌，收剑入鞘，白马过隙之间，一气呵成。佛经里的佛陀教言被龙树秋风扫落叶，渣都不剩了。

难道龙树真的要咸鱼大翻身了？

如果真能如此，本品只需要第一颂即可结束，后面无需狗尾续貂。

遗憾的是，生就是有生住灭三相、并且不会自相矛盾。

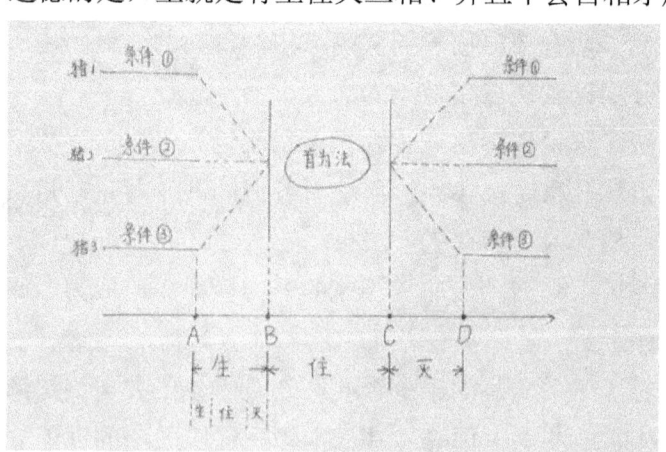

如上图所示：观察者在观察从三个条件逐渐和合生成某个有为法，再从某个有为法逐渐分解成三个条件的全过程

时，分别给其中三个阶段赋与了不同的抽象概念以显示其特征————生、住、灭。

那么这个'生'的概念是不是有为法？

当然是！由观察者赋予的概念当然是有为法。

那么这个生的概念如果按"一切有为法都有生，住，灭三相"的原则，就应该有住、灭的相。龙树认为这是自相矛盾，而上图已经清晰表明，这丝毫不矛盾。

A点附近就是'生'这个概念的生相所在。

A到B之间就是'生'这个概念的住相所在。

B点附近就是'生'这个概念的灭相所在。

同理'住'这个概念的生相在B点附近，住相在B，C之间，灭相在C点附近。

'灭'这个概念的生相在C点附近，住相在C，D之间，灭相在D点附近。

以上笔者只能按大约的位置叙述，无法精确定位。

佛经里的这个框架的确是提供了无限细分的可能，只要你自己不觉得累，这个框架就可以支持你无止境的细分下去，那不过是在细分时间段而已。—————————请记住这句话里指示的前提条件'你自己不累'，7.3颂还要接着这个条件来讨论。

龙树的奋力一击仍然一无所获。虽然在本颂中，龙树再一次开门就摔倒，但在摔倒的过程中表现出了技术，并且表现得很有操守，值得称赞。

不过熟悉中论结构的读者也应该知道，龙树一品颂词的开头部分被破，也就意味着龙树在本品余下的颂词无论多努力也无法翻身了，不信往下看。

7.2

三相若聚散　　不能有所相

云何于一处　　一时有三相

大意是：生、住、灭三相分散和聚集时都不能成为有为法的法相。怎么能说在一个空间或者一个时间里有三相？

龙树在本颂满脑子的不解与问号在其他人眼中未必如此纠结。

参看 7.1 颂的图，三相在时间轴上依前中后排例，可以看作是分散状态，丝毫不影响他们成为有为法的法相。不过是这个有为法在三个不同时段所显现的特征而已。

这个观察角度就是经部的视角。

至于'一处'的问题。

生，住，灭三相本来都是这个空间里的有为法的不同阶段的特征。或者称为同一个有为法的投影，本来就是一处（空间里的一个主体）所投影出来的。，当然能成立！除了这个，还有另外一个'一处'——有为法的'生相'，因为'生相'也是有为法，其下包含了'生、住、灭三相'。'一处'中有三相也毫无违和感。'住相''灭相'也同理！

至于'一时'的问题。

仅取决于怎么定义'一时'。生时、住时、灭时都可以被定义为'一时'。如果依这个定义。三相在'一时'没有任何不妥。

如果在这个时间轴上不停细分下去，一直细分到刹那，就是另外的一种'一时'。这一刹那虽然极小，其实还是一个时间段。一个无论多么小的刹那里当然包含了生、住、灭三相。

读过本书第二品的读者当然知道时间段是怎么回事。

这个细分的观察角度也是犊子部，有部的视角。

经部与犊子部、有部各持一词可以看作盲人摸象。都摸到了，但都只摸到了局部，所以各说各话。但也描述出了有为法的各方面的不同特征，读者可以以合订本的方式来看。

而龙树的否定则是连象都没有摸到。

7.3

> 若谓生住灭　　更有有为相
> 是即为无穷　　无即非有为

大意是：如果你们坚持生，住，灭三相是有为法，而每个有为法必须包含'有为相'（三相），这样就成了无穷循环下去。无穷循环下去就不是有为法了，而是无为法了。无为法怎么能描述有为法的特征？

龙树大约是忘了'生，住，灭'三相只是观察者赋与有为法的一个关于事物的某一方面特征的抽象概念。本颂龙树提到的这种无限循环并不是有为法（诸法）自己在无限生成。

抽象概念的循环只是观察者赋与的，也就是说循环是由观察者决定的。所以笔者在7.1颂里特别提'观察者不累'的情况下，可以往下循环。可是观察者怎么会不累呢？又怎么会永恒呢？所以这个抽象概念根本无法无穷循环。

另外一个问题——龙树认为：无穷就是无为法，无为法不能成为有为法的相。

看下面笔者画的表示数的图，这个图里的数列被看成有为法应该不会有人反对。即便是五位百法也把'数'判为有为法中的心不相应行法。

但是箭头所指处，无论从左边还是右边接近数字零，都有无穷产生。同理，数字 1、2、3 的两边也有无穷数。但是这么多无穷就是存在于数列之中。也就是说有为法中本身就含摄无为法。龙树的推论还怎么玩？

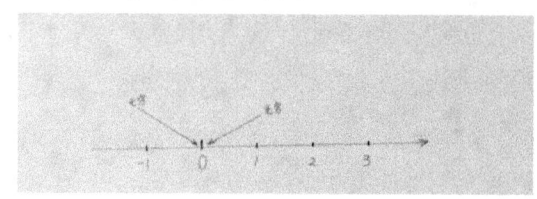

7.4
> 生生之所生　　生于彼本生
> 本生之所生　　还生于生生

接下来几颂又要饱受鸠摩罗什绕口令的煎熬了！一个'生'字打天下！当真是国家出钱做项目，你们这个团伙就按"此处人傻钱多"在办事？

这一颂是论敌的观点！否认自己有无穷的过失。

大意是：生生产生本生，本生产生生生，所以没有无穷的过失。

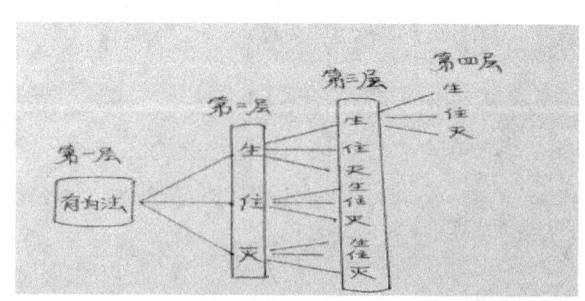

如上图，龙树认为会从图中第二层无穷循环下去。而论敌则认为第二层与第三层相互依存而产生，只在第二层与第三层之间来回徘徊，根本扩展不到第四层去，所以无穷不会发生，这套'有为法有三相'的理论没毛病。

而青目释里对论敌观点进行的描述——'七法共生'讲到第三层。但大概意思还是一样到第三层就反弹回来了，没有产生无穷。

藏译更夸张，把论敌（指正量部）的观点描述为——一个法生起时，实际有十五个法一起产生。

为了不被这些支繁叶茂的人造概念绕晕，建议读者还是紧紧围绕双方争论的焦点：到底会不会发生无穷循环？

7.5

若谓是生生　　能生于本生
生生从本生　　何能生本生

大意是：龙树反驳论敌——如果你说生生（第三层）是被本生（第二层）所生出来的，那生生又怎么能去生本生呢？

才在 7.1 颂同情性表扬了龙树，本颂开始龙树又开始骚搞了，预设前题偷换概念是家常便饭！

7.6

若谓是本生　　能生于生生
本生从彼生　　何能生生生

大意是：如果说这个本生是从生生中生出来的。那么本生怎么能把这生生生出来？

龙树在7.5与7.6两颂中从两个方面去质问论敌。都是在说论敌的观点是在犯母生子，子生母的荒谬错误。

其实在这个环节上，是龙树自己把'生'的意义放到前因后果的层面在说事，而论敌把'生'放在因果同时的层面在说事。龙树玩了一把文字游戏，把论敌的因果同时通过一个'生'字扭曲到前因后果上来打。你可以说这是龙树惯用同词异义的诡辩技巧，但不能说龙树又发现了一个什么甚深缘起。面对老练的对手，龙树这套把戏也没啥用。论敌当然能区分出母生子、子生母里的'生'与互为依存关系的'生'之间的不同。

7.7

　　若生生生时　　能生于本生

　　生生尚未有　　何能生本生

大意是：如果本生正在分娩（笔者认为此时用这个词最能代表龙树的意思，也是前两颂里'生'字的意思）生生时，生生还没有被分娩出来，那这个还未产生的东西怎么能够去反向分娩本生？

7.8

　　若本生生时　　能生于生生

　　本生尚未有　　何能生生生

大意是：和上一颂同理，反过来讨论，如果生生正在分娩本生时，本生还没有被分娩出来，那这个还未产生的本生怎么能够去反向分娩生生？

7.7与7.8颂是龙树对论敌的反驳，想论证在生生与本生之间不能互为因果。但是龙树从7.5颂开始就已经又夹带私货了，他把前因后果作为条件预设进去来破敌，论敌当然可以不认账。

论敌完全可以认为生生与本生是因果同时，同步显现的，因此显现彼，因彼显现此。在这里论敌的'生'不是分娩，而是显现。

龙树的'分娩'式思维打击不着目标。

7.9
　　如灯能自照　　亦能照于彼
　　生法亦如是　　自生亦生彼

据称这一颂是论敌经部的观点，其实不仅仅是经部一家这样想。

大意是：如灯能照自己，也能照他物。三相也一样，既能生自己，也能生有为法。

'灯能自照亦能照于彼'是古印度各学派老早就在纠缠的哲学问题。从早于龙数的婆罗门诸派，佛教大众部等等，以及晚于龙树的唯识派陈那论师等等，无不在这盏'灯'上着墨。

本颂论敌主要目的就是用这个类比去助挡"有为法有三相将产生无穷循环"同类问题的发生。

往大了说，认识对象与认识手段这对关系中的认识手段（心识）也面临同样的无穷循环的问题（龙树在《回诤论》里就一直在和论敌纠缠这个）。

搞笑的是为了讨论这个宏观大问题，大家突然被"灯能自照亦能照彼"这个简单具象的比喻所吸引，纷纷转战到这条小赛道上来比划，企图以小搏大争出个高低。而更令人蛋痛的是众人完全没有查觉灯火这个'小赛道'加此高深莫测，爱因斯坦都还没有完全搞清楚，又岂是他们的知识水平可以驾驭的。结果当然是一堆思想家，哲学家，宗教人士闹出啼笑皆非的尴尬局面。

说到这里就不得不提一下'哲学已死'的老梗，由于远离经验世界最前沿，在概念逻辑里纠缠的哲学家们就像一群扒在餐厅的玻璃外观察里面的食客与菜品的小报记者。抡起笔就开始各种描述报道，并与同样扒在窗外的同行激辩。食客评价菜品好不好吃厨师都认，但是窗户外的小报记者们写出来的东西厨师是不屑一顾的。

接下去四颂，龙树都是在破这个观点。目的就是一个，让论敌难以避免无穷循环。

不出意外，时代的局限摆在那里，由于龙树缺乏经验世界的有效积累作为支撑，如果说论敌是在盲人描象，好歹是摸着了一小部分。而龙树是连象都没摸到！龙树越是凭空想象努力论战越是在向后人暴露他的无知。这也是龙树很大的问题，就是他并不了解自己的极限在哪里，对自己不能了解的领域也没有慎言，非常遗憾！这也是龙树广破一切必然引发的灾难性后果，自己把自己架上了炉子烤。

和苏格拉底的"我的权威仅在于我知道我的无知"相比，龙树的格局境界就差得不是一星半点了。

尽管早于龙树七，八百年前。数论和胜论就各自提出微尘论、原子论等等光的理论，甚至于在早于龙树三百年的《毗湿奴往世书》就提出阳光是太阳的七辉线。

但光的波粒二象性，速度，光谱，可见，不可见，衍射等等，却是龙树那个时代的人听都没有听闻过的。因此对于灯光的讨论几乎类同于从未有性生活的太监在听房之后写性生活指导手册。

7.10
　　灯中自无暗　　住处亦无暗
　　破暗乃名照　　无暗则无照

大意是：灯中沒有黑暗，灯光照到的地方也沒有黑暗。

破除黑暗才被称作'照'。既然沒有了黑暗，怎么可能有'照'？

本颂前半段龙树等于承认了论敌的'灯能自照亦能照彼'。后半段突然翻脸打出了翻天印，否认有'照'存在。使用的手段很明显，就是把论敌的自照、照他物的概念扭曲偷换为照黑暗，然后龙树再让室内的灯光亮起，灯光所及之处，室内已无黑暗，灯光处于不能与黑暗接触的状态，使'照'无法产生，于是自照及照彼无法成立。

论敌的自照、照彼和龙树的照黑暗区别可大了去了。龙树凭自己的想象把黑暗当成了一种类似于染色空气一样的伸缩自如的实体，与同样性质的光玩着敌进我退，敌退我进的游戏。这种想法是怎么产生的无法确知，不知道是不是受'夜幕降临，夜色弥漫'这一类的形容词所影响。因此龙树在后面的 7.11，7.12，7.13 三颂继续延续这个思路啰啰嗦嗦的毫无意义的论证了半天。

现代人大都知道，他物之所以能在人的整套视觉系统里被呈现，是因为灯发出的光线照射到物体上反射到人的眼睛里，人们才能见他物。并不是龙树以为的————光是在与所谓的黑暗交战，光与黑暗是一对性质相同特征相反的事物，光战胜黑暗我们就能看到事物。

所以相对而言，论敌的'灯能自照亦能照彼物'是更靠谱一些。而龙树的'照黑暗'则显得有些不知所云的想当然了。

当然话说回来，龙树烂得一塌糊涂，是不是论敌就掌握到全部真理了呢？

未必！

如果明了光线、物体、视觉系统的互动原理，又有在没有丝毫微光的暗室中观察物体的经历的人（在暗室中禅定的修行人也差不多有这种感觉），大约比较容易体会'黑暗'是虚空的一种相。光则是被黑暗所容纳的现象，因此并不是平级关系。光，物体，视觉系统都是在黑暗这个大背景下唱戏。

如果不依靠这个黑色背景，试想一下，当你身处暗室之中，突然暗室里墙上遍布的高亮灯光全开，你瞬间就啥也看不见了，有物体放在墙前面，你也是看不见的，这时你如果点亮手中蜡烛，虽然蜡烛也有光线发射到墙边的物体上，并返回到视觉系统，但是由于色温不够，仍然看不到物体。你就感觉灯仅能自照不能照他。如果你认为这种感觉不可靠，那么对此还有更极端的现象，用一束光射向一个黑洞的事件视界边缘上的物质，这束光就肉包子打狗有去无回，光一到达事件视界就和物质一起被吸进去，再也无法返回发射者的视觉系统。在这类条件下灯能自照却不能照他就很明显了。

作为现代人而言。对于光，对于物体，对于视觉系统，我们仍然无法了解其全部真实。但基于人类的技术进步积累

起来的智慧，人们还是可以比较自信的确定龙树与论敌两种
观点哪一个更好。就是要比烂也是能够比得出来的。

7.11
    云何灯生时   而能破于暗
    此灯初生时   不能及于暗
大意是：
灯生时名半生半未生。灯体未成就云何能破暗。又灯不
能及暗。如人得贼乃名为破。若谓灯虽不到暗而能破暗者。
是亦不然。何以故。

7.12
    灯若未及暗   而能破暗者
    灯在于此间   则破一切暗
大意是：
若灯有力。不到暗而能破者。此处燃灯。应破一切处
暗。俱不及故。复次灯不应自照照彼。何以故。

7.13
    若灯能自照   亦能照于彼
    暗亦应自暗   亦能暗于彼
若灯与暗相违故。能自照亦照于彼。暗与灯相违故。亦
应自蔽蔽彼。若暗与灯相违。不能自蔽蔽彼。灯与暗相违。
亦不应自照亦照彼。是故灯喻非也。

由于龙树对光的所知甚少，所以以上三颂于无明愚痴的基础上继续纠缠就毫无意义，如同小儿辩日。笔者也赖得翻译和继续驳斥，只把同样毫无价值的青目释列在颂词后。

7.14

此生若未生　　云何能自生
若生已自生　　生已何用生

大意是：如果三相中的生法还没有产生，自己都还没有，那怎么能自己产生自己呢？如果三相中的生法已经自生了，那又何必再生。

这还是龙树那套'如果 xxx 还没生起时，然后怎么怎么样'老把戏，前面已至多次批驳过了。这就像一味安慰药剂，论敌还没想这一卦，龙树自己先把药吃了，把自己先安慰一下，其实啥用也没有。和无论什么传染病来了就抓把板蓝根来猛吃一顿差不多。

7.15

生非生已生　　亦非未生生
生时亦不生　　去来中已答

大意是：生法不产生于已生之中，未生之中，也不产生于正生之中。为什么呢？我龙树已经在第二品去来品里用三时破论述过了。

这一颂龙树又端出了自己老套路'三时破'。对于这套无效的论证，照常略过。从本书第一品读下来的读者应该知道，只要龙树破敌找不到办法了，多半就能看到'三时破'这个万能灵丹的出现。而这万能灵丹一出现，龙树必然进入断灭论。

7.16

若谓生时生　　是事已不成

云何众缘合　　尔时而得生

大意是：如果说有正生时的生法，前面所破这种情况已经不成立了。你们现在又说什么因众缘和合所以有生？

本颂前半段是龙树在自说自话，不会有论敌认可，龙树不管不顾的先把生米煮成熟饭，抢先把结论下了。

后半段则是在破论敌的缘起，把"诸法因缘生"给破了，实际上是破的佛陀。

7.17

若法众缘生　　即是寂灭性

是故生生时　　是二俱寂灭

大意是：如果诸法由众缘而生，那它就是寂灭的体相，所以生法和生时这二者都是寂灭的。

这一颂对比上一颂是个超级大转弯。上一颂龙树否定了论敌的众缘和合生法。论敌当然要反击，说龙树的中观已经不属于任何佛教宗派了。

龙树这下慌了，马上反驳论敌！说没有破缘起，缘起是如何如何。几乎所有的中观后学都在如此反复申明，生怕被佛门除籍。

因为佛经里记载：有人问佛"我或补特伽罗到底存不存在？"。佛陀没有回答。所以正量部基于佛陀的反应是不认可'无我'的。基于这个观点，正量部被其他佛教派别判为与外道见解相同，但从行为上看，他们又和内道相同，所以总的来看正量部还被算作佛教内的，未被除籍。

连这么严重的否认无我都未被除藉，可想而知龙树的破缘起严重到什么程度了！竟然引起了教内除藉的呼声！！！

但无论龙树怎么解释都显得无法自救，前面破缘起是抹不掉的。如果还要勉强挣扎说'我破的是缘起现象，不是破缘起规律'，就显得有些无赖泼皮的范了。论敌谈论的是缘起规律，坚持的是佛佗的缘起规律，并没有单指具体的某个缘生法。而龙树必须破敌，所以在这种被动局面下，龙树破的实际上是缘起规律。

7.18

> 若有未生法　　说言有生者
> 此法先已有　　更复何用生

大意是：如果有未生的法体已经存在，又说这法将会生。这个法先已有了，何必再生？

龙树本颂应该是冲着说一切有部的三世实有去的。

说一切有部认为法体在过去，现在，未来三世实有——如下图：

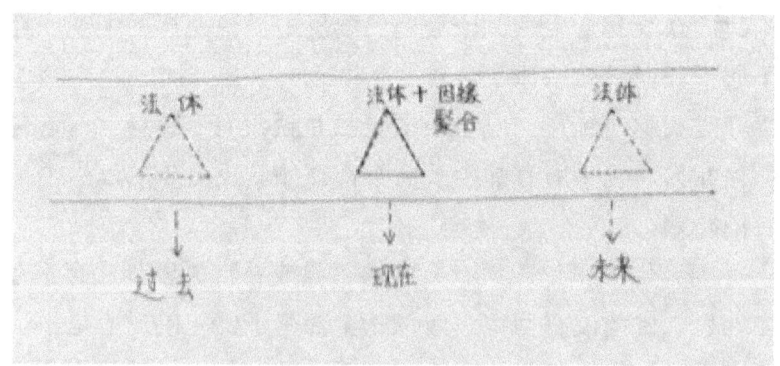

如同这个三角形的法体（虚线所示）永恒存在，至于它以什么材质组合呈现在观察者面前，只能依缘起而成。用钢条做材料，你就能看见一个钢制三角形，用木材做材料，你

就能看见一个木制三角形。这个法体是有自性的，但是这只是说一切有部认为的自性，不是龙树的自性。

作为龙树主要的破斥对象，龙树应该熟知说一切有部这个最重要的观点。而他的破斥并没有准确打击到说一切有部。有点牛头不对马嘴，说的不是一个事。说一切有部说的未来法是指图中虚线勾画出的法体，这个法体不仅在未来，在过去，现在同样存在，因为法体常住不变根本不存在生的问题，只有诸法（现象）在依缘起而生住灭，这就是三世实有。龙树破斥的却不是法体，而是依此法体产生的依缘生起的诸法（现象），因为他要破的生只有在诸法（现象）上才有。用这种破法就有可能让说一切有部不屑一顾了。作为旁观的笔者当然会认为龙树在偷换概念无理取闹，浪费大家的时间。

7.19

若言生时生　　是能有所生

何得更有生　　而能生是生

大意是：如果说正生时的生法能生果法，那么哪里还有其他生法能产生这个生法呢？

正如笔者所言，在前面的 7.15 颂龙树搬出了三时破？然而并没有什么卵用，论敌不承认。所以迫不得已，龙树只好换个角度重新破生时生。这也再次佐证了三时破的无效性。如果有效，根本无需本颂和下一颂。

诸缘_____过程_____有为法

　　　　　（聚合、质变、分解）

　　　　　　　　｜

　　　　　　　　生

如上图一般观察者把这个从条件形成有为法的过程命名为‘生’。龙树提的问题在此的答案就非常明显——‘生’这个概念就是由观察者制造的。‘更有生’宛然现前就是观察者，并无不妥。

7.20
若谓更有生　　生生则无穷
离生生有生　　法皆能自生

大意是：如果还有其他的生法来制造这个生，那么生生就无穷循环下去了。

如果离开生生就有生法，那么法都能自己生自己。

所以有其他生法也不成立，没有其他生法也不成立。

本颂前半段是龙树接着上一颂在展开。笔者也接着上一颂继续，‘更有生’是观察者，观察者会不会无穷下去这可就没有定数了。作为个体而言，观察者本身是要死亡的，没法无穷。那么观察者又由谁制造的？按佛教的无始以来这个基础前提，你可以一层一层的去追朔，追朔到那一层？完全取决于追朔者。所以这没法形成无穷。龙树无法理解的认为有过失的都可以成立！

后半段龙树就有点在不知所云了！

诸法————-生————-生生

如上图，观察者给诸法建立了一个关于特征的概念‘生’，然后再给这个‘生’又建立了一个关于特征的概念‘生生’。也就是说‘生’与‘生生’都是观察者赋与的，现在按龙树的要求拿掉‘生生’结果如下：

诸法————-生

上图表达的意思也就是诸法有生的相（特征），这个相仍然是观察者赋与的。

这和‘诸法能自生’有毛干系啊？龙树在一个‘生’字（梵语应该是一个词）里打滚时间长了，大约是已经把自己绕晕头了。

7.21

　　有法不应生　　无亦不应生

　　有无亦不生　　此义先已说

大意是：有的法不应该生，无的法不应该生，亦有亦无的法也不应该生。这个道理前面已经说过了。

根据最后一句判断，龙树在本颂主张的‘有法不应生是’在重复 7.18 颂的错误，前面笔者已经论述过了。但是单独看本颂的前三句颂词，是看不出来龙树说的有法是指说一切有部的未来法的。这很容易造成读者的误解，认为此处的有法指一切存在的诸法，也许这正是龙树期望达到的结果。

因为本颂是以三项来破‘生’。有法，无法，有无法三项只有包天包地的情况下才能证明龙树的‘无生’。如果本颂的有法只是说一切有部的未来法，那么龙树在本颂的论证形同破洞沙袋。因为还有无限多不属于未来法的有法存在。

如果龙树本颂的有法指一切法，结论仍然不成立。任何一法生起之后朝着住，灭方向前进，以住为参照，此法就是在‘生’住。还是有‘生’！本品 7.1 颂的配图已经清楚的揭示了这一点。

7.22

> 若诸法灭时　　是时不应生
> 法若不灭者　　终无有是事

大意是：如果观察诸法灭的时候，在这个时候不应该有生。诸法如果不灭，绝对没有这种事情发生。

龙树本颂立论仍然逃不出 7.1 颂配图的掌心，灭时的确有生。诸条件合成一体时有'生'，一体分解时有'生'。这里只有'一体'的事物灭了而已，作为分解出来的条件却生起了。生灭同时并不相违，只是同一时有两个参照物而已。一体的灭同时即是条件的生。如下图：

```
条件————一体————-条件
       （事物）
   （合成）        （分解）
```

如果龙树认为笔者这样选择两个参照物来解释是在耍流氓，那还真不是。如上图的前半截（合成），因为条件分散状态的'灭'同时就是诸条件聚集状态的生起，这个'一体'的事物就是这么来的，前半截的描述本来就含有两个参照物。后半截只是依同样的标准在论述：诸条件聚集的'灭'同时就是诸条件的分散的生起。

因此生中有灭，灭中有生是缘起规律里常见现象，并非龙树的一根筋认为的这种现象不可能存在。

还有就是本颂为了破生，龙树的依据是：一切有为法皆有灭。

这就尴尬了，这种尴尬还不止这一次，后面 7.25 颂还有。

龙树仅着眼于局部死活，说着说着就忘了自己总体规划的是破生、住、灭。

7.23

不住法不住　　住法亦不住

住时亦不住　　无生云何住

大意是：不住法是不住的，住法已经住了就不能再住了。并不存在正在住的时段。

既然已是无生了，你们还说什么住？

这一颂前二句的格式笔者在第二品 2.15 颂里详细破过，属于龙树特有的逻辑混乱自相矛盾。第三句否定正在进行时，也是龙树三时破里冲向断灭论的老梗。毫无价值，通通可以略过。

第四句突然剑走偏锋，以无生为基础证明住不存在。和前面三句目标相同，却不应该出现在本颂，先不论对错，第四句和前三句就不在同一个逻辑结构中。像是为了凑字数强行加进来的。

而第四句的'无生'也是无根之水，因为前面龙树对无生的论证根本就是失败的。这还不是最难堪的，最难堪的是第一品已经论述过的诸法不生不灭其实就是常住。假设有人对'不生'论证成功，做到了龙树没有做成功的事。不生或者无生本来即是常'住'这件事情就被坐实了。龙树最后这一句立论会被打得渣都不剩。

7.24

若诸法灭时　　是则不应住

法若不灭者　　终无有是事

大意是：如果诸法灭的时候，这个时候不应该有住。

法如果不灭，绝对不存在这种事情。

这一颂与 7.22 颂一模一样，龙树只是把生换成了住。请读者自行参考 7.22 颂对龙树的破斥。

7.25

　　所有一切法　　皆是老死相

　　终不见有法　　离老死有住

大意是：所有的诸法，无一例外都有老、死的特征。从来没有见过任何一法，离老死而常住不变。

本颂龙树为了破住，立了一个论——一切法有老死相。

真是有点顾头不顾尾了。既然承认了有老死相，就是承认了有灭法，真是辛辛苦苦几十年，一夜回到解放前。白忙活了。龙树在本品的目标就是要破除诸法有生、住、灭三相，这下好，还未能坚持到下一品就自爆了。在《中论》里，这种错误龙树犯了可不止一次。为了在局部去破敌，不惜把自己的总体立论也砍翻在地。

7.26

　　住不自相住　　亦不异相住

　　如生不自（相）生　　亦不异相生

大意是：住不以自己的特征（住相）存在，也不以其他的特征（生相、灭相）存在。

如同生不以自己的特征（生相）存在，也不以其他的特征（住相、灭相）存在

参看本品 7.1 颂配图，因为住也可以有生、住，灭三相，既有自相——住，又有异相——生、灭。所以龙树本颂立论又不成立。

7.27

法已灭不灭　　　未灭亦不灭

灭时亦不灭　　　无生何有灭

大意是：灭法已经灭了就不能再灭了，未灭的法当然不灭。正灭的时间段根本不存在。既然无生，哪里还有什么灭？

本颂和 7.23 颂的形态是一模一样，只是把'住'换成了'灭'。参看 7.23 颂即可知本颂错在何处。

7.28

法若有住者　　　是则不应灭

法若不住者　　　是亦不应灭

大意是：诸法如果正存在着，则不应该有灭，如果住法灭则有住和灭二相，这是不合理的，如同生死同时是不合理的一样。

诸法如果没有住相，也不应该有灭。因为没有住像，哪里还有诸法，诸法都没有了，还哪里有灭。

龙树在本颂前后两段分别采用了不同的逻辑，虽然他把每一段的逻辑都隐藏了一半，但是仍然会致使前后两段自相矛盾。

前半段的龙树的立论是住法不能灭，为什么不能灭？得以成立的基础是：

不住的法才能灭。

这个条件和后半段颂词自相矛盾

后半段的立论是'不住的法不能灭'，得以成立的基础是：住法才能灭

这个条件又与前半段颂词自相矛盾。

龙树在本颂的把戏与 2.8 颂、2·15 颂、3.5 颂的结构有些类似。（请参看前面各颂）

7.29

是法于是时　　不于是时灭

是法于异时　　不于异时灭

大意是：这个事物存在于当下，它不会以当下的存在状态在当下时空里而灭，

如果这个事物将来变异成其他事物了，你就不能说这个事物在另一时空而灭。

本颂也是中论里龙树的一个重要立论，和第二品 2.16 颂的观点差不多。

据青目释以'乳'为喻，中观后学大多以牛奶变酸奶来类比。牛奶没变时，它不会在当下时空里灭。如果牛奶已经变成了酸奶，牛奶不能跑到酸奶那个时空里去灭。最后达到破'灭'的目的。

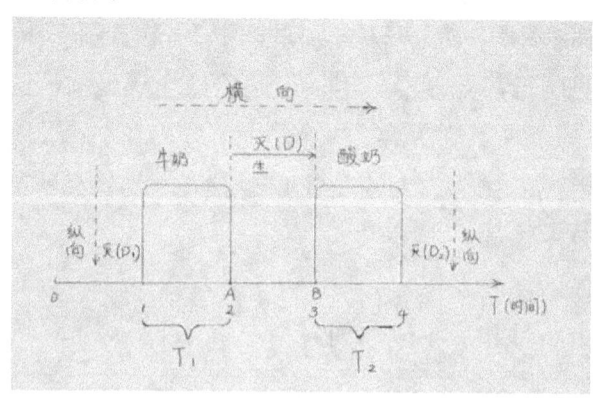

如上图：退一万步说，就算大家承认龙树说的牛奶不在 T1 时间段里灭，牛奶也不在 T2 时间段里灭。那也只能说明在纵向上没有灭（D1、D2）。而论敌所说的灭却是横向上的灭（D）。龙树在这里忙活半天，也没打着'灭'的真身。老是对着替身下狠手、白白浪费弹药。

7.30

如一切诸法　　生相不可得

以无生相故　　即亦无灭相

大意是：就如同一切诸法的生相没有，那么没有生相也就没有灭相。

如果龙树破生相成功了还说得过去，关键是前面破生相已经完败收场，本颂就是在沙滩上建房，房能立得住？

另外就是无生相没办法推论出无灭相。犯的逻辑错误与 7.23 颂、7.27 颂一样。除此之外在本颂的这个推论上，龙树必然要撞上佛门内部最强大的反对声浪。这意味着龙树否定了涅槃的可能。

7.31

若法是有者　　是即无有灭

不应于一法　　而有有无相

大意是：如果诸法存在，灭相就没有。在一个法中，同时存在有无二相是不可能的

前面笔者已经论述过诸法存在时有灭相，龙树把有无等同于生灭来看是不成立的。

无是完全没有，灭是渐变过程。完全不同的属性岂能同日而语！龙树未能区分这二个概念的不同，所以推论难以成立。

7.32
若法是无者　　是即无有灭
譬如第二头　　无故不可断

大意是：

如果是无实法，这是不能有灭的，如同只有一个头的人是没有第二个头的，你无法砍掉第二颗不存在的头。

龙树本颂的观点是经不起仔细观察的，如果说中观学派嘴里常常念叨的石女的儿子是无实法，那么这个本来不存在无实法显然有生、灭。随着中观学人的心中念叨，这个无实法就生起。随着中观学人的心中念叨结束，这个无实法就灭。

7.33
法不自相灭　　他相亦不灭
如自相不生　　他相亦不生

大意是：事物不以自体存在的状态被灭，也不会被非自体存在状态所灭

如同诸法不以自相生，不以他相生一样。

本颂龙树破灭的前半段采用 7.29 的方法，只不过把 7.29 颂的事物与时间的关系换成了事物与存在状态的关系。

下面以辩论各方喜闻乐见的牛奶变酸奶的著名案例作观察：

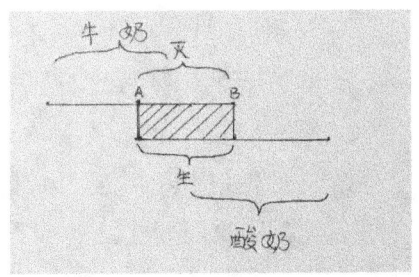

　　如图，A 点到 B 点对于牛奶而言，是渐灭。对于酸奶而言是渐生，生灭同时如秤之低昂（这个比喻也是古印度各学派惯用的）。至于在这 A 点与 B 点之间，牛奶与酸奶各应占多少比例？看你自己喜欢。但可以肯定的是牛奶从左向右通过 A 点后并不能被认定为不是牛奶。99%的牛奶还没有变异，只有 1%的牛奶变异的情况下，你不能说这不是牛奶了。就如同一个人把自己头发扯掉一根，或者把长指甲剪了，你就说他不是他自己了？这显然行不通，所以通过 A 点后仍然是牛奶。牛奶以牛奶的存在状态进入灭就这样发生。

　　如果龙树要较真，说有丝毫变化都不是牛奶原来的状态了。这等于是搬起石头砸自己的脚，因为就是在所谓的'牛奶原来的状态'里，龙树也找不到完全不变的牛奶。由于变化无时无刻不发生着，论敌完全可以依龙树的较真得出——牛奶从一生下来就开始朝向死亡前进。这样牛奶就不是从 A 点进入灭的，而是一出生就进入了灭的旅程。

　　另外，如果以 A 点开始就已经不是牛奶了，B 点之前就不是酸奶。A 到 B 点之间的这一段与牛奶酸奶完全区格开，这个 A 到 B 渐变过程无论如何龙树也无法令其消失。龙树对 A-B 段作何解释？

这 A — B 段不是酸奶，那么牛奶就没有变成了酸奶。牛奶灭时，A-B 段生。

这 A — B 段不是牛奶，那么酸奶就不是牛奶所变。A-B 段灭时，酸奶生。

这下好，无论是龙树还是中观后学，都面临无法使用牛奶变酸奶这个论据，或者依此论据建立的抽象关系（如本颂颂词）来论证'灭'存在与否。因为牛奶只和 A-B 段之间产生关系，酸奶也只和 A-B 段发生关系，A-B 段作为桥梁横亘在中间，而牛奶与酸奶之间并没有发生直接关系，无法作为肯定或否定'灭'的论据。

而后半段的找的理论依据与 7.26 颂破'住'找的依据差不多。

这种方式，笔者都详细破斥过，读者可自行参考前文。

到此，龙树的破'灭'结束！

7.34

生住灭不成　　故无有有为

有为法无故　　何得有无为

大意是：生住灭不存在，所以有为法也不存在，有为法不存在，无为法也不纯在。

7.35

如幻亦如梦　　如乾闼婆城

所说生住灭　　其相亦如是

大意是：就像幻梦，海市蜃楼一样。所谓的生住灭三相本质与此相同。

　　最后两颂龙树作了个总结，前面论证无一成功，后面的总结就意义不大。

　　总概第七品，笔者不厌其烦的指出龙树在本品中那一颂采用了前面那一种破法，就是为了说明本品像一个龙树武器库的展览。虽然不是其全部。但动用的武器种类的确算多的。再加上有的颂词啰里八嗦，有的颂词重复，所以本品也比较长。

　　由于本品龙树对生住灭三相的破斥失败，与本品密切相关的第二十一品观成坏品的众多颂词也面临同样的命运。

八、观作（业）作者品

8.1

　　决定有作者　　　不作决定业

　　决定无作者　　　不作无定业

大意是：

被确认了的行为持行人，不能造作那个已经被确认的行为。

被确认为没有产生持行行为的人，不能实施一个不被确认的行为。

　　本品龙树开始破作者与作业。为什么要破作者与作业？据青目释，佛门内部的论敌认为作者、作业，所作法三项和合产生了果。果既然存在，那么作为因的作者，作业必然存在。而本品的各种版本的解注大多都认为龙树在破论敌执有的作者作业的自性。而这种'自性'又是龙树定义的而论敌不认帐的。从论敌的表述中实在看不出含有多少龙树定义的自性。龙树牌的'自性'贯穿于整部中论，前面笔者也多次嘲笑过这种毫无价值的概念。

　　说实话，鸠摩罗什译的'决定有'的准确意思是什么？笔者没有太大把握。按印顺导师在《中观论颂讲记》里的解释，是指'实在有'。这个'实在有'又是建立在龙树牌'自性'的基础上的，而论敌是可以否认自己有这种龙树牌'自性'的。这就容易产生一个明显的后果，龙树破的'实在有''决定有'只是龙树自己龙树的一个稻草人，和论敌关系不大。于是乎，接下去本品所有颂词都将显得毫无意义。龙树破自性其实是在破自己，自弹自唱，自导自演，破了半天破了一个寂寞。

再者，鸠摩罗什在此为什么不直接译成中论中已然采用过的'自性有'？而译成语义不通词不达意的'决定有'？既便在汉语古文里也很难找到'决定有'这种佶屈聱牙的词句。

依青目释在本品8.7颂的解释"有是决定，无是不决定"来看，本颂的'决定有'就变成了'有有'，'决定无'则是变成了'有无'！这是一个什么乱七八糟的鬼？

所以笔者试着把'决定有'视为确定、确认之意来处理第一颂龙树端出的菜还是老品种'一女不能二嫁'。

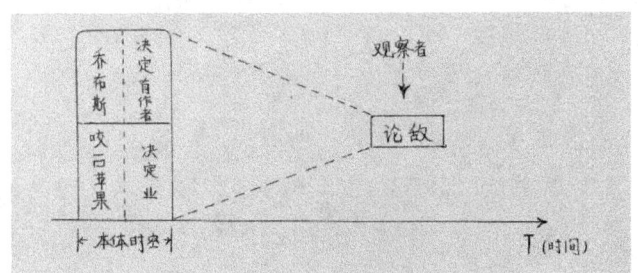

如上图：论敌观察到的是乔布斯咬了一口苹果，然后确认乔布斯是作者，乔布斯咬了一口的行为是作业。决定有作者与决定业相观待而显现。

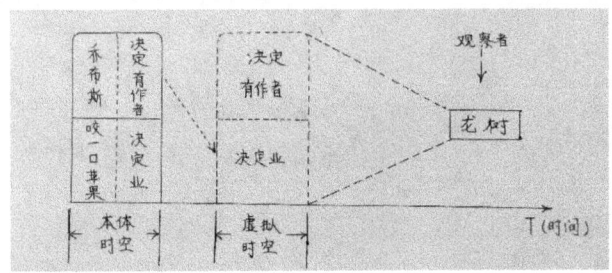

如上图：而龙树与论敌的确认过程是相同的，只不过龙树习惯性的把在本体时空里的一对概念抽离出来放在虚拟时空中。如果单在本体时空之中说事，龙树是无法论证决定有作者不作决定业的，除非瞪着眼睛说瞎话。当然你龙树非要瞪着眼睛说瞎话，论敌也可以闭上眼睛一言不发，懒得搭理龙树。

如上图龙树只有把本体时空里的概念复印出来在不同时空重建一套，才能用语言来描述本体时空里的'决定有作者'不作虚拟时空里的'决定业'（如图中斜虚线箭头所指）。

这样，最少龙树自认为就能责难论敌是一女二嫁。而对比观察上面的二图，明显是龙树思维错乱。这种在时空错乱的基础产生的错配，在中论里已经不只一次出现或者是偶发现象。只要龙树一咒出'一女二嫁'，其结果必然是无理取闹。

当然请读者一定要注意到二点

1：相对于虚拟时空，本体时空已经进入了过去时。

2：龙树拷贝到虚拟时空里的概念不存在单独的作者，作业。只要一拷贝出来，必定是作者作业绑在一起的一组概念。

一旦在图中注意到这二点，一般来说就很容易发现龙树的错乱。

经常在思维错乱里侵淫的龙树难免不会精神错乱。长在河边走，岂能不湿脚。看看欧洲的思想家，哲学家，精神病患者一大堆。和这种思维长期错乱是否有必然联系值得关注。

另一个重点就是'决定'二字本身是含有选择,确定的意思,一旦选择出现,必须有选择的执行主体(或者观察者),以及被主体选择的对象。如本颂的配图,只要当龙树的'决定有'一出现,乔布斯这个人和他所作的业就处于被另一个人观察的状态,这个人是谁不重要,是论敌,是龙树,还是盖茨都可以。

乔布斯的行为被旁边的观察者确认,乔布斯的作者身份被旁边的观察者确认,'决定有'出现了。

这个时候观察者的行为(观察,判断)已然实施,观察者作为作者就完全被确定下来。于是作者,作业,所作法全部都齐齐现身了!还破什么?作为被观察者——乔布斯———是不是作者,有没有所作的业还没搞清楚。活生生先弄出一个作业已成,作者身份被确认的旁观者出来。龙树是不是始料未及?

本颂后半断的颂词几乎还没进入推论阶段就已经无法成立了。如果被咬了一口的苹果被确认不是乔布斯干的,那么乔布斯根本就不是此业的作者。

因此只要是'决定无',乔布斯就不会是'作者'。哪里还存在一个什么'决定无的作者'。龙树二个方向(决定有、决定无)观察事物的套路并不是在什么情况下都可以使用,本颂机械重复的照方抓药就把沙袋捅出一个大窟窿。后半句推论出的结果'不作无定业'更是找不到前提基础。

8.2
鸠摩罗什译文:
　　决定业无作　　是业无作者

> 定作者无作　作者亦无业

藏译：

> 定作者无作　无作者成作
>
> 有业而无作　无业有作者

大意是：被确定的作者没有作业及行为，如果一定要成立作业，作业就成了无作者之作业；

被确定的作业没有作者及行为，若一定要成立作者，作者就成了无作业的作者。

本颂是论证 8.1 颂前半段，笔者在 8.2、8.3 二颂都采用了藏译。无论'决定'或者'定'采用实在有的含义还是确认的含义，代进鸠摩罗什这二颂的译文里都没法看。

试问佛门内道有哪家认为业是孤立，自成，不变，常在，永恒的实有？8.2 颂完全没办法立论。

如果换成确认的含义同样读不下去，特别是 8.3 颂连被驳斥的价值都没有。

无论采用那一种含义，都必须一以贯之，不能说 8.2 颂用确认的含义，8.3 颂用实在有的含义。所以根本没法采用罗什的译文。

8.3

鸠摩罗什译文：

> 若定有作者　亦定有作业
>
> 作者及作业　即堕于无因

藏译颂词如下：

> 若不定作者　作不定之业
>
> 作业堕无因　作者亦无因

　　大意是：如果不确定的作者可以作不确定的作业，那么作业就会堕于无因，作者也成了无因。

　　本颂是论证 8.1 颂后半段。

　　虽然本颂两个译本的结论都是归于无因，但前半段颂词却大相径庭。笔者在此采用了藏译，因为 8.2 颂是在论证 8.1 颂的前半段，藏译的本颂论证 8.1 的后半段在论证结构上比鸠摩罗什的译本更完整合理。如下图：

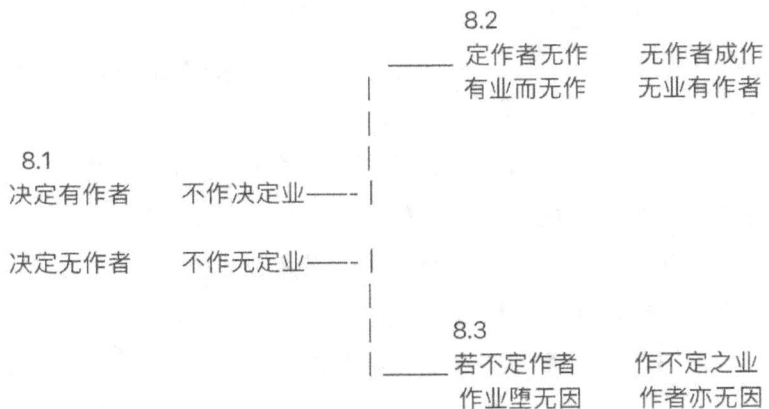

　　藏译采用先总论再分证，从论证结构上虽然更严谨，无奈内容不太行，笔者在 8.1 颂里已经破斥过了。本颂用 8.1 颂的无法成立的后半段进一步去推论出有无因的过失，就是在错误的道路上越滑越远，越陷越深。用中观宗自家的话说就是————石女的儿子尚且不存在，去推论出石女的儿子先天有智力缺陷有何意义？由于没有基础，所以龙树根本无法推证到无因这一步。

　　在论证的形状上徒有其表。结构好也无济于事。

　　8.4

> 若堕于无因　　则无因无果
> 无作无作者　　无所用作法

8.5

> 若无作等法　　则无有罪福
> 罪福等无故　　罪福报亦无

8.6

> 若无罪福报　　亦无有涅槃
> 诸可有所作　　皆空无有果

这三颂大意是：

如果堕于无因生，则成了无因无果。如果无因无果则没有作业，作者，作法。

如果没有作业等三法，则不会有罪业与福业。没有罪业与福业的缘故，由罪福所生的安乐果报也不存在。

如果没有罪福业的果报，也就没有大涅槃果；而且，一切所作也都成了空耗而无有果报。

依这三颂颂词画一个推论的链条：

若不定作者　　作不定之业——产生无因——无因无果——无作者无作业无所作法——无有罪福——无罪福报——无涅槃

这三颂是龙树在延展讲解 8.3 颂的'无因'产生后会引发怎样的灾难后果。看起来推论了一长串，但最后落脚在大涅槃果。这种建立在佛教观点的推论是破不了无因论者的，因为无因论者压根就不承认有佛门大涅槃果。而本品的破斥对象依青目解释是佛教内部的主张作者、作业存在，因果关系存在的派别，那么论证到无因就可以结束了，无因之后的推论没有意义，因为反对无因还是佛门内的共识。

虽然无因之后的推论对于破佛门内部之敌没有多大价值，但如果这三颂的推论是有效的，那么其中每个环节的推论应该是无误的，不妨让我们把推论倒着看看，假设这是龙树自己的主张：

龙树认为大涅槃存在，是因为果报存在，果报存在是因为所以罪福业存在，罪福业存在是因为作者、作业、作法是存在的。

忙活了半天，龙树自己又把自己煽了一巴掌，帮论敌把论证的作业完成了。弄得观众眼镜碎一地，估计读者已经不知道龙树在本品中倒底要干嘛了！

如果有人反对，认为这只是龙树用应成法在破斥论敌，并不代表龙树认可大涅盘、作者、作业等事物存在。从8.3颂开始，的的确确是在应成法的推论过程中。龙树以"若不定作者　作不定之业"的假设作为起始条件，然后引出'无因'，再通过一长串推论推导出大涅磐果不存在，因为佛门内道的论敌是承认大涅磐果存在的，这就产生难以避免的矛盾，所以证明了论敌有自相矛盾的过失。

如果帮龙树解释的这个反对是有效的，而又因为推论过程是无误的，推论过程中的各个环节就被捆绑在一起了，一荣俱荣一损俱损。也就是说这三颂并不代表龙树承认大涅磐，果报，罪福业，作者，作业等存在。那么破作者，作业在这里被满足的同时，也同时证明了龙树不承认罪福业、果报，大涅磐。佛门内部的论敌指责龙树"空法坏因果，亦坏于罪福"的大罪仍然洗不掉。

8.7

作者定不定　　不能作二业
有无相违故　　一处则无二

大意是：确定与不确定两种属性都具备的作者，不能作确定的业，也不能作不确定的业。因为有和无二者相违，不可能在同一处共存。所以不应有同时具备二者的作者存在。

据藏译，说这一颂龙树破的是饮光部的观点。饮光部认为同一作者，同时具备既确定又不确定的属性。饮光部到底属于说一切有部还是属于分别说部目前有不同的观点，暂且不论。仅这清奇的思维方向就值得敬礼了！

说实话，部派佛教时代真是百花齐放，思想奔放的黄金岁月。想啥的都有，只有你想不到，没有他们不敢想。连这个既确定又不确定的作者他们也能想出来，如果不是思想上的毫无藩篱，就只能是禅定的功夫的确甚深，直接观察到量子力学涉及的领域了。当然关于饮光部的起源也很奇特，饮光仙人简单的说类似于宇宙中的黑洞。

对比龙树的偏激，僵化的一根筋思维。部派佛教时代更像是泉眼众多的活水源头，竟管这些泉眼并不一定喷出的都是清泉甘露。

有与无同在一处的现象并不鲜见，一个已婚男人的心移情别恋，对于老婆而言，此心已无，对于新妇而言，此心已有。无心与有心同处此男之中，并无不妥。所以龙数找的论据并非无懈可击。

8.8

有（作者）不能作无（作业）　　无（作者）不能作有（作业）

若有作（业）作者　　其过如先说

大意是：如果有了确定的作者，就不能作一个没有的业。反过来，如果没有作者，也不能作存在的业。

如果有人承认有这种类型的作业和作者，那么他的过失前文已经论述过了。

本颂就如同讲了一句正确的废话，对论敌'作者存在，作业存在'没有任何关系。可以从本品中删除。

8.9

　　作者不作定　　亦不作不定

　　及定不定业　　其过如先说

大意是：作者不能作定业、不定业、亦定亦不定业。

8.10

　　作者定不定　　亦定亦不定

　　不能作于业　　其过如先说

大意是：定、不定、亦定亦不定的三种作者都不能作业。

这二颂是龙树依靠前面的错误论证作的一些概括性总结。冒似全面，但因前面已经论证失败，总结报告就立不住了。

从本品第一颂开始，到本颂为止。除去中间的 8.4 颂 8.5 颂 8.6 颂。龙树都在干一件事————排列组合。

龙树先选出了四个概念，如下图：

A 决定有作者　　　　B 决定业

C 决定无作者　　　　D 不定业

然后龙树对这四个概念先进行排列组合，再通通进行否定。

1：决定有作者——决定业

2：决定无作者——不定业

3：亦决定有亦决定无的作者———亦决定亦不定的业

4：决定有作者———不定业

5：决定无作者———决定业

7：决定有作者———决定业、不定业、亦定亦不定业

8：决定有、决定无、亦决定亦不决定的作者————决定业

表面上看起来龙树很细致严谨的做了逐项排查的工作。但如笔者前面提过，四个基本概念中 C，D 两项根本无法成立。所以龙树这么多的排列组合是无效排列。A，B 两个概念倒是可以成立，但龙树对此否定论证又是失败的。如果龙树非要认为 C，D 两个概念成立，那就对不住了，龙树对这些排列组合的关系的否定就无法实现了。既然龙树充许石女的儿子可以成立，那么石女的儿子能结婚生子也顺理成章。

8.11

因业有作者　　因作者有业

成业义如是　　更无有馀事

大意是：因为作业的存在，才有作者存在。因作者存在，才有作业的存在。

作者作业之所以能成立，义意就在于此，除此互相关待的关系之外没有任何东西了。

本颂龙树立论，疏理作者与作业的关系。前半段的立论也没有什么独到的见解，泯然众人。后半段龙树龙树的'推论'充其量就只是一种个人感觉。

如果龙树承认了任何两个事物之间形成了关系，那么这个关系两端必然有东西存在，无论这两个东西是什么性质。所以'更无有馀事'是完全站不住脚的。

8.12

如破作作者　　受受者亦尔

及一切诸法　　亦应如是破

大意是：如同破作业作者一样，受业受者也是一样。

以至于一切诸法，也应该像这样来破除。

本颂是龙树对自己本品工作成果的推广，显然，龙树再一次犯了简单拷贝的错误。背后也仍然是极端主义在作祟。

一切诸法里有不少存在物并不是和作业作者同一类型，同一性质。采用这种极端思想的以理类推，同理可证是玩不下去的。不然中论何必写二十七品，一品就足以。

九、观本住（我）品

9.1

眼耳等诸根　　苦乐等诸法
谁有如是事　　是则名本住

9.2

若无有本住　　谁有眼等法
∙∙
以是故当知　　先已有本住

大意是：眼耳鼻舌身意等诸根。苦受乐受不苦不乐受等诸法。谁具备这样东西，就被称为'我'。

如果没有'我'，谁拥有眼等法以及能见的功用？
∙∙

所以据此应当知道，先就有'我'存在。
∙∙

据称这两颂是龙树在陈述论敌正量部的观点，笔者对这两颂前六句和后二句都是论敌的观点没啥异意，但对前六句与最后两句参和在一起出现就有些怀疑。感觉又是在画蛇添足，狗尾续貂。但是是谁添的就说不准了，笔者更倾向于是由龙树出手捆绑在一起的。

原因如下，论敌的目的主要是要证明'我'存在。前面六句就是在说'我'存在，无论能否成立反正都已经完整表达了。后面二句突然画风一变，去推论出'我'的一个存在状态？和前面六句没有因果关系，却硬说有因果关系，这完全说不通。这'先已有本住'的观点就算是论敌所主张，也不用把它和前六句放在一堆，并且把前六句认作为因，后二句认作是果。即便要说这后两句也应该放到讨论转世轮回时再用，此时并不需要。而需要这个尾巴的恰好是龙树，接下去的颂词龙树就是在咬住这个尾巴在用力。

另外一点，笔者在此没有按众多中观论师把'本住'翻译成'人我'。因为站在人的角度可以用'人我'来讨论没有问题，但本品龙树与论敌在'先已有本住'上开打，涉及到轮回的范畴，这就不能保证每次转世都是人。一转到畜生道，就难免不是猪我，牛我，马我。所以笔者干脆以'我'来代表灵魂、不可言说的我、补特伽罗等。

```
本住……本住……本住……本住……本住……本住   第一层（我）
 |      |      |      |      |      |
人我……猪我……牛我……马我……人我……神我   第二层（诸我）
前世……前世……前世……前世……今世……后世
————————————————————————————————->T(时间)
```

如上图，轮回之中，'人我'只是本住（不可思议的我、补特伽罗）某一状态的描述。按照部派佛教时十八部的不同观点，其中犊子部，法藏部、正量部、贤胄部等四，五部都认为必须设立本住（我）的存在，虽然称乎各不相同。因为如果本住不存在，谁转生轮回？谁作业受报？谁获得解脱？但不少论师把这个本住说成'人我'，讨论问题时概念就容易产生混淆。如果龙树与论敌纠缠于'人我'上来辩论，无论输赢都和本住关系不大。如果把'人我'等同于本住，把'人我'上得到的辩论结果移植到'本住'上，冤案就会立刻产生了。

9.3

若离眼等根　　　及苦乐等法

先有本住者　　　以何而可知

大意是：如果眼等根与苦乐法产生之前，先有'我'存在，凭什么可以这么说？

龙树在此先质问论敌，向论敌要'我'存在的证据。

关于这一点论敌只需要问龙树承不承认有轮回？

如果龙树承认有轮回，龙树就不用再废话了，还要什么证据？只能举白旗投降！有轮回必有'我'。一旦'我'存在，论敌想怎么安立'我'的出场顺序都可以。

如果龙树不承认有轮回，而是人死灯灭，就进入断灭，死得更快。（在不承认有造物主的佛教框架里，没有轮回就只剩这个结果。在上帝那里，没有转世轮回，灵魂还可以去天堂。）

轮回，业报不爽一直是讲'无我'的死穴。虽然可以探讨很深细，但是任由佛门论师们理论模型搭成山、巧舌如簧说翻天也绕不过去这个自相矛盾。

要不你可以坚持轮回业报不虚，放弃无我论。

要不你只能坚持无我论，放弃轮回业报不虚，承认断灭。

如果认定'无我'则无业报。

如果'我'不恒常则业报没有不虚的可能，关于这一点可以讨论很深细，业报不虚是不允许'我'有丝毫变化的。

所以笔者一直以来都有个怀疑，佛陀说的'人无我'可能是指无'人我'、无婆罗门那种'神我'、无'牛我'、无'马我'等诸我。这些诸我只是'我'于轮回中依缘起而显现。而不是指没有以'补特伽罗'或者'不可言说的我'为代称的本住（我）。亦或佛陀曾经说过的'人无我'的含义仅是指'人'不能永恒不变，而不是没有'我'。这样既能保持轮回，业报不虚正常运行，又可与人无我不相违。而根本分裂之后的佛教论师把这个'人无我'的意涵模糊扩展成了无'我'。这下就捅出来一个大窟窿。对这种好事，外道论敌又怎么会视而不见。佛门之内坚持'无我'论的为了圆上这个缺口，奋力补救，左支右绌，但终究无力回天。一个谎言产生之后，需要十个谎言去圆谎，而永远都圆不完。最后只能落得自己承认自己，自己为自己鼓掌。面对外部的质疑与嘲笑强装不屑一顾，关起门来当山大王。

一般认为就现在的所知材料，原始佛教的真实状况我们已经无从得知。最接近原始佛教的部派佛教由于隔了几百年，最早的阿含经已经是各部派在各说各话，众说纷纭。后期的所谓大乘更与原始佛教隔山隔海，经论可信度欠奉，大乘非佛论更是甚嚣尘上。

事实上这些经论里的一些观点好多都是因应时代发展变化的逼迫，面对内外论敌的责难各自自由发挥为主。虽然这些经论里的言论并非全部都不是佛言，但是论师们自己加油添醋的行为仍然是肉眼可见的。龙树作为大乘论证般若的先锋，他的中论也未能难逃脱这样的命运。

9.4
若离眼耳等　　而有本住者
亦应离本住　　而有眼耳等
大意是：
如果离开眼耳鼻舌身，而先有'我'。
那么可以推论离开'我'，也应该存在眼耳鼻舌身。

本颂是龙树接上一颂，还没等论敌提供证据，自己就急匆匆的用应成法对论敌的先已有'我'进行破斥。但遗憾的是，龙树的草率进攻又一次扑了空。

因为龙树在这里未能理清充分条件与必要条件，应成法也不好使了。

若业果不虚，轮回就应常在，本住也应常在，而眼等根可以不常在。本住与眼等根之间构不成"此有则彼有，彼无则此无"的关系。龙树的推论又变成了笑话！龙树后面的破敌就是完全依靠在"此有则彼有，彼无则此无"的同存同亡的关系上。

如果读者在9.2颂的轮回图中去仔细观察，就会发现如果以图中某一'诸我'作为坐标去观察轮回长河里的本住，本住与诸我的关系存在前世，今生，后世的三种关系。也就是说'本住'先有，正有，后有都能成立。从图中第二层某一世的诸我去观察第一层的这一世之前的本住也是正量部与外道论敌的共同视角。

如果不以某一'诸我作为坐标，而是拉通了向前向后无限追究，本住与诸我之间的关系则成了一个鸡生蛋还是蛋生鸡的无解之题。一进入这个无解的环节，正量部的先有本住的观点就很难"毋庸置疑"了。

但这种观察还击不破外道造物主创生万物框架下灵魂与诸根之间谁先有，谁后有的观点。在这种框架下轮回消失了，但没有断灭，因为灵魂去了天堂或者地狱。鸡和蛋谁先存在只是看造物主的喜好。如同电子设备的硬件与软件，一套软件装在手机里、平板里，汽车导航里都可以。至于生产商（相当于造物主）先制造硬件还是先设计软件，只是生产商的一种选择。谁先与谁后并不影响硬件与软件存在与否。

龙树如果想通过逼问生产商承认软件先有，进而推论出软件先有是自相矛盾的，再进一步推论本住不成立。那就是在白费蜡。

龙树在本颂下出的无理手也并非完全无用，而是他有意设下的一个诱敌陷井。其目的就是要引出论敌的否定，然后为下一颂给论敌致命一击奠定基础。龙树能入愿以尝吗？请往下看。

9.5

以法知有人　　以人知有法

离法何有人　　离人何有法

大意是：

你们自己也承认——因为眼耳鼻舌身诸法存在所以知道了'人我'的存在。

因为'人我'的存在所以知道有眼等诸法的存在。

那么离开以上诸法怎么会有人我？反之亦然离开'人我'怎么会有法？

你们这不是自己打自己的脸吗？你们对 9.4 颂的反驳如何能成立？

论敌在 9.1 颂 9.2 颂里只是说通过眼等根就能了解到有本住存在以即之所以成立的理由。

就如同在沙漠里看到一颗龙树，观察者可以推论出龙树下有水源、这是通过龙树推论出有水源存在。你如果问观察者为什么可以这样推论？观察者回答"没有水源怎么会有龙树"。

于是该如何理解观察者的回答就摆在面前，观察者的回答能不能按龙树理解成因为'有龙树必有水源'，所以'有水源必有龙树'？

显然不能。虽然有龙树必有水源，但有水源的地方不一定必然有龙树，可能是草。也可能这水源就埋在地下未能破土而出，龙树、草皆无。

龙树经常未能注意有很多事情可以由 A 推论出 B，但未必能反推有 B 必有 A。而论敌正量部在本品 9.1 颂只说了由 A 能推论出存在 B，9.2 颂前二句给出了为什么从 A 能推论出 B 的原因。并且很明显把语境限定于一世之中，而并没有说 N 世轮回所有时间段中有 B 必有 A（也就是说论敌并没有承认龙树自行添加的'以人知有法'这一句）。这样就给中阴，无色界等留下了余地。龙树则自行扭曲了这个语境，完全把诸根与本住等同于共存共亡的'左右'来破敌。这显然是逻辑混乱下的产物，其原因还是龙树对充分条件、必要条件没有能分辨清楚。

因此本颂的四句颂词中

"以法知有人"可以　但"以人知有法"则未必

"离人何有法"可以。但"离法何有人"则未必

9.6

一切眼等根（之前）　　实无有本住

眼耳等诸根　　异相（时）而分别

大意是：

眼耳鼻舌身诸根全部没有产生之前，实际上没有'我'。

但在眼耳等诸根个别根没产生之前，还是有'我'存在。

本颂据藏译认为是犊子部的观点，他们认为：在眼等全部没产生以前，确实没有'人我'。但在个别根（比如单独的眼根）没有产生之前，存在'人我'。

这很有点科学精神，也比较接地气。解决了瞎子，聋子等一系列残疾人士的问题。但仍然未能解决转世轮回，中阴，果报，解脱一系列问题。

注：犊子部还有一观点也印证了他们有多接地气———万事万物中有暂住者，如部分色法，也有刹那灭者，如心、心所法。犊子部不承认化地部、说一切有部以及饮光部的"一切行皆刹那灭"的学说。（玄奘译-异部宗轮论）

笔者认为本颂前半颂有些违背犊子部的初衷。犊子部施设不可言说的'我'的目的就是为了解决轮回等问题。既然'我'已经担纲轮回，在观察某一世的眼等根时，本住（'我'）在转世轮回之前当然会先已存在。所以要不是犊子部仅把这里的本住当作'人我'在处理，要不就是龙树转述时搞错了。

9.7

若眼等诸根（之前）　　无有本住者

眼等一一根　　云何能知尘

大意是：龙树针对犊子部上一颂的观点破斥————依你们所说，在眼、耳等诸根全部没有产生之前，没有'人我'存在。那么部份'根'没产生之前，'我'如何能领受各种事物？

本颂龙树对犊子部的破斥都不知道歪到何处去了？这都是些啥啊！别人（犊子部）已经说清楚了，瞎子没有眼根，但丝毫不影响'人我'的存在，也不影响瞎子能听到、闻到、尝到、触到。龙树充耳不闻，对别人回答过的问题重新问了一遍！我都怀疑这一颂与上一颂是不是在传承过程中抄错了顺序？应该是龙树先用 9.7 颂提问，犊子部后用 9.6 颂给以回答。然后龙树再以 9.8 颂、9.9 颂对 9.6 颂进行破斥。

9.8

见者即闻者　　闻者即受者

如是等诸根　　则应有本住

大意是：

如果见者就是听者。听者就是受者。则只有一个'我'。

9.9

若见闻各异　　受者亦各异

见时亦应闻　　如是则神（我）多

大意是：

如果见者听者受者各不相同，那么见时也应该能听。那么一个人就会有多个'我'。

这两颂龙树继续纠缠犊子部的观点，龙树认为由于见者、听者、受者这些不同的种类存在，就应该有多个'我'（本住）与之相对应。但这和犊子部的观点矛盾。因为犊子部认可'我'是独一的。要避免这样的过失，就必须成立一个前提：见者就是听者也是受者，这样就只有一个'我'（本住）。然而见者能够成为听者、受者吗？显然不可能。如果见者是听者，那么眼根就能既见色又能听产音，如此天下大乱。

留存有记忆的读者应该能立刻看出，龙树又在玩从第一品开始就在使用的第二层描述概念替代第一层本体的老把戏。

本住'我'　　　　　　　　　第一层

见者　　听者　　受者　　　　第二层

如上图，当'我'在使用眼睛看东西时，观察者把'我'命名为一个概念———'见者'。'见者'虽然不能听，但丝毫不影响一个'我'能一边看一边听一边感受。不但能一心多用，还能同时执行。这么简单的经验世界的现成论据，龙树竟然无视。无非再次证明了龙树陷进概念推论的沼泽后已经难以自拔，而现实世界中的天下并没有大乱。

月称论师在这一点上也是深陷泥潭。

9.10

眼耳等诸根　　苦乐等诸法

所从生诸大　　彼大亦无神

大意是：眼耳等诸根、苦乐等诸法都是从地、水、火、风、空五大所生。五大里也没有'神我'存在。

有别于青目释、藏译等，本颂依印顺导师有独特的解释———'诸大'是指数论派的五大，而不是佛教的四大。

于是乎本颂从惯常解释的破佛门内部的四大种变成了破外道数论派五谛。但是一到二元论的数论派，龙树的破斥就成了无的放矢。数论的'神我'与原质的关系就像计算机的软件与硬件。龙树在五大与诸根上说半天都触及不到'神我'，根本破不了数论派'神我'的存在。

回到佛门的四大种，眼耳诸根为四大所生，在四大种里找不到'神我'啥也说明不了。四大种在佛门内的解释怎么看都是偏向于是一种特征描述。而并非是四种原素。龙树到这四种坚，湿，暖，动的性状里去找'神我'完全是跑偏了方向，在一堆形容词里去找'神我'，亏他想得出来。

9.11

若眼耳等根　　苦乐等诸法
无有本住者　　眼等亦应无

大意是：如果眼耳等根、苦乐等诸法没有本住（我）。那么眼等也无法成立。

印顺导师在《中观论颂讲记》里说，在清辩的论中没有这一颂。

笔者猜测既便龙树原文有这一颂，清辩论师也会把它删了，因为这一颂完全是胡说八道，以清辩倾向于严谨的态度，怕是也容纳不下如此愚蠢的推论。事实上清辩论师也应该把下一颂一并删除。

9.12

眼等（之前）无本住　　今后亦复无
以三世无故　　无有无分别

　　大意是：在眼等诸法之前，同时、之后都没有本住，也就不存在它是有是无的分别。

　　笔者在本品 9.4 颂已经破斥过本颂前三句的观点，本品最后一句和上一颂最后一句烂得如出一辙，和前三句没有因果关系。

　　龙树的这两颂没有什么价值，因为这两颂结论依据的前提都不成立，更加令人难以忍受的是推论过程是超级烂，不知所云。

　　本品龙树针对犊子部系统以及外道的破斥应该算是颇费了心思，示敌以弱，透敌深入，再设伏歼灭，兵法也用上了。可惜逻辑上的错误再次葬送了布局。

十、观燃、可燃品

10.1

若燃是可燃   作作者则一

若燃异可燃   离可燃有燃

大意是：如果火就是薪，那么作者即是作业。这显然是不成立的

如果火不是薪，离开薪应该有火。这也不可能成立。

火与薪的具像化解说不但是青目释的说法，据藏译也是数论派的说法。数论派认为火与薪里含藏着共同的关于燃烧的规律或元素（数论派定义的自性，这明显有别于龙树牌自性），所以在遵循同一规律上来看，火与薪可以看作是拥有同一种属性。

另外由于龙树在前一品观本住品中对犊子部的破斥并未得到犊子部的认可，于是本品龙树继续扭到犊子部的另一观点纠缠。这也可以看出龙树对自己在前一品的工作也没多大信心。犊子部认为不可言说的我存在，并以火和木柴的比喻来成立'我'的存在。大约估计犊子部是把火类比为不可言说的'我'，而木材，碳等不同的可燃物类比为转世轮回中的各种变显成五蕴汇集的'诸我'。

龙树于本颂用作者与作业的关系对论敌发难。但是在这里显然又是龙树搞糊涂了，作者与作业是此有则彼有、彼无则此无的观待关系，而燃与可燃物却不是这种关系。即便燃不是可燃物也没法用作与作者去类比推论。

离开了可燃物不会有燃，离开了燃却存在可燃物。

龙树的中论里有许多观待而成的概念，比如去与去者、作与作者、染与染者、受与受者等等。但本品的燃与可燃这一组概念与以上观待而成的概念有着显著的不同特征，由于龙树未能仔细区分这种关系的不同，接下去啰啰嗦嗦和论敌你来我往说半天都未能破敌，既便论敌的观点也是错误的。

这一品有些类似于第七品观三相品7.9颂遇到的状况，7.9颂在辩论光，本品在辩论火。受制于时代技术，一堆盲人摸象后开始激辩，吵得多热闹，无论是龙树还是论敌以为自己搞清楚真理了，一二千年后都成了笑料。

火是由燃烧四面体（可燃物、氧化剂、热、链反应）全部满足，并且比例合适的情况下产生的强烈氧化反应的能量释放，其能量会以光和热的形式显现。

而本品讨论的主题是作为因的四面体的其中一项条件（可燃物）与果（火）的关系。

这二者之间就会产生很多种关系：

没有可燃物，火无法产生

只有可燃物，火也无法产生

没有火，可燃物也能单独存在

没有可燃物，火无法单独存在

10.2

如是常应燃　　不因可燃生

则无燃火功　　亦名无作火

大意是：如果可燃物与火是不同的，那么火应该不依靠可燃物就常住常存。

也不需要产生燃烧的那些工作（捡柴、擦火、点燃）。这种火就成了无作的火。

本颂龙树进一步论证 10.1 颂后半颂。上来第一句就呈现一个错误推论，即使以可燃物与燃是不同的作为依据，也推论不出燃可以常住。如笔者在上一颂所说，龙树对燃与可燃物的关系没有搞清楚，在错误的道路上越走越远是意料之中的。意料之外的是龙树突然在后半颂离开抽象概念的赛道，跳到经验世界里去找证据。这下就要进入他不擅长的领域去自找麻烦了。在下一颂，笔者就此一并说明。

10.3

燃不待可燃　　　则不从缘生

火若常燃者　　　人功则应空

大意是：燃与可燃物如果不同，那么不需要可燃物等条件也应该有燃存在。这样燃就不是依缘起而产生。火（燃）如果不依缘起而恒常燃烧。那么更不需要人们为燃烧所作的一切工作。

和上一颂犯的错误一些，龙树的执念仍然停留在二者不同，或者不观待的情况下，火将恒常燃烧。这个推论根本无法成立。

和上一颂后半段一样、一旦进入经验世界，一贯长坐书房的龙树就开始胡言乱语。

火恒常燃烧或者不恒常燃烧，人功都可有可无。即便是龙树那个时代对太阳是个大火球不甚明了，情有可原。至少也听说过天雷地火吧！不需要人功的燃烧到处也能观察到。

注：据藏译，上一颂的'燃火功'与本颂的'人功'有无意义上的些许差别，宗喀巴大师与果仁巴大师都未作详细分析。藏译本来只有一个意思———勤作

10.4

> 若汝谓燃时　　名为可燃者
> 尔时但有薪　　何物燃可燃

大意是：如果你们把燃烧时的薪称为可燃，这是不合理的。那时候只有薪，哪有什么燃与可燃物。

论敌认为已燃与未燃中都没有可燃物，但是正燃时是有可燃物的。龙树针对这一观点进行破斥。各家解释都未指出论敌是谁。

笔者对此表示怀疑，论敌怎么会认为未燃时没有可燃物？他们傻了吗？突然就掉转自己手里刀递给龙树，来捅我吧！哈哈哈！画风太诡异！

这更像是龙树自编自导自演的剧本。

本颂后半颂倒底在说啥？青目释、藏译、印顺导师各说各话莫衷一是。

藏译又用到龙树的"三时破"来解释，最无价值。而青目释依颂词的字面解释成燃烧之前是薪，燃烧时是可燃物。循着龙树玩弄名词概念的老把戏在操作，也没多大意思。

后继的中观学者与其这样的勉为其难的帮龙树圆场，还不如直接重新定义'可燃'这个概念。

10.5

> 若异则不至　　不至则不烧

　　不烧则不灭　　不灭则常住

　　大意是：如果燃与可燃物为异体，那么二者无法接触。不接触则不能燃烧，燃烧都没发生则不会有火的灭，火若不灭则成了恒常存在的东西。这显然是不合理的。

　　本颂龙树的推论环节多，比较长。正因为这样，我们更容易看清龙树在各个环节里面胡作非为的推论。

　　第一个环节：龙树认为二者为异体则二者无法接触。

　　其实二者为异体无法推论出二者无法接触。接触本来就只能发生二者及二者以上的事物之间。你自己与自己怎么接触？龙树在接下去的 10.7 颂又把本颂里自己的主张否定了。真是乱作一团。一品之中，这么短的距离内就唾面自干。真让人怀疑这一品是不是出自一人之手。

　　第二个环节：龙树认为没有燃烧，就没有可燃物的灭。

　　其实没有燃烧无法推论出可燃物不会有灭。作为可燃物的薪可就不能保证不灭，自然降解就能让薪灭了。如果龙树说我在这里只是说火，那可不成。即然你在说燃烧，不燃烧。什么在燃烧？什么又没有燃烧？此时想摆脱可燃物说理已经来不及了。

　　躲开可燃物灭不灭的事引导读者关注火将常驻的事，是不是避重就轻？

　　第三个环节（也是重点环节）：如果"不烧则不灭，不灭则常住"，如果这两句只是在说火，那么这个推论已经稀里哗啦的垮掉了。翻译出来是没有火则没有火的灭，火不灭则火成了常住。龙树在这前后两句之间偷换概念过于露骨，"没有火的灭"是说因为根本没有火，所以没有可灭的东西。而后面的"火不灭"是指有火，火永恒燃烧下去。

但在颂词的文字概念里，前后两个意义大相径庭，南辕北辙的"不灭"被龙树画上了等号进行推论。还是那句老话这种把戏连巡山游江的打滚青年都忽悠不了！

要注意到，各种版本的解释都认为本颂龙树所说的'不灭'是指向的火。问题就来了，到底龙树是喜欢使用这种偷换概念耍流氓的把戏来破敌？还是龙树并没有认清仅靠概念推论必将产生逻辑混乱？请读者自行判断。

10.6

> 燃与可燃异　　而能至可燃
> 如此至彼人　　彼人至此人

大意是：燃与可燃物是异体的情况下，可以接触并能产生燃烧，如男人与女人的关系。（后半段笔者没有采用罗什的字面翻译，采用了藏译的解释，青目释也是与藏译观点一致）

本颂是论敌的观点。认为龙树在上一颂"若异则不至"是不成立的。

笔者认为罗什的'这人与那人'的翻译毫无价值，不知所云。但论敌的这个男人女人的类比也极其不靠谱。

10.7

> 若谓燃可燃　　二俱相离者
> 如是燃则能　　至于彼可燃

对论敌在上一颂的责难，龙树进一步挽回

大意是：如果离开燃有可燃物，离开可燃物有燃。各自单独成立。如果是这样，那么你们说的燃是可以触及到可燃物的。但是燃可然物与男人女人并不相同，我们也承认男人女人是互不观待的他体。但火和木柴必须互相观待。没有火则不会有薪，没有薪也不会有火。所以你们的比喻无法成立。

龙树此番辩解仍然是以一个错误的逻辑关系作为前提——没有火则不会有薪。连基本常识都不顾了，张嘴就来。

笔者在前面已经详述过，虽然离开可燃物（薪）不会有燃（火），但离开燃（火）是有可燃物（薪）的。

龙树则抱住'既然你们说离开火有可然物，那么离开可燃物也应该有火'的错误推论死死不放，并把他自己的后半句推论算到论敌头上作为攻击靶子进行破斥。这么玩是赢不了辩论的！简而言之如下图：

论敌主张.......................................A
龙树主张...........................通过 A 可以推论出 B

然后龙树去把 B 破斥一通。然后自认为把论敌的主张 A 也破了。

关键问题是通过 A 推论出 B 要经得起检验才行，偏偏龙树在这一关经常出错。不但经不起检验，论敌与看客也并不认可，只有他一家之言自说自话。

本颂龙树的辩解也打了 10.5 颂龙树立论（若异则不至）的脸。为了破敌，龙树于本颂唾面自干的承认两个不同的事物是可以接触的。所以龙树再一次成为了左手握矛右手提盾的楚人。

不过龙树在本颂是有进步的，自少发现了有些表面上相似的关系是不能随意类比的，这些看似相似的关系骨子里完全不一样。可惜的是龙树没有把这条用来对自己的论证进行反思，如果稍加反思，也就能发现自己的众多谬误。比如本品第一颂。

10.8

> 若因可燃燃　　因燃有可燃
>
> 先定有何法　　而有燃可燃

大意是：如果说因为可燃物的薪而产生火，因为火而有可燃物。

那么请问薪与火谁先产生才能成立燃与可燃物？

龙树本颂没问

10.9

> 若因可燃燃　　则燃成复成
>
> 是为可燃中　　则为无有燃

大意是：如果你们想说因可燃物而成立燃。那么请问可然物存在时有没有火？

如果有火，那么依可燃物再次成立火的时候，火就成了重复成立。可燃物中已经有火了，再有火就是一女二嫁。

如果没有火，也可以有可燃物。那么就有可燃物中没有火的过失。

本颂龙树对论敌的质问不知所云。只要龙树一端出一女二嫁，就能感知他的论证又要阵亡了。前面已经多次破斥过，这里就不再赘述。

本颂后半段实际上是龙树没有能区分可燃物与正燃物两个概念的不同。

10.10

若法因待成　　是法还成待

今则无因待　　亦无所成法

大意是：如果一个事物因为所观待才能成立，那么这个事物自身也成了被观待的对象。

10. 11

若法有待成　　未成云何待

若成已有待　　成已何用待

大意是：如果一个事物因观待才能成立。这个事物自己未成立之前，是没有的。没有则说不上和另一事物观待。如果这个事物先已经有了。何必依靠观待而成立。

这两颂连在一起，龙树试图用互关关待的事物之间的关系来探讨燃与可燃物。

问题是燃与可燃物之间并不是完全互相观待而成立的，可燃物可以与火在同一时空中存在、离开这一同一时空，可燃物可以单独存在。所以龙树说半天也等于白说。

另外就是本颂后半段的推论也是错误的，事物依观待而产生，事物之所以存在就是靠观待。如同左右，左是观待右才产生的，产生之后，左与右在关待的相互关系中存在着，一旦这种关待关系不存在了，左与右都消失了。并不存在左依靠观待产生之后，右以及关待关系通通消失，左单独存在的状况。

本颂的'何用待'与第一品的'何用缘'犯的是同样的错误。

10. 12

因可燃无燃　　不因亦无燃

　　因燃无可燃　　　不因无可燃

　　大意是：因为观待可燃物，燃不成立。不观待可燃物，燃也不成立。

　　反过来，因为观待然，可燃物不成立。不观待燃，可燃物也不成立。

　　本颂是龙树对前面几颂的总结，由于前面的错误，总结也就难逃谬论的命运。竟管龙树试图面面俱到！

　　10. 13

　　燃不馀处来　　　燃处亦无燃

　　可燃亦如是　　　馀如去来说

　　大意是：火不从木材以外其他地方来，正在燃烧之处（木材之中）也沒有火。

　　可燃物也是这样，可燃物不从其他地方来到火中，火中也没有可燃物。

　　其他的观察抉择方式和第二品观去来品中的一样。

　　本颂龙树基本上是在说胡话，有了前面对龙树各颂的破斥作为基础，读者可以自行去品味。

　　笔者想依藏译介绍一下各派的观点：

　　经部认为在各类可燃物中有很多火的微尘（元素）。这些元素分散而存在于其中，一旦因缘具足时通过摩擦就会发生火星，火星集聚则出现火焰，火焰增加就产生大火。

　　而数论派认为火在可燃物中存在，只不过不明显，当进行摩擦时火就会显现。

　　这两家都是很明显的依据经验世界的观察在推理，思路与 17 世纪的燃素说（后来被镁的燃烧证伪）有些相似。用现在的强烈氧化反应的眼光来看，二家很接地气，但不明就理。而这两家都认同了因中有果。

月称之后的寂天论师在他的《入菩萨行论·智慧品》中对以上两家的观点进行了破斥，笔者之所以录下来，呈现于读者。是因为作为中观应成派的寂天论师这一次突破了一些底线。他认为如果因中有果，则有吃饭就成了吃屎的过失。我勒个去，和佛护论师的欲与黄门行房一样，寂天论师打比方也同样重口味。笔者在此就不反驳寂天论师的观察了，没啥反驳的价值，把寂天论师的观点呈现出来主要是为了让读者更好的了解这些前辈高人鲜活的一面。

10.14

可燃即非然　　离可燃无燃

燃无有可燃　　燃中无可燃

可燃中无然

大意是：1:可燃物不是燃烧的火，

2:离开可燃物也没有燃烧的火。

3:可燃物不属于火

4:火中没有可燃物

5:可燃物中没有火

本颂比较特别，藏译与印顺导师两个版本都只有四句，而青目释里有五句。但藏译与印顺导师一致认为有第五句的意思存在。藏译对本颂详细解释成著名的五相推理，当成无往不利的神兵天刃吹上了天。而印顺导师归纳成五门。龙树使用了五项，后来月称论师加了二项成了七项推理。

提醒读者们在这里千万别把龙树的五相推理误会成是像亚里士多德的三段论，或者佛门产生的古因明五支作法

（宗、因、喻、合、结），陈那论师的新因明三支作法
（宗、因、喻）那样的东西。龙树这个五相推理只是一个为
了因应挑战堆砌出来的杂牌部队。

无论是五项，还是七项。即便吹上天也仅仅是个形式而
已，并不是论证成功的关键。

比如第一项：'可燃物不是燃烧的火'这是一个正确的
结论，论敌、观众都认可。但偏偏是龙树的论证过程是错的
（参见本品第一颂：若燃是可燃，作作者则一），这就让人
感觉遗憾了。

第三项是为了应对挑战而产生的一个比喻，挑战主要来
自论敌认为离开五蕴之外有'我'，五蕴属于被'我'所统
领。但龙树在此只有观点、没有论证。

第四项与第五项与事实不符。龙树应该到厨房去多劳动
一下，用火钳掏掏灶里的木材，仔细看看火与材。既便缺乏
现代人对火的知识，也不至于看不出薪中有火。

离开经验世界的支持，龙树在概念世界里别说盲人摸
象，摸不到真象。就连象在哪里？应该从哪个角度靠近象
体？龙树都找不到方向！

更让人头痛的是，即使这五相推理中的观点全部成立也
没法推论出论敌（外道，内道犊子部）的'我'不存在。

在以后的同类别的颂词里，笔者还会详述这一点。

10. 15
　　以燃可燃法　　　说受受者法
　　及以说瓶衣　　　一切等诸法

大意是：以本品分析燃与可燃物的方法，可以去证明受受者以及瓶子衣物等一切诸法都不成立。

前面笔者已经说明过，燃与可燃的关系是无法类比受与受者的关系的。龙树是误判了形势。

10.16
若人说有我　　诸法各异相
当知如是人　　不得佛法味

大意是：如果有人说存在‘我’，诸法各自具有不同的特征。应该知道这类人还没有得到佛法的真谛

本品最后一颂是龙树在自己错误认知的前提下搞出了一个相当托大的宣言。

总结本品，龙树由于对经验世界的火及其相关条件没有一定的知识储备，对其中的逻辑关系也梳理不清，再加上对可燃物这个概念未能厘清把握。通篇下来，经常性陷入不知所云的困境而不自知，就是错都错得品质不高。再加上龙树陈述的论敌观点也质得怀疑，如同三国演义里把曹操，司马懿描述得傻呼呼来配合诸葛亮的破敌妙计一样。可能完全脱离了当时的论诤实情。

十一、观本际（轮回）品

11.1

　　大圣之所说　　本际不可得

　　生死无有始　　亦复无有终

11.2

　　若无有始终　　中当云何有

　　这一颂半连在一起，大意是：龙树认为佛陀在经中所说的"众生无始以来，生死本际不可得。"的意思是—————生死轮回没有开始也没有结束。

　　依据 11.1 颂给出的条件，即然轮回没有开始与结束，那么开始与结束之间这一中段也没有。如下图：

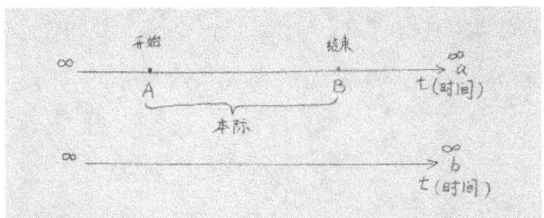

　　龙树的意思如上图，在时间轴上要有起点 A 点与终点 B 点，才有本际。本际相当于是有长度的线段。如果 A 点和 B 点都没有，自然本际也没有。

　　可是谁会同意本际应该是一个有长度的线段呢？

　　本品的焦点在于'本际'到底指什么？一般认为是指有情众生在轮回的开始，开端。佛教一贯主张宇宙没有创世

主，所以只说无始以来。但轮回有没有终点呢？这可得两说，

据藏译，佛教内部的显宗有一个说法————虽然众生无边无际，所以总的轮回无始无终，但作为个体的众生的轮回却可以无始有终，道理卡在那儿，个体的轮回无终就无法涅槃，要涅槃个体的轮回必需可以有终。

虽然佛门之内对于'无始'形成了共识，但却并不认同龙树的绝对的'无终'。由于在'有终'这里卡死了。本颂龙树的论证就成了软脚蟹，"亦复无有终"只能算作龙树的个人看法，不能作为论据来使用，更不能把这个说成佛陀的意思。

11.2
　　是故于此中　　先后共亦无
后半段的大意是：依据前面一颂半的推论，所以开始，中间，结束三段都不存在。

和前面一样，龙树在此的总结仍然被卡死在'有终'上。

11.3
　　若使先有生　　后有老死者
　　不老死有生　　不生有老死（藏译：生则无老死　不死而有生）
估计鸠摩罗什最后一句又翻译错了，只好采用藏译

大意是：如果先有生，后有老死能成立，则会让万物产生时只有生相而没有住灭相，以及不死也有生（也就是此生之前没有老死）的两种过失。

　　龙树在本颂破'先有生后有老死'的观点。找的理由是生在前，则生后就没有老死。为什么？因为如果先有生后有老死，那么有情或万物产生时就只有生相而没有住灭相。没有住灭相就不能成为有为法。因为要成立有为法必须具足三相。

　　搞了半天，龙树在这里把'有为法具足生、住、灭三相'的含意偷偷置换成了有为法必须同时具足三相。偷换概念仍然是家常便饭，这怎么能蒙混过关呢？

　　而第二个过失龙树则抓得很好，如果先有生后有老死，那么这个生之前有老死就违背了'先生后死'的主张，无老死则沦为无因有'生'，破坏因果。仅从破斥上看，龙树是成功的。这在中论里非常稀少，从龙树之前的表现看，在局部战斗中，他很少能治孤成功做活一小块棋，说的难听一点，别说二眼做活，连一个真眼都不曾做出来过。那么这一次龙树能依靠这一支眼位达成他的目标吗？答案依然是不能！为什么？本颂与下一颂都是在为11.6颂的总结————-生，老死不存在————作铺垫。笔者将在11.6颂详述。

　　11.4
　　　　若先有老死　　　而后有生者
　　　　是则为无因　　　不生有老死
　　大意是：如果生死轮回中的众生，遵循先老死————后生的前后顺序。那么则会造成还没有生就有老死的过失，老死之前没有生，老死则成了无因。然而如果没有生作为原因，怎么会有老死这个果呢？

前颂笔者已经说过，这一颂也是为 11.6 颂作铺垫，只不过是把'老死'反过来放在'生'的前面再观察一次。

11.5

　　生及于老死　　不得一时共

　　生时则有死　　是二俱无因

大意是：生与老死不能在同一时间段里共存，如果同时共存了，则有生时有老死以及生与老死二者都成为无因的过失。

龙树本颂的观察含金量太低，流于表面，太过肤浅。致使推论难以成立。

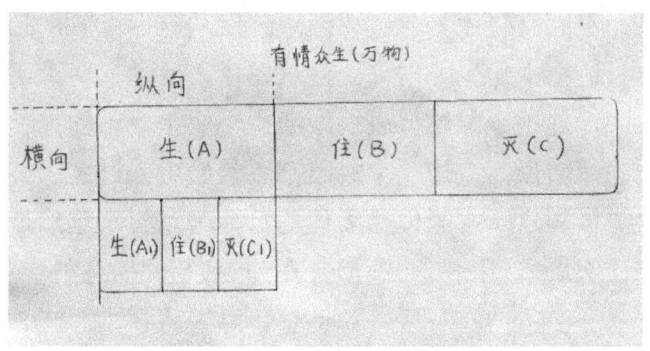

如上图观察横向，对于有情众生而言，先有生后有灭（老死）。的确不在同一时间段里，旦是在纵向上观察，却在同一时间段里发生了生（A）与灭（老死 c1）共存。这会不会发生龙树所指责的'无因'的过失呢？显然没有。

在横向上因为 A 所以 C。

在纵向上因为 A 所以 C1。

因果宛然。

如果从整体上来观察事物、有情，如 7.22 颂使用过的配图：

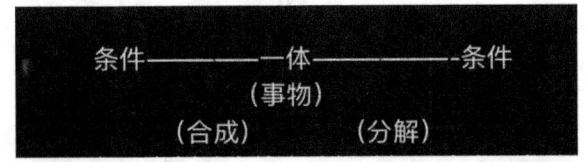

事物的灭（分解）就是条件的生，生灭同时。龙树的立论立即被瓦解。

11.6

若使初后共　　是皆不然者

何故而戏论　　谓有生老死

大意是：

如果生在老死之前、之中，之后都不能成立，你们说有生、老、死不就是戏论吗？

本颂龙树把前面三颂分别论证合于一处，来证明生，老死根本不存在。暂且不计较11.5颂里龙树论证生与老死同一时间的失败。

假设论敌承认龙树的分别论证全部成立，那么龙树的总论也能顺理成章的成立吗？答案是不能！为什么呢？

因为论敌的有我，有轮回，有生，有老死。都是建立在佛门的'无始'这个大前提之下的。

而龙树论证的先生后死，先死后生不成立都是建立在'有始'的前提之下。当龙树刚一开始假设先'生'，或者先'老死'。龙树就违背了佛门的'无始以来'这条最基本原则，而进入了有开端的外道见解。而本品从一开始龙树破的就是佛门内道论敌的观点，这个时候想用外道的前提来破佛门内道，除非龙树先承认自己已经叛出佛门。

　　龙树也不想想，佛门内道里有哪派承认过'先生后死'或者'先死后生'吗？假设内道无此观点，龙树破谁？

　　虽然说在有没有'终'这一点上也许有分歧，可在'无始以来'这一点上，佛门各派与龙树本人却是无疑义的共许。只要在'无始'的大前提下，佛门各派只能把鸡生蛋还是蛋生鸡的问题悬置，不会有哪一派去主张先有'生'或者先有'老死'。而龙树并未发现自己无意中一个不经意的假设就让自己掉进了外道的见解。

　　如果'有始'这个假设前提被换掉，龙树忙活半天都论证不了生、老死不存在。

　　进一步推论轮回、不可言说的我不成立更加无从说起。

　　由于龙树混淆了论题总论与分证的前提背景，本颂以合订本的方式集成一个总结照例没有什么价值。如果非要说有价值，那也是作为反面教材。告诫论述者在分证与总论两层论述时都应该采用同一假设前提作为背景，才能避免荒腔走板。

　　我们还应该注意到，龙树采用外道的'有始'的前提条件之后干了什么？嘿嘿！之后，龙树又跳回了佛门内道，用内道的方式进行论证。

　　这就很容易产生左右逢缘、两边讨便宜却两边都不是人的囧境。

　　不过这也是无办法了，龙树采用外道'有始'作为前提，如果不立马闪人，接下来延着这个开端进行推演，外道的呈述方式精彩纷呈，万神涌现。龙树当场就成了肉包子打狗有去无回。

　　'有始'在外道那里可以产生数论的二元生，也可以产生上帝，梵，等等造物主，然后作为个体的'神我'降世，

先生后死就成立了。也可以产生无因生。这下龙树想兜底也
兜不住了。

这几颂的分证合成总论的方法在中论中广泛应用。其中
的逻辑错误笔者在第一品就轻点过。详细论证留到更加切题
的十五品详述。

11.7

> 诸所有因果　　相及可相法
>
> 受及受者等　　所有一切法

11.8

> 非但于生死　　本际不可得
>
> 如是一切法　　本际皆亦无

这两颂的大意是：不仅是轮回的本际不可得。所有的因
果，事物的特征与事物、受与受者等一切诸法的本际都了不
可得。

这里的推广方式，龙树使用了第一品里'黄豆生黄豆，
无穷生，无义生'的模式。龙树的心魔一不小心就暴露出来
了，当然在中论之中，他还会多次暴露这种从某一法上总结
出的'规律'不加限制的无限推广到一切诸法的思维模式，
比如下一品的 12.10 颂。

总结本品，和上一品一样，龙树为了继续破除'我'。
于是在本品以破除轮回为抓手，最终达到破'我'的目的。
虽然说 11.3———11.6 颂龙树也算是绞尽了脑汁，无奈花哨
技巧终究抵不过正道。

另外值得注意的是关于本际，佛陀到底是怎么说的？其实不得而知。印顺导师在《中观论颂讲记》里同一段文字中就同时记录了两套说辞：

1：佛陀在经上说"众生无始以来，生死本际不可得"

2：有人以本际问佛、佛是呵责而不答覆的。（大概意思是思考这问题对解脱无益，还阻碍修行，所以根本就不说）

如果让笔者来选择，会倾向于选第2条。龙树在本品不及格的表演充分印证了佛陀的担心。那么第1条是不是编撰经书的论师自己添加进去的？

有人吹嘘"对于根器差的人，佛陀是不说。对于根器好的人，佛陀还是可以说的"。那么看完本品，这些人也可以按此标准判断一下龙树的根器属于哪一档。

十二、观苦品

12.1

  自作及他作　　共作无因作

  如是说诸苦　　于果则不然

有人说"苦恼是自作、他作、或自他共作、或者无因作"。

像这样去解释诸苦，是不合理的。

本颂龙树把第一品的四生复印到苦上来说事。起因是——————和第一品一样，内道与外道也把各自在第一品中的观点延续到对苦的看法上。

自性产生苦———数论派

他性产生苦———胜论派，声闻十八部

自他共生苦———耆那教

无因生苦————顺世外道

12.2

  苦若自作者　　则不从缘生

  因有此阴故　　而有彼阴生

大意是：如果苦是由苦自己所产生的，那么就不是依缘而生。且这是不合理的。因为有了前世的五蕴才产生了现世的五蕴。

本颂龙树针对主张苦由自生的数论派进行破斥。关于数论的观点是不是龙树端上桌的这个观点？笔者倾向于不是，很难想象数论派会认为苦是由苦自己产生。之前也谈过龙树牌'自性'并不是数论牌'自性',但凡见到龙树在破数论时,就应该想到可能又是龙树在破自己大脑中的幻化出的'数论',而不是现实中的数论观点。龙树所破的始终是毫无意义的'黄豆生黄豆',数论所坚持的自性却是黄豆有自己的基因,黄豆是由其基因决定的(参看数论经)。

本品的主角是苦,龙树为什么一上来说了一嘴'数论'的自生就拐弯下道去谈论五蕴去了?

原因是他认为五蕴的本性是苦,所以他认为淡论五蕴就是谈论苦。

这显然又要走到邪道上去在一堆概念里纠缠了。原因是五蕴的本性是不是苦需要达成共识。这一点看来很难实现,佛门内部都无法达成共识,只你龙树一人这么说是成不了论据的,即便佛门内道也站在龙树这边也没用,外道完全可以不认。

退一万步讲,即使这一条内道外道达成了共识,也只是说明了'苦'是五蕴拥有的其中一个特征而已,并不能把五蕴与苦等同视之。笔者隐约记得庄子曾经说过一段话,大概意思是:与其喋喋不休的作口舌之争,不如把事情的本来面目呈现出来。请看下图对五蕴的解释:

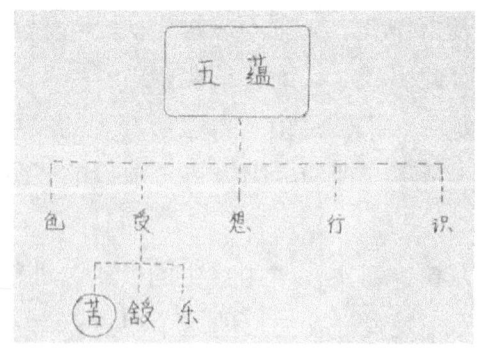

笔者在此暂时不展开色、想、行、识四蕴，单独把受蕴突出一下。受蕴大概是有三种感觉————苦、不苦不乐、乐。在这种公认的解释框架下，'苦'仅是五蕴下属的受蕴下的一个感知项。如果这样都可以把苦等同于五蕴，那么苦就有色受想行识五蕴。以后也不用说什么五蕴皆空，就改说'苦皆空'即可。反正都是一个东西，还好记一些。

龙树在五蕴上证明半天都代表不了苦，反之亦然。后面的颂词（11.4颂）就把五蕴与苦搅合在一起进行推论，这不搅糊了都不可能。

而本颂后半段龙树自行立了一个论————依前世五蕴而有今世五蕴，前世五蕴与今世五蕴是不同的（虽然龙树在颂词里没有明确说是不同的，但在这里必须不同，如果相同，就成了数论派的有力证据）。他把这一立论拿来反驳数论的自生以及作为往下论证的基础，显然这类私自夹带进来的货是不能成为共许的论据的。如果数论派，顺世外道等接受了这个论据那才是活见鬼了。

到中论十六品《观缚解品》16.1颂，龙树对本颂这一立论又作了彻底批判！那就不仅是令人目瞪口呆，而是令人头晕目眩了！

秋风扫落叶般的对自己一顿痛殴。

12.3
　　若谓此五阴　　异彼五阴者
　　如是则应言　　从他而作苦
大意是：如果说前世的五蕴不同于现世的五蕴，则可以说苦由他生。

龙树在本颂承认，如果前世的与现世不同，那么可以接受苦是由他生的说法。但是显然龙树在本颂是不承认前世与现世是不同的，而是主张前世与现世相同。所以他生不成立。这和上一颂12.2颂直接形成了左右手互搏，自己打自己！不知说什么好了！

在上一品观本际品以及第九品观本住品中，龙树对轮回以及轮回的主体'我'都进行了攻击，一概不与承认。本颂这是走上另一极端，不但承认了有轮回、还去承认上一世的五蕴能转到下一世。搞成了硬件都能转世继承，这么华丽的转身无疑是增强了超级大反转的戏剧效果。并且对此一重大转变，龙树未作任何解释论证。令人目瞪口呆！

如果你要问为什么？龙树没有回答，没有论证，在本颂就一口咬定前世与现世五蕴相同。上一颂又一口咬定前世与现世五蕴不同。你能奈他何？

当然后世的徒子徒孙就不得不去为龙树擦屁股。当笔者看到徒子徒孙们狼狈不堪的用'我们破的是论敌的五蕴为实有'来洗地时，都不免升起同情心。

哎！吃相这么难看，何必学佛。笔者只想依着一些悲心对他们说"缴械投降吧！不要做无谓的挣扎，苦海无边　回头是岸！"

本颂破他生，照例龙树的论敌既有胜论等外道，也有佛门内大乘、小乘。龙树自创的所谓'论据'把自己搞得左右不是人。如果这'论据'打赢了他生这一大帮子人，就一定要输掉前面对数论自生的战斗。反之亦然！

12.4
　　若人自作苦　　离苦何有人

　　　而谓于彼人　　　而能自作苦

　　大意是：如果说人我自己制造了五蕴苦，离开了五蕴苦，那里还有我？如果单独存在我，则可以说是我自己造作了五蕴苦，但哪里有呢？

　　本颂的概念很搅，一个是'苦'，一个是'人'。字面上虽然只有'苦'字，各家都解释成五蕴苦，青目释里也是一样，把五蕴与苦搅成糊状来说事。而'人'是指人我还是我则不明确。

　　本来佛法说自作自受，自己造业自己感果。所以佛门内说苦是自作。龙树则要破这一种'自作'。

　　佛法在这里说自作自受，明显的出现一个问题，'自'是什么？因为涉及因果业报，就必然带出转世轮回。所以推论的结果'自'只能是我。没有我，一切都免谈。把'自'设定成某一世的'人我'也成立不了转世轮回的因果业报。

　　这也是龙树要破苦为自作的原因，龙树要破这个只能去破制造苦、承载苦果的'我'，因为破掉'人我'没有效果，所以本颂的颂词中的'人'只能翻译成'我'。

　　对此龙树给出了一个明确的结论：否定了离蕴有我。这样就只剩下五蕴就是我、我就是五蕴，站在了即蕴我的立场。这就和佛门内部离蕴有我的观点背道而驰了。龙树现在剩下二条路：

　　第一条路是断灭，五蕴亡则我亡，人死灯灭。

　　第二条路是硬件软件整体打包一起转世投胎。

　　看起来二条都是死路。

本颂龙树建成的这一个等式————-五蕴=苦=我。等于宣告了三者是一体，概念可以互换使用。也是后面几颂龙树破敌的论据。

以后也大家读佛经时也不用说什么'人无我'，改成'人无苦''人无五蕴'好不好？？？哈哈哈！

佛门内的论敌们不但指责龙树空法坏因果，而且指责龙树破坏世间名言。看起来的确不是凭空捏造，而且还说轻了。这岂止是破坏一般世间名言，四圣谛，五蕴也搅得乱七八糟。回头看佛陀的四圣谛———-苦集灭道，清晰严谨、逻辑通透、正法光辉、凡圣皆感、贤愚能悟。不能不说这里面有名言精准起到的作用，如果都像龙树这样骚搞，还搞个锤子。

五蕴是色受想行识的合称。人是具足五蕴的，但是五蕴未必都属于人我。色就不是，色既包括人的肉身，也包括人体之外的物质世界。也就是佛门常说的器世间。

苦是佛陀在宣说四圣谛中提出来的。具体的分类有八苦，十一苦不同的说法。但无论那一种说法都绕不过去苦是感受，是认识。

八苦、十一苦只是表明这些不同类别的事物会让有情众生感受到苦。这些类别的事物本身并不是苦，甚至于大多数人根本就感觉不到生是苦，而少部分人相信轮回的则可能感觉死是乐，是解脱，如同打牌输了的人希望洗牌重来。

五蕴是物质世界与精神世界的合集，而苦只是精神世界的。二者是划不上等号的。

以八苦为例，生、老、病、死、爱别离、怨憎会、求不得、五蕴炽盛。

　　最后一苦是五蕴炽盛，炽盛才是苦，五蕴若不炽盛呢？是不是就不苦了。

　　那这个五蕴和苦如何划等号？

　　补充一个关于‘苦’的特征的资料：

　　北传《集异门论》苦谛四相：非常（anitya）、苦（duḥkha）、空（śūnyatā）、非我（anātmaka）；

　　南传《小部·无碍解道》苦谛四相：逼迫（pīḷana）、有为（saṅkhata）、热恼（santāpa）、变易（vipariṇāma）。

　　对于苦的属性特征也是众说纷坛，但是也看得出来北传的四个特征显得混乱不堪，

　　‘苦的特征是苦’！也亏他们好意思说得出口！

　　‘苦的特征是空’！空是何意？如果空是无常变易没有自性？苦相第一条与第四条已经例举了无常，非我。重复它干什么？如果空是没有，那苦就变成了没有。苦若没有，其余三个特征都无法成立不说，佛陀的苦集灭道四圣谛就没有任何价值。

　　北传这一看似体系完备结构井然的理论实则滥竽充数败絮其中。

　　南传总结的四个特征似乎也没能抓住重点。

　　这也可以从一个方面看到，佛教在原始教法传承失真后，变异发展的过程中，论师们稀里糊涂的为了形式的整齐，迫使内容让位，造成的灾难后果。

　　除了本品本颂，五蕴这个集合在龙树之后的各品颂词中同样会以搅局者的身份出现在破敌过程中。龙树也喜欢用这一含混不清的模糊体为自己鸣锣开道，如果这玩意儿忽悠得

住论敌、的确有可能赢得辩论的暂时胜利。一旦忽悠不住论
敌，则是为论敌递上了破杀龙树的刀。

12.5
　　若苦他人作　　而与此人者
　　若当离于苦　　何有此人受

如果苦是由他人造作后交给此人的，则不合理。因为离
开苦以外，哪里还有这个人来领受呢？

本颂龙树在论证作为接受者得到他人送来的苦不成立。
想以此来证明苦由他生不成立。明眼人应该能看出来，‘苦
由他生’与‘他人制造一个苦送过来’这可隔着好几条河
呢，虽然都有一个‘他’字。论敌所说的‘苦由他生’是指
苦由因缘所合成。

另外龙树的否认是怎么建立的呢？请看下图

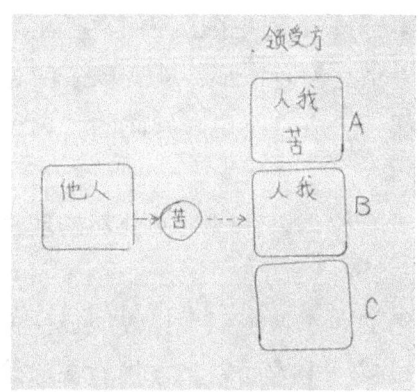

龙树的意思是，人我就是苦，没有‘苦’也就没有人
我。假设这个苦是由他人送来的，那么领受方原本应该没有
苦，一下就从图中的 A 变成图中 B 的状态，而又因为没有苦
就没有人，就变成了图中的 C 呈现出啥都没有的状态。这下
他人手里的‘苦’能送给谁？

看似龙树动了心思，努力了。但遗憾的是这一切推论都要建立在人我就是苦、苦就是人我的基础上。谁认这个账？要不要去试一下，把佛经里的'人我'全部换成'苦'，反过来换也行，看还能否读得下去？

来吧，一起为"有漏皆苦"变成"有漏皆人我"心痛三秒！

12.6

苦若彼人作　　持与此人者

离苦何有人　　而能授于此

大意是：如果说苦是他人制造以后施加于此人身上，这也不行。因为离开苦以外哪里有人能把苦授与此人？

龙树本颂是想论证施者不成立，和上一颂的推论方式相同，推论的依据也一样。不过是换了一个角度来再犯一次错。

12.7

自作若不成　　云何彼作苦

若彼人作苦　　即亦名自作

大意是：自作的苦如果不成立，他作的苦怎么能成立？因为他作不过是另一个自作而已。

这一颂龙树使用了第一品同样的方法，A 生 A 不成立，则 B 生 B 不成立，B 不过是另一个 A 而已。还是二点同样的错误，一点也没改。

第一点，苦由自作龙树并没有破斥成功，无法作为论据。

第二点，即使假设其可以成为证据也无法证明论敌的'他作苦'不成立。因为论敌的'他作苦'不是 B 生 B。

12.8

苦不名自作　　法不自作法

彼无有自体　　何有彼作苦

大意是：苦不能是自作的，因为苦是果，果怎么能自作？法也不能自己造作自己；他体的苦没有自体，又如何能成立他作苦呢？

本颂由于原文的文字意理不清，又有好几种解释，混乱不堪，一段文字各自表述。青目释的、印顺导师的、藏译的、佛护论师等等各有不同就不一一列举了，因为搞清楚了也没多大价值。只提一下佛护论师的，他的意思是论敌认为苦是由人自己造成的。龙树第一句就是在破这个观点。这无意中暴露了龙树又是在玩偷换论敌观点的把戏。龙树是怎么破的？龙树说苦不能由苦自己制造而成。论敌也没这个意思啊！您这是闹哪一出呢？

12.9

若此彼苦成　　应有共作苦

此彼尚无作　　何况无因作

大意是：如果自作与他作的苦分别成立，则应该有共作的苦。

而自作与他作尚不成立，更何况无因而作呢？

本颂是龙树照自己的习惯，依靠自己不可靠的论据去推论耆那教的'共作苦'不成立。而对于坚持'无因苦'的顺世外道照旧随口否定，既没有论据也没有论证，草草了事。

12.10

 非但说于苦 四种义不成

 一切外万物 四义亦不成

大意是：不仅苦，以及苦的自生、他生、共生、无因生的说法不成立。

一切万物，以及万物由此四种方式产生的说法也不成立。

龙树本颂的总结与拓展还是毫无新意的不靠谱论证+无限复制粘贴。与上一品的 11.8 颂一样，黄豆生黄豆的心魔再现。

第一品龙树破四生就以完败而告终，本品又重复了一遍失败。

十三、观行（一切有为法）品

13.1

如佛经所说　　虚诳妄取相

诸行妄取故　　是名为虚诳

大意是：本颂是佛门内部的论敌的观点，论敌认为佛经中曾经说过一切有为法呈现出来的都是"虚诳妄取相"。论敌认为这是因为认识主体的不能认清对象所造成的，而真实的认识对象是存在的。理由是佛经中下一句就说了"最上者，为涅槃真法"。如下图：

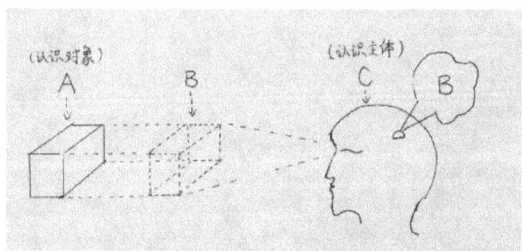

如上图佛门内的论敌认为，B 为认识主体 C 的妄取，但 A 是有的。当修行者修到涅槃之后是能如实的观见 A。佛陀这句话就是这个意思。

龙树对论敌观点不同意，从下一颂开始反驳。

对于论敌举证的佛经所说，龙树也没有异议。也就是这句话是佛陀教言各方达成了共识。但是同样一句话该怎么理解，龙树与佛门内的论敌就开始进行一言各表的战争，以期拿下佛陀这句话的最终解释权。佛陀这句话重要吗？非常重要。

如果依论敌的解释，作为认识对象的 A 是有的，作为认识主体的 C 也是有的。只不过 A 的非全息的投影加上 C 的认识手段的局限性。让认识的成果 B 变成了失真妄取，甚至是颠倒。但这丝毫不影响 A 与 C 的存在。并且一旦修行到顶达至涅槃，作为涅槃的 C 也就能以脱凡成圣的眼光看清认识对象 A 的真相。

龙树一看，你这么解释，我的万法皆空要化成水。那可不行，立即亮剑，誓要把认识对象 A 及认识主体 C 打成渣都不剩。

13.2

虚诳妄取者　　　是中何所取

佛说如是事　　　欲以示空义

大意是：龙树认为：既然是虚诳妄取，那么在这个'虚诳妄取'之中还能取到什么呢？其实就是什么都没有。佛说这句话的目的是想要展示一切有为法空性的意义。

龙树在本颂对论敌进行驳斥，最后一句的含意是龙树认为佛陀的'空'义肯定不是佛门内论敌们定义的'空'。也就是说龙树在这里强行垄断了'空'的解释权。但是在这里他并没有详细明白无误的解释他嘴里的这个'空'是怎样的。

只是说你们说的都不对，我理解的才是对的。

如果熟读过中论的读者，自然会想起龙树在后面第二十四品中的名句"众因缘生法，我说即是空，亦为是假名，亦是中道义"。现在笔者暂不详细分解其含意，也不去判定这句话到底是不是龙树写的。

只先略说一下，如果本颂的'空'义按照缘起性空这个意思去解释，那么对于本颂破敌毫无价值。龙树在本颂想要破敌必须一口咬定 13.1 颂里认识对象 A 与认识主体 C 都是没有，是无。也就是说龙树在本颂的'空'必须是无，必须是什么都没有的断灭空，而不能是缘起性空的'空'。

因为只要是缘起，就是依缘而起，也就是依条件，这就必然是有。至于这个有是什么样的有，龙树想问都问不着。因为论敌已经划了一条红线———涅槃成佛之后才能知道。我们没成佛，别问我们，问了我们我们也说不清楚，至于你龙树，即便佛给你说了，以你现在的道行也听不懂。就像爱因斯坦给广场舞大妈解释相对论，说了也是白说。

纵观这两方的一言各表，仍然玩着你说你的土豆，我打我的薯条的把戏。龙树的论证只停在薯条阶段，只说了薯条不真实是妄取。但其结论还要归结为土豆（上图的认识对象 A）也没有。这中间最少缺一环，这一步怎么跨过去的龙树没解释，都是中观后学在强行拼凑。这些强行拼凑甚至发展到极其别扭的地步————只要你说不清楚认识对象 A 是什么，那么认识对象 A 就是没有。

龙树在这里仅仅说妄取的 B 是空性是没有任何价值的，因为论敌早就是这么认为的，他们也认为薯条为空，只是认为土豆是有。所以就不劳龙树来亦步亦趋。对于认识主体 C 在外境 A 的基础上产生的虚妄概念 B，已经成不了龙树动刀的对象。龙树只能去破认识对象 A 不成立，务必破斥成功才能把佛陀的这句话的解释权抢归己有。

13.3

  诸法有异故 知皆是无性

无性法亦无　　一切法空故

13.4

若诸法无性　　云何而有异（此二句为藏译）

据藏译，以上一颂半是论敌对龙树发起的责问。

大意是：论敌认为一切有为法都在变异之中，所以可以知道都是沒有恒常不变的'自性'。

但是却有作为各自成立，互相区别的'自性'（特征或者基因）。如果没有这种特征，所有法都是一模一样，那就根本无法产生变异。

很清楚，佛门内'认为世界是有的'这一群体明确指出了两种'自性'的不同。并且表明自己说的'自性'就是特征，而不是指事物整体恒常不变。

虽然所有解释版本都没注明本颂佛门内的论敌究竟是谁？但是这显然不是一家一派。

13.4

若诸法有性　　云何而得异（藏译）

这是龙树对上面论敌观点的反驳。

大意是：如果诸法有'自性'，怎么能产生变异？

这两相对比，就看得很清楚了。论敌的'自性'和龙树牌'自性'完全不是一个东西。龙树的'自性'是不能变的。能变的都不能称之为'自性'。论敌的'自性'是可变的。

所以龙树在此完全是无理取闹。执着的抢夺着名词的终极解释权。如果他不是在抢自性的解释权，那就彻底黑化了。因为论敌的观点在前，已经摆明了，你也听明白了，还要执意歪曲论敌的观点，这就失去参与辩论的资格了。

13.5

若诸法有性　　云何而得异

若诸法无性　　云何而有异

大意是：如果诸法有自性，怎么能产生变化？（注：这一句是龙树的观点，翻译的时候多余了的或者是放错地方了）

如果诸法没自性。　怎么能产生变化？（注：这一句是论敌的观点，前面已经说过了，是重复的）

本颂可能是翻译排版上的错误

13.6

是法则无异　　异法亦无异

如壮不作老　　老亦不作壮（这一句大都公认为是鸠摩罗什翻译错误，应该是老亦不作老）

大意是：这个法在当下状态是不能变化的，一变了就不是当下状态了。这个法如果已经变成他法了。这个他法也不会有变异。

如同壮年人不是老人，所以壮年人无法变老，老年人已经老了，也无法再变老。

这一颂龙树又端出了老套路，想破论敌的'变异的自性'，这也是迫于无奈，如果当场辩论，耍小聪明的龙树在13.4颂一定会输掉。还必须正面面对论敌的可变自性，躲是躲不过的。一到本颂那么13.4颂也就被龙树自己彻底废了。

笔者在第二品 2.16 颂详细破斥过龙树本颂采用的这一套路。

人 　　　　　　第一层

壮年 　　　　　老年 　第二层概念

无论龙树在第二层概念怎么挣扎，都无法影响第一层的人从壮变老。

是人在变，而人有没有论敌所呈述的'自性'？当然有。如果没有，人何不变成马？人的壮年渐灭的过程就是人的老年渐生的过程。也就是说人的状年在本状态下就在变老。而进入老年状态下会不会变老？仍然会。老会变更老。

第二层纯概念层龙树一样守不住。壮年这概念一经提出，就是一个存在于观察者意识里的有为法。它也有生住灭三相，随着观察者的念头而变。

13.7

若是法即异　　乳应即是酪

离乳有何法　　而能作于酪

大意是：如果说这个状态下的事物就是其他状态下的事物，那么牛奶应该就是酸奶。这显然不合理。

离开牛奶，还有什么办法能变出酸奶呢？

和上一颂一样，龙树只是换了一个经验世界的例子，用的还是老套路。

牛奶是酸奶不合理，但牛奶和酸奶都是奶制品却很合理。如下图：

	奶制品			第一层
牛奶			酸奶	第二层

牛奶与酸奶只是奶制品的不同显现状态的描述性概念，奶制品在牛奶这个状态下是奶制品，在酸奶状态下仍然是奶制品。

当然龙树更加不能想象的是————离开了牛奶，也能制成酸奶。经验知识受到时代的严重限制阻碍了龙树的想象力，无力自行打开天眼从那个时代的一般局限中脱颖而出，望穿秋水。如果龙树略略的吸收一些当时已经存在很久的原子论的观点，不同事物只不过是这此原子的不同排列组合，可能就容易想得通一点。

13.8

若有不空法　　则应有空法

实无不空法　　何得有空法

大意是：如果有不空法，就应该有空法

但事实上没有不空的法，所以哪里还有什么空法。

本颂的龙树的推理是建立在文字概念的对称性上。所以认定一条规律：有不空法，就应有空法。

这里龙树说的'空'到底是指什么？是指什么都没有？还是指万事万物依缘起而无常显现？

1：如果'空'是什么都没有

论敌认为宇宙本生就是存在，生灭现象不过是这些存在的重新排列组合。没有所谓的如石女儿子一般的断灭'空'。龙树这组在文字概念上搭建的规律就会失效。龙树自己也被坐实在断灭空之中。

2：如果'空'是指万事万物依缘起而无常显现

把缘起这一意思代进本颂，立马要炸锅。一经运行，程序崩溃。如下：

如果有非缘起，则应该有缘起

但事实上没有非缘起，那么也不可能有缘起。

最后得到的结论是无缘起，龙树自绝于佛门。

13.9

　　大圣说空法　　　为离诸见故

　　若复见有空　　　诸佛所不化

大意是：龙树个人认为：佛陀说空法，为的是破斥世上各种学说观点。如果人们因此认为有个空法存在，那么诸佛也救不了你。

本颂的问题和前一颂一样，到底'空'是什么？如果是缘起，本颂又要自爆。如果不是缘起，而是没有，龙树就不是佛教徒，而是一个断灭论者。

另外一个状况就是龙树不但在本品一开始就未经授权就代表佛陀，结束时又未经授权代表诸佛，而又不出示授权证书！也是颇为独断自信！呵呵！

这不由得让人想起苏轼写的那篇震动文坛的作品《刑赏忠厚之至论》，其中的论据，不知其所来（后来苏轼自己说为了论证观点，自己瞎编了一个古代圣君尧与皋淘的故事。也有其他人帮忙圆场故事还是有的，可能是苏轼把周公的事迹记混了）。经过这么一通骚操作，当时懒得弄清真相又盲从于权威名号的众人也就接受了伪证顺着苏轼的推论被儒家洗了脑。

这类为了应付考试弄出来的荒诞闹剧在历史中诞生也许并不一定就是坏事，搞不好还起到为历史润色并提醒世人反思的作用。但是如果挤进佛教圣道讲坛来表演难免不会降低圣道的神圣。

本品最后两颂再次展示出龙树的困境，在极端主义的推动下，朝向边缘极限进发，一大堆悖论犹如泉涌。

本来佛陀看到众生执着于希望保有一些世俗事物的永恒，引发无边的痛苦。所以说法让人们不要那么执着，作一些放下，看轻。这只是一种对治的药。

而龙树这类极端主义者却以为可以把这种方法推到极致，放之四海而皆准。以为这就是宇宙终极意义，结果随着龙树们在空王大道上的推进，却应了李宗盛在《山丘》里的歌词"还未能如愿见着不朽，就把自己先搞丢"。

十四、观合和（根尘识）品

本品是龙树接着第三品观六情（根）品在继续延展，所以我们不得不再一次面对鸠摩罗什这个团伙的绕口令的折磨，好在并不长。不过需要注意的是本品虽然是第三品的续集，但是本品中的'见'所含的各种含义与第三品里的各种含义又大不相同。开个玩笑，第三品与第十四品合成一品，任你天赋异禀，不看各家注解，你也分不出来这么多'见'到底是键盘侠的剑、还是键盘侠的贱。

14.1
　　见可见见者　　　是三各异方
　　如是三法异　　　终无有合时
大意是：眼根、色尘、眼识。这三样东西是不同。始终不存在接触之时。

龙树在本颂立论，异体不能接触。他想达成目的就是：没有接触，自然就没有眼根、眼识、色法三者的存在。

哎，当真是只看敌人不看自己啊！早龙树七百年的孙子早就作了经验总结————知彼知己，百战不殆。龙树似乎从来不看自己的合订本。在第十品燃可燃 10.5 颂说异则不能接触，而 10.7 颂说异则才能接触。现在 14.1 颂说异体不能接触！后面的 14.3 颂又说异体才能接触！到底要闹哪样？完全没有大局观，单纯的沉浸在局部死活之中见招拆招。井底挖煤，不见天日。

另外，三者没有接触就能证明三者不存在吗？显然不能。龙树始终解决不好推理上的问题。各路论敌说有接触存在就可以推论出三者是存在的。这没错，可以这么推理。但是，没有接触却没有办法推论出三者不存在。这个充分条件、必要条件的内容，龙树从头到尾都没有弄明白过。

再有，眼根与眼识到底如何才能彻底区分划断？龙树有把握能描述清楚吗？未必吧，这套复杂的成像系统直到现在也没人完全说得清楚。当时部派佛教对此的各种认识已在第三品3.5颂呈述过。当年是如何各说各话，现在任然如此。毕竟任何人都没有完整的真实无欺的一手材料。

至于藏译里介绍的《入行论·智慧品》里寂天论师的观点就明显暴露出中观论师的知识体系的缺陷。其观点认为"意识无色身、遇境不应理"。大概意思是把眼根是色法（物质）。而意识是非物质的，所以物质与非物质是无法接触的。寂天把'接触'机械的理解为只能在物质之间发生，他也不想想他自己就是色身，这个色身与他自己的意识是怎么接触的？这个色身又是是怎么接触到龙树的思想的？

当然这是可以原谅的，毕竟受时代的局限，任由当时的他们打破脑壳也想象不出————眼根把色尘反射进来的光线，借由虹膜调整进入眼睛的强度，利用可调整的晶状体来聚焦，投射到对光敏感的视网膜产生影像，将影像转换为电化学脉冲的讯号，透过视神经传递到大脑的视觉系统及其他部分，显现出色尘的影像。

把上面这段话原封不动的转告龙树、寂天。他们也听不懂。

他们怎能想像出色尘被光所传输、转换成信息与眼接触、眼睛与眼识之间传输信息的眼部神经系统、以及信息转换成眼识可以读取的信号这一大堆复杂的内容？

当然这些内容显然也不是笔者的能力可以说的清楚的了，而关于人类这套成像系统，如果顶尖的专家为笔者进行专业的解释，笔者应该也是同样听不懂。这就像缘起，如果以佛的眼界来解释终极缘起，即便是佛说出来，众生也好，龙树们也罢，仍然听不懂。

可以原谅他们的无知，但无法原谅他们不知道自己无知，对自己无法认识的东西一概采用不予承认的态度。或者执'我不要你认为我只要我认为'的态度。这就太扯了！

并非我们要以现代的高度，用高高在上的眼光去俯视龙树。以人类现在所获得的知识，如果历史没有出现倒退，也许在一百年后，甚至依五十年后的人看来都是错漏百出，不值一提的。所以每一代人都应该要清醒的认识到自己所处时代的局限。而中观这一系则想当然的认为自己获得了宇宙最终解释权。

青目释在这里作了定义：见是眼根。可见是色尘。见者是'我'。

这下可坏了大事了。由于见者是'我'，青目又认为'我'可以在身体内，也可以遍于一切时空。结果青目当场把自己给搞死了。

'我'即然遍于一切，当然也可以去遍于色尘，眼根。要想不接触已经没有可能了。

并且青目的这个见者是'我'的说法和胜论派的"我，意、根、尘合则知生"里的'我'暗合。而本颂龙树所破之论敌显然包括了胜论派，这就尴尬了！总不能又要破胜论派，又要赞同胜论派六句义的观点吧。

所以把见者解释成'我'，无论是青目自己的意见，还是这就是龙树的观点都无所谓，都不能成立。

14.2

染与于可染　　染者亦复然

馀入馀烦恼　　皆亦复如是

大意是：如果眼根，色尘，眼识不能接触，那么染（诸根）、可染（诸尘）、染者（诸识）也一样不能接触。

本颂龙树又一次开启了拷贝复印模式。把在眼根观察到的所谓'规律'扩展到耳、鼻、舌、身所有根。涡轮增压一开，进一步把前一颂的错误放大。

这里还要提一下，本颂的染与第六品的染不是一个意思，

第六品的染——烦恼

本颂的染——诸根　、可染——色尘、染者——诸识

你不得佩服鸠摩罗什这个团伙，既然是国家出钱的工程项目，能偷工减料就偷工减料，一个'染'字打天下。

笔者个人认为各家版本都把本颂的'染'解释为贪是不合理的。

在诸根、色尘、诸识产生接触，等到'我'对这些接触后产生的信息进行审美判断之后才有可能发生贪。注意，是可能而已，审美之后也不一定会发生贪。

可以确定的是三者接触不一定产生贪，但贪只能发生在三者接触之后。

这可又将了龙树一军，否定三者接触，就是否定贪的存在。龙树又被逼上与佛陀打擂台，否定四圣谛的囧境。

14.3

异法当有合　　见等无有异

异相不成故　　见等云何合

大意是：只要是事物，彼此之间都是不同的，所以应该可以接触。

而眼根、色尘、眼识等事物没有不同之处，就没法接触。

本颂简直没法看了，龙树说：不同的事物是可以接触的。而眼根、色尘、眼识没有什么不同。所以没法接触。这让本品第一颂14.2该如何是好？

观众只能眼睁睁的看着龙树再一次干出了同一品中唾面自干的事。

我甚至一度怀疑这是论敌的观点！哈哈哈

按照龙树已经使用过的论证方式，一般来说会以二分法的模式进行。本品的目的证明是'接触'不成立，按常规操作龙树应该论述如下：

三者不同，不能接触

三者相同，也不能接触。

如此这般，无论龙树的论证成功与否，最少注意力集中在目标上。

笔者就纳闷，为什么龙树没有这样操作。而是干出了如下：

三者不同，不能接触（14.1颂）

三者不同，才能接触（14.3颂）

这实际上在证明不管接触不接触，三者都不同，至于本品的目标——证明接触不存在————早已被龙树抛到九霄云外。呵呵！历朝历代的中观后学就没问一下龙树他想证明的不接触到底还要不要继续？这楼都歪成这样了，难道还不能问一下：

这是龙树喝酒喝大了吗？还是鸠摩罗什的团伙喝大了？

14.4
　　非但见等法　　异相不可得
　　所有一切法　　皆亦无异相

大意是：非但眼棍，色尘，我这三种事物没有不同的地方，一切万法也都没有什么不同的特征。

继上一颂的昏天黑地之后，本颂不管不顾的继续推进，把楼越修越歪，和网易上的跟帖有一拼。推进方式采用了龙树自己在第一品第一颂里批判数论派时用过的'自生'模式。一粒黄豆是怎么无穷生，无义生的充满宇宙，本颂就照猫画虎，同款输出。'没有不同'这条理论就如同那粒黄豆一样被复制粘贴到全宇宙。

数论派没有倒在龙树牌自生的泥潭里，龙树自己的'自性'心魔倒是藏都藏不住了。

从本品开始为了破论敌的接触不成立，现在已经滑向不知所云的去论证万事万物都是一样的。龙树真的清楚自己在干嘛吗？

14.5
　　异因异有异　　异离异无异
　　若法从因出　　是法不异因

　　大意是：你们所说的不同，是因为有不同的事物作为参照物才出现不同的。离开彼参照物，此事物就不能称为异。如果事物是由因产生的，这个事物和因就是相同的事物。

　　所以此事物与彼事物没有不同之处。

　　本颂龙树指出'异'是因为参照物才能产生的。所以'异'这个果是参照物这个因所生，而由因所生的事物（果）和因是相同的。

　　所以一切事物的'异'根本就不可能有。本颂算是龙树帮上一颂作的注解。

　　与之前的套路一样，又需要给龙树画个图：

A事物　　　　　　B事物

　　　　判断　　　　　　　　观察者

　　　　　异　　　　　　　　观察结果

　　如上图，'异'这个概念是因为观察者以B为参照物，经过对比判断与A不同得出的结果。'异'实际上只是"A与B不同"这句话的代称。既不能把'异'等同于B事物，也不能把'异'等同于A事物。'异'也不是由B单独所生。

　　龙树的概念系统又发生了混乱，弄出了因为B，所以'异'的呈述。（实际上正确的整句话本应该是：'因为A、B、观察者的判断，所以A与B为'异'。）

　　然后龙树就开始胡乱攀缘，概念互换：

　　因为B，生了'异'

　　插入条件（因中有果，果=因）

　　所以'异'=B

又因为'异'=A（参照 B 事物后，A 事物被判定为异体，'异'这个概念=异体，偷换概念这一步很关键）

所以 A=B

结论 A 事物与 B 事物没有什么不同，一样一样的。

哎，龙树偷换概念的自性倒是一以贯之，从不掉队。

更加不能容忍的是，本颂龙树立了一个论——'因中有果，果=因'————作为论据突击添加进来，这可和他中论开篇第一品的论述背道而驰。龙树在第一品中为了破'因中有果'可费了老大劲了！

14.6

若离从异异　　应馀异有异

离从异无异　　是故无有异

大意是：如果离开参照物就能成立异体，那就有不需要参照物的异体。

然而离开参照物是不会有异体的。所以没有实有的异体存在。

据印顺导师介绍这一颂在清辩论师的版本里是没有的。可能是清辩论师认为是多余的重复。

14.7

异中无异相　　不异中亦无

无有异相故　　则无此彼异

本颂大概是冲着胜论派去的，胜论派认为万事万物都有共相（共同特征），也有异相（不同特征）。视选取的参照标准而定。

如果标准定得大，则有：

大同，比如万物皆有存在性（有）。

大异，万物皆有差异性（别）

也可以把标准定小一点，比如牛与马：

都有共同特征———动物性。

也有不同特征———牛性与马性。

而这种不同特征也具有普遍性，也就是说万事万物之间的'异'是普遍存在的。

这就是龙树想破除的'分别总相'，龙树才说了一切万法无'异'，你这马上就反着来，龙树不得不重新提枪上马。

大意是：先已有了不同事物，哪里还需要不同特征。相同的事物中本来就没有不同特征。

既然没有不同特征，就不会有不同的事物。

无需笔者多言，熟悉龙树套路的读者应该知道龙树在胡扯些什么。

14. 8

是法不自合　　异法亦不合

合者及合时　　合法亦皆无

大意是：同一事物是不能自己与自己接触的，不同的事物也不能接触，

接触者，接触的时间、接触的行为都是没有的。

最后一颂终于龙树酒醒了，想起自己在本品的任务是破接触。立马吼上一嗓子草草总结了事。

关于本品，笔者的总结只有四个字"烂醉如泥"。

十五、观有无品

本品观有无，实际上开篇是在讨论事物的属性特征。整部中论已经到比赛的下半场了，现在才开始面对这个从第一品就存在的主要问题————论敌的'自性'。

虽然上半场比赛中，龙树一直靠把龙树牌'自性'套在论敌的'自性'头上进行攻击，这种偷梁换柱，移花接木的手段终究是上不了台面的，很快就会被论敌识破，观众唾弃。逼不得已，绕不过去，龙树还是得正面强攻。

15.1
    众缘中有性　　　是事则不然
    性从众缘出　　　即名为（所）作法
15.2
    性若是作者　　　云何有此义

这一颂半的大意是：你们（有部）说事物的组成条件中本来有属性特征，这不符合这个世界的经验事实。

如果你们（经部、唯识）认为属性特征在条件中没有，而条件组成后就产生出来，这个属性特征就应该是被制造出来的。

自己的属性特征不是天生的，而是是被制造出来！哪里会有这种道理？

龙树把以上两种思路都否定了，但是没有进行详细有力的论证。

15.2

性名为无作　　不待异法成

这半颂是龙树对事物的自性立的论。

大意是：作为事物的自性（属性特征）不是制造产生的，不依靠其他事物的因缘组建。是自有、常有、独存、封闭的。

（注：这是按罗什译文字面理解）

据藏译里果仁巴大师的解读是另一个意思：俱备无作、不待、不异法三个条件，才能成立事物的独特自性（属性特征）。

说实话，对龙树升起的一点希望还没来得及捂热，就被龙树浇灭了。前戏也做足了，观众以为这一次龙树应该像昔林迪翁一样，酣畅淋漓的一口气在高音区直攻而上。没想到龙树临门一脚还是玩起了转音，又转到低音区去了。

他愣是没有敢直接击破论敌的'自性'，而是重申了龙树牌'自性'。实际上只是在争夺一个概念名词的解释权，这对破除论敌的观点豪无价值。当然不可能有论敌会认同龙树对'自性'的定义，这一点笔者之前已经屡次提示过。完全是龙树的自作多情，一厢情愿。

无论是持'先有自性'观点的有部，还是持'后有自性'观点的经部、唯识，

这两种观点都是局部成立的。

正因为两种观点都在宇宙内并存，而各家又认为自家的观点是宇宙中唯一正确的，这就很好破了。只需要到对立面去找证据就可以破斥其中一个。

要破有部，就说氢与氧组成了水。水的自性是合成后才有的。

要破经部、唯识，就说水稻的种子长出来的还是水稻不是小麦，基因决定的，自性是合成前就有了。

按照龙树惯常的套路，立马就可以总结出'先有自性不成立，后有自性不成立，正有自性也不成立，何云有自性？'。于是乎'自性有'被破，打完收工。

但其实笔者这不是在破两种观点里的事实本身，也不是在破'自性有'。而是说这两种观点都不能成为统帅全域的绝对真理。

也就是说万物有自性，但自性产生的原因是各不相同的。特别强调：这里说的自性不是龙树牌自性，而是指事物的特殊性————此事物之所以是此事物，而不是他事物的身份证明。

说到这里，读者或许应该明白了即使龙树在本品开篇时，就详细论证了'先有自性不成立，后有自性不成立。仍然无法证成'自性'不成立。

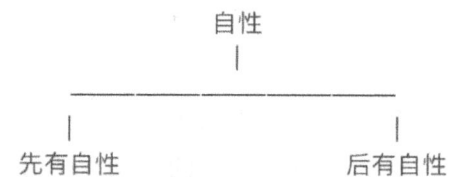

在龙树的心中，如上图，他认为自性的存在方式逃不出先有与后有，只要他分别破了先有、后有。集合起来就等于把自性彻底清除了。龙树在这里没有搞清楚这两个观点的实质。

打个比方，纸币有两面，其中一面上印有猪头，另一面印有猪圈。

其中 A 观点认为，纸币就是印有猪头的纸

另外 B 观点认为，纸币就是印有猪圈的纸

然后龙树冲上去先破猪头、后破猪圈（这很容易）。然后龙树总结：纸币是猪头不成立，纸币是猪圈也不成立，所以纸币根本不存在。

这个荒谬的结果是如何产生的呢？因为 A 观点与 B 观点都是有事实基础但以偏概全的观点，观察者在只看到了纸币的一面得出的结论。以 A 观点为例，该观点的事实基础（猪头）并不是没有。只是这个事实基础（猪头）对应的范畴只是半面纸币，用这个猪头去对应整张纸币当然会产生范畴错配，这里的谬误明白无误，很容易破除，只需要到纸币另外一面去找证据即可。但是这只能破除'猪头就代表整个纸币'，而无法破除'纸币上有一半是猪头'。反过去观察 B 观点也是一样。

于是乎最后得到的结果是：

猪头代表整张纸币不成立，猪圈代表整张纸币不成立。但纸币上一半是猪头一半是猪圈仍然成立，当然纸币本身也成立。

龙树在此未能发现其中的奥秘。似是而非，谬以千里。这就是他在使用先分证然后合成总论的方法时没有想明白的道理。

以上是按藏译的区分进行的论述，而印顺导师的版本没有把本品第一颂论敌的观点作这样的区别，他把第一颂的观点全都算作有部的观点在看待，实际上印顺导师的破斥是对着说一切有部去的，破斥的方法也是龙树之前的论调，笔者在本品开头以及之前的各品中也分析过，这种偷梁换柱的方法毫无价值，根本破不了说一切有部的'自性'。

15.3

法若无自性　　云何有他性

自性于他性　　亦名为他性

大意是：万物如果没有自性，也就没有了他性。他性不过是另一个自性。

如果有人问龙树'自性'这个概念从何而来？怎么回答？当然，龙树自己对这个概念下的那些定义现在是用不上的。因为这些具体的定义细节无一例外都是在与其它事物的对比中产生的，就是说任何一个关于自性的细节定义都必须依靠其他事物才能产生，比如龙树牌自性里'孤立'这个定义、就是和'不孤立'作为对比后产生的。假设宇宙里从无始以来只有一个不可分、单体粒子，这个粒子是无法产生孤立的概念的，因为它从未见过第二个事物。这个粒子也无法产生'自性'这种概念。因为这个粒子从未见过'他'，无从通过对比得到'自'。也没法产生'自性'这种概念。一旦宇宙之中有二个粒子，'自'、'他'就不可避免的产生了。

所以当龙树在谈论诸'法'（万物）时，他性、自性就不可避免地的产生了。要让他性、自性不产生，唯一的办法就是让唯一之外的诸'法'（万物）根本不存在。宇宙中只留下一个基础粒子、。并且不能留任何观察者来描述。

至于龙树牌自性里的'不变'、'恒常'等等定义也面临同样的结局。

15.4

离自性他性　　何得更有法

　　若有自他性　　诸法则得成

大意是：离开了自性、他性。哪里还有什么事物存在！

如果有自性、他性。事物是可以存在的。

而自性、他性根本不存在。

自性都破不掉，往下推他性不成立、诸法不成立是白费蜡，。所以龙树的这两颂没有意义。

但是本颂却清楚无误的显示了龙树通过无自性推论出的最终结果是啥都不存在的断灭见。

　　15.5

　　有若不成者　　无云何可成

　　因有有法故　　有坏名为无

大意是：如果不存在'有'、'无'怎么能存在呢？

因为存在'有'法，有法毁坏败亡了才被称为'无'

现在龙树开始转入本品正题，谈论有与无的关系。他把有这个概念当成无这个概念产生的基础条件，先有后无，前因后果。

龙树的这个观点能否获得一致通过？不必抱有侥幸。不要说论敌，

就连龙树自己在前面十一品观本际品的 11.3 颂就破斥过先有后无，先生后死。可能是龙树自己忘记了！

　　15.6

　　若人见有无　　见自性他性

　　如是则不见　　佛法真实义

大意是：如果人们看到有、无、自性、他性。

那么人们则看不到佛法真实义。

本颂是龙树又一次干起了狐假虎威的勾当，未经授权就擅自代表，以佛法真实义的代言人身份来恐吓众生。

当众生观察到到有、无、自性、他性，并不能表示众生有什么固定，不变，统一的理解。也不能表示众生一观察到这些现象，这些现象就像眼罩一样蒙住了众生的眼睛，让众生再也无法看到其他事物。

这种恐吓方式更像是传销组织的头目常常使用的方便手段。

15.7

佛能灭有无　　如化迦旃延

经中之所说　　离有亦离无

大意是：佛陀能灭有与无，如同他老人家在《化迦旃延经》里所说，即不要仅仅着眼于有，也不要仅仅着眼于无。

佛陀在《化迦旃延经》里是说了不要执着于有、无。可是佛陀并没有灭掉有与无。所以本颂第一句应该是龙树自己的判断理解，它与余下的三句之间无法构成因果关系。而是一种龙树以极端主义思想对佛陀教言的极端化处理。

笔者私下猜测，佛陀让众生不要执着于有、无。也许是担心众生对有、无的极端化理解，将无可救药的产生断灭见。面对断灭，不少众生会生起难以承受的恐惧。而龙树对有、无的极端化理解————说有即是常，说无即是断—————正在走向佛陀所担忧的这条绝路。

15.8

若法实有性　　后则不应异

性若有异相　　是事终不然

大意是：如果事物有龙树牌自性、之后则不应该发生变异。龙树牌自性能发生变异的事情，经验世界里没有发生过。

本颂龙树又回头去讨论‘自性’。没有什么新鲜内容，不过是些以龙树牌自性为基础的没有意义的老生常谈。

15.9

若法实有性　　云何而可异

若法实无性　　云何而可异

大意是：如果事物具有真实的自性，怎么可以产生变化呢？如果事物没有真实的自性，怎么可以产生变化呢？

这一颂据藏译，月称论师与果仁巴大师认为后两句是论敌的观点，前两句是中观宗的观点。而佛护论师认为本颂四句都是中观宗的观点。又是一笔糊涂账。

笔者倾向于月称论师与果仁巴大师的判断。因为在之前的第十三品观行品的颂文里，这两种观点已经出现过并进行过交锋，所以佛护论师的观点站不住脚。本颂估计是传承的过程中记混了加进本品的。

15.8颂与15.9颂这两颂只是龙树的老生常谈，之前各品已经论述过了的东西。没有什么价值，可以从本品删除。

15.10

定有则著常　　定无则著断

是故有智者　　不应着有无

大意是：如果认为事物绝对有则堕入常见，

如果认为事物绝对没有则堕入断见。

所以有智慧的人，不应执着绝对有和绝对无。

如果'定'字只是鸠摩罗什为了凑五个字的字数，定有=有。那么本颂和龙树

一贯的风格差不多，破敌时破着破着就把自己搞成了断灭见。

如果'定'字在本颂里有特定的意义，那么就会引发一些问题。

有就是有，为什么又来个'定有'？定有与有之间有多大不同？

无就是无，为什么又来个'定无'？定无与无之间有多大不同？

事物毁坏败亡是从有进入无，那么毁坏败亡之后，是渣都不剩的绝对没有，还是有点什么留下，或者转换成其他东西？当这个问题被提出来后，或许就有定无与无的差别。

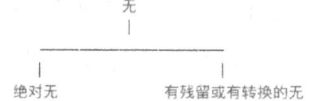

如果如图中所示，人的肉身死之后化作尘土就不是绝对无，而是有残留或有转换的无，如果有灵魂之类的东西去作为轮回的主体，就更加不是绝对的无。那么本颂对常、断的定义就让龙树之前的破敌工作显得没有什么价值了。这种绝对的'有无'和宇宙之中大多数被众生所认识的事项几乎无关。

这一个'定'字就可以把龙树本书全给废掉。这个'定'字同时又可以换救整个中观学派。

从第一品一路读下来的读者应该知道，以龙树的混乱逻辑，龙树的中观是保不住的。笔者甚至猜测在龙树那个时

代，婆罗门六大学派以及六师外道的论师们已经发现了龙树的这些败笔。这不被打得头破血流，满地找牙都不可能。鸠摩罗什在这里把有与无的含义重新划分后，最少能保住中观宗能苟延残喘了。也给中观学派的清辩，以及唯识宗留下了出口。不然唯识的离言有、清辩的世俗有从哪儿有啊！实际上唯识与清辩都在竭尽所能的把'有'给找回来，以避免断灭空。只不过找回来后安放的地方不同而已。唯识把'有'安放在胜义谛，清辩把'有'安放在世俗谛。

　　唯识的无著，中观自续派的清辩这两位可不是傻瓜，面对内道外道朝向龙树的隆隆炮声不可能充耳不闻，当缩头乌龟。

　　虽然说笔者对鸠摩罗什在《中论》的翻译多次表达了失望。但是如果这个'定'字是鸠摩罗什在当时审时度势后故意作出的选择，那鸠摩罗什对于整个中观学派来说那就功劳太大了，活生生把中观从断灭见硬拽了回来。如同把无聊透顶改成屋聊透顶，一个字就可以改天换地。虽然同时代的中观论师佛护之流未必同意鸠摩罗什这么干，但等到后来的清辩论师出世，这个巨大的价值就体现出来了。

　　15.11
　　　若法有定性　　非无则是常
　　　先有而今无　　是则为断灭
　　大意是：如果一个事物具有绝对的自性，那它就不是无而是常有。

　　如果一个事物以前有现在无，这叫断灭。

这一颂继续解释常与断。对于'常'的解释是按绝对标准，对于'断灭'的解释却没有按这个绝对标准——'若法没有绝对的自性、那它就是断灭'，只是说以前有现在无就是断灭。

这就显得龙树本人对常有、断灭这两个概念的标准左摇右摆、不清不楚。

藏译版里的果仁巴大师把本颂解释为这里的常断是宗派观察后的常断，不是名言共称的常断。月称论师也是同样的观点，他在《显句论》中举例：一个人先前有眼病，通过治疗现在不存在了，这并不是堕入断边，如果这是堕入断边，那佛经中说"往昔有贪嗔痴，现在无贪、无嗔、无痴"，这是否也堕入断边呢？

可以看得出来，尽管二位也感觉出了本颂是有问题的，急于帮龙树圆场。但实际效果却像足球场上的后卫在禁区解围时踢出了乌龙球。

月称论师的举证事实上是一刀把龙树的'说无即是断'拦腰斩断。那里有什么绝对的'说有即是常，说无即是断'啊！

那么宗派被龙树观察后判定的常断是什么呢？按藏译他们的大约意思如下：

1：认为我和五蕴一体。五蕴坏灭了我也同时坏灭，这是人我的断。

2：认为我和五蕴异体。五蕴坏灭了我还存在并继续轮回，这是人我的常。

3：承认三世实有（说一切有部）则是法我的常

4：承认过去、未来无，只有现在有（分别说部）是法我的断。

这里存在的问题是这是以龙树的标准判定的，其他宗派认不认呢？相信他们是不会认账的。

十六、观缚解品

　　本品讨论的问题是源自一般修行人描述的一段历程，大体上是修行者感觉自己被什么东西给捆住了，但通过修行，是可以从这种被捆绑的状态解脱出来，获得自在。

　　龙树对此描述进行了破斥。因为对捆绑与解脱如果不加以破斥，一但成立，则被捆绑与解脱的主体就顺理成章的铁定成立了。主体是什么？当然是'我'。龙树一看这还了得！'我'都存在了，这'空'还怎么玩？

　　16.1
　　　　诸行往来者　　　常不应往来
　　　　无常亦不应　　　众生亦复然

　　大意是：你们所谓的五蕴在轮回里往来根本无法成立，因为它是常则不应往来，如果是无常法也不应往来；众生（'我'）也是同样的道理。

　　龙树这是把自己在十二品《观苦品》12.2颂立的论挖出来鞭尸，玩起了自我批评。对自己下手也是挺狠的！难道这就是传说中的所谓的'无我'的境界！哈哈哈！

　　本来本品在讨论'我'被捆住与解脱的问题，怎么龙树开篇就去谈论五蕴能否轮回呢？五蕴这个问题龙树在前面第四品已经详细讨论过了，只不过由于论证过程稀里哗啦，在笔者看来并没有达到龙树想要达到的目的———五蕴不存在。但龙树应该是认为自己已经论证成功了，这个应该可以确定。在龙树这个'确定论证成功'的基础上，他在本品的论证方向就有些问题了。即然五蕴不存在，还去论证五蕴的轮回该如何进行？是不是有点走偏了？

由于轮回的存在是佛门的必然选择，因为如果没有轮回，又不能死了之后，灵魂归宿于上帝。只剩下人死灯灭，这就必然导向断灭。

有了轮回，必然引出轮回主体'我'。我与五蕴是什么关系？在佛门内部这可就众说纷纭了。

印顺导师在《中观论颂讲记》中说了如下这段话：

"如化地部的穷生死蕴，铜谍者的有分识，这是诸行的流转。或说五蕴法中有不可说我，一心相续中有真我，从前生移转到后生，这是有情的流转。学派中，大众及分别说系，多说诸行流转；说有情流转的，如说一切有系的假名我，犊子系的不可说我，都是说明从前世到后世的。"

可以看到各派有各自的解释，但前提基础还是一样的——轮回存在。

至于具体是怎么流转的，流转主体是谁？五蕴与我的关系如何确立？大家都是按自己的感觉在猜。这其中有没有哪一家是猜对了的？这可就说不准了！也许全是错的都有可能。

龙树的工作分两步，一步是自己参合到各种猜想中去一一破斥。

第二步就按老套路分别破斥后总结出一个结论———流转不存在。

打个比方，各派都共许太阳是存在的，但太阳内部是怎么样的状态，各派各自发表了猜想，由于谁也没去过太阳内部，这些猜想就只是猜想而已，破斥并不难。问题是破斥了这些猜想能证明太阳不存在吗？显然不能！但龙树会认为可以。这还是那个经不起考验的从认识论角度出发的极端主义的老套路——只要用概念无法正确表达的事物即是不存在的。

这个事情于相信轮回存在的众生而言，绝大多数人都不知道自己的前世为何。简而言之，在轮回之中被清空了记忆。而极少数修行者又似乎没有被完全消除记忆，假设这些修行者记得前世到今生的流转过程。那么他们说出的观点是有参考价值的。但是参与辩论发言的各方都是修行人，这些修行人按佛门的说法不少在前世也是修行人。既然大家都留存得有转世的过程记忆，却分歧如此之大。这就不知道该说啥了。

是不同的人有不同的转世程序吗？如果是这样，龙树就不用玩了，以他'一条规律贯宇宙'的一根筋，啥也破不了。

是不同的人都遵循相同的转世程序吗？如果是，龙树也不用玩了，流转程序都按统一规律在运行了，还论证什么流转不存在？

本颂龙树对五蕴与众生两个概念按惯常套路出牌——两头堵。

如果这两个概念是常就不能流转，是无常的也不能流转。

谈论五蕴流转与否是件很奇怪的事情，五蕴是物质（色）与精神（受想行识）的合称，只是一种主观世界与客观世界的关系描述。这并不是一个可以流转的主体。只有把物质（色）限定到人我的肉身或许可以讨论讨论，不然去讨论整个世界的物质与个体灵魂一起轮回流转，这算哪门子的节奏？只有精神病院里的人才这么对话。

如果把色限定为个体的肉身，讨论意义也不大。在六道轮回的框架下，有谁会认为人的肉身会流转到畜生道去吗？

所以无论是龙树自说自话，还是龙树要破斥执'五蕴即我'的论敌。两方都是吃饱了撑的，浪费公共资源。

更令人蛋痛的是龙树在前面观苦品 12.4 颂里为了破敌，站在了'五蕴即我'的立场上。

谈论众生的流转则与五蕴不同，这里的众生大概只能指向'我'了。'我'投到人道即是人我。投到天道即是神我，投到畜生道既是马我、牛我等等。在此把众生说成'人我'是毫无意义的。

论敌可以认为这里的类似于灵魂的东西———-'我'的身份————-必须是常。只有我的身份是常，身份不能变才能谈得上流转，如果我的身份是无常，我一会儿之后就不是我了，那就不用玩轮回流转了，因果不爽，业报不虚更是无稽之谈。

所以'我'的身份不能换，马甲可以被允许随顺业报轮换搭配。

所以龙树的两头堵根本堵不着，论敌可以坚持众生（'我'）为常可以流转。

至于龙树主张的常就不能流转，其实还是偷换概念的老一套，把马甲当真身来破斥———'人我'、'神我'、'马我'=我——是常就不能流转。

龙树把力气花在这些马甲上有什么用呢？

暂时抛开轮回，以现代人所熟知的平常生活状态为例，X先生在网上有多个网名：张三、李四，王麻子。真身是 X 先生，马甲就是张三、李四、王麻子这些网名。X 先生就在这些不同的马甲之间流转着。如果此时龙树跳出来问：张三、李四，王麻子是不是常？如果是常就无法流转。

人们就难免不会诧异！X 先生在不同马甲间流转和马甲本身是否能流转有毛干系？

龙树的开场白总是这么容易脆断！

16.2

若众生往来　　阴界诸入中

五种求尽无　　谁有往来者

大意是：如果众生在流转，但在五蕴、十二处中以五相推理来观察，都观察不到我存在，那到底谁在流转？

本颂龙树想用第十品的已有成果来论证本品，这就需要第十品的 10.14 颂的五相推理成功才行。可事实并非如此！笔者在第十品对五相推理难以成立有过论述。

印顺导师在《中观论颂讲记》中把本颂的五相推理以五蕴的色蕴为例详细解说了一遍：

"且以五阴中的色阴說：色不是我，离色没有我，　不离色也沒有我，我中没有色，色中也沒有我。五門寻求色阴中的我不可得"

可以看到和龙树之前的五相推论差不多，观点很多，证据很少。口号很多，矛盾不少。翻译如下：

1：肉身不是我，（这个就是说肉身与我是不同的事物，不但推证不出'无我，反而有利于有'我'）

2：离开肉身没有我，（这个是说肉身与我同生同灭，典型的人死灯灭的断灭论）

3：不离开肉身也没有我，（不离开肉身的是谁？当然只有我。还说没有我？这不是在自己打自己脸吗？）

4：我中没有肉身，（这个可以理解，精神或者软件中没有物质）

5：肉身中也没有我（这个就很不靠谱了，物质硬件是可以容纳软件和精神的。'肉身中没有我'这个结论的依据何在？）

注：括号（***）内为笔者注

就五相推理这么一个破烂货，怎么可能推证出没有'我'！

16.3

若从身至身　　往来即无身

若其无有身　　则无有往来

大意是：如果说有从前世的五蕴身流转到后世的五蕴身，这个流转过程中并没有五蕴身穿越而过。即然没有五蕴身在穿越、就没有流转存在。

龙树在本颂的论证中，于前世的五蕴身与后世五蕴身之间制造出了一个中间地带。龙树认定没有什么东西从这个中间地带通过。不知道他的这个观察的依据从何而来？

对于这个问题，中观应成派的月称论师在《显句论》与其他后世支持中观宗的藏传论师都提到中阴身的问题，对于龙树的本颂颂词不但毫无补益，反而是帮倒忙。人转世为天人，人死之后，人的五蕴身已经灭坏，作为天人的天身还没成形，这时就只能有个界于二者之间的流转体————中阴身。

一般来说，外道或者世俗之人会把这个中阴身当作灵魂之类来看待。内道如果愿意也可以安立相应的名称————'补特伽罗'、不可言说的我等等。龙树在本颂的破斥对'流转'毫发未伤。

16.4

　　诸行若灭者　　是事终不然

　　众生若灭者　　是事亦不然

大意是：如果说五蕴寂灭后达到涅槃，这是不成立的

如果说人我寂灭后达到涅槃，这也不成立。

本颂龙树以涅槃过来者的口气，高屋建瓴的指出了二条具体事项。问题是他哪来的自信？依据何在？你又不是佛，又没有涅槃的经历，就敢信口开河？前面几颂连个轮回流转的过程都还理不清楚，这会儿把涅槃的过程都搞明白了？

只要龙树一祭出'是事终不然'，读者就可以把这视为龙树觉得战况堪忧，支撑不住，不得已使出了遁地术，三十六计　走为上。溜过去再说，过一会儿又可以厚着脸皮从新回来挑事。

16.5

　　诸行生灭相　　不缚亦不解

　　众生如先说　　不缚亦不解

大意是：五蕴是刹那生灭的体相，没有束缚也没有解脱。

众生如前面五相推理所说。没有束缚也没有解脱。

　　龙树在本颂的思路已经有些混乱了，如果论敌认为五蕴肉身是绳子，'我'是被捆绑者。龙树在干啥？又不是五蕴肉身被捆绑了，去论证五蕴没有被捆绑也没有解脱有啥用？实在想不出有谁会像龙树一样去论证绳子没有被捆绑也没有解脱！

　　至于毫无价值的五相推理，还是扔到垃圾桶去吧！

16.6

　　　若身名为缚　　　有身则不缚

　　　无身亦不缚　　　于何而有缚

大意是：

如果你们把五蕴身看作是捆绑'我'的绳索，

有五蕴身时没有束缚，无五蕴身时没有束缚，在那里找得到束缚呢？

本颂龙树又操起了他使用过若干次的老组合：

1：'一女不能二嫁'————所以有五蕴身时没有束缚。

2：没有五蕴时————-束缚不存在

这自相矛盾的二条搞成一个两头堵的组合，在中论里像工具人一样反复出现！

哎，笔者道行浅，这种无用的套路看得都想呕吐了！能不能来点新鲜的东西啊！哪怕仍然是歪理邪说都成。

16.7

　　　若可缚先缚　　　则应缚可缚

　　　而先实无缚　　　馀如去来答

大意是：如果说能缚在先，所缚在后。的确可以认为能缚锁住所缚。但之前并没有能缚。破斥对方的方法如同于《观来去品》的辩答。

本颂龙树立论：在被捆绑的东西（所缚）产生之前没有能捆东西的绳子（能缚）。即然能缚根本不存在，哪儿还会在所缚之前出现？

用观来去品的三时破公式套用出来就是：已缚没有缚，未缚没有缚，离已缚未缚没有正缚。何处有缚？

笔者讲过多次，'三时破'一来不但带来逻辑混乱，使论证失败，还会让龙树堕入断灭论。用三时破是证明不了'能缚'的不存在的。

16.8

缚者无有解　　无缚亦无解

缚时有解者　　缚解则一时

大意是：己经被束缚的时候没有解脱，还没有被束缚的也没有解脱。如果说正被束缚着的有解脱，那么束缚与解脱同存一时，这是不合理的。

这有什么不合理的，龙树还是一根筋的思考问题。

一个吸毒上瘾的人，长期被毒品所束缚，难以解脱。突然被家人用绳子捆了起来，关在屋子里，经过一段时间后，终于从毒品中解脱出来。这个人被绳子束缚的之时也是他从毒品中解脱之时。

修道的过程也有类似的阶段，受到贪嗔痴三毒所束缚的修行人在戒、定、慧的捆绑中开始获得对三毒的解脱。这也是明显的缚解一时。

难道龙树就没有体验过这一阶段？

另外就是龙树对捆绑与解脱的解释是没有意义的，如下图：

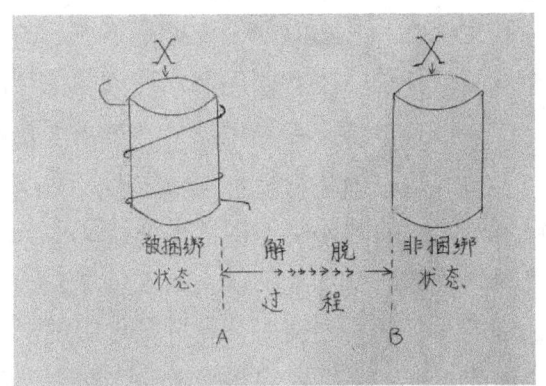

如上图，被捆绑的 X 事物从被捆绑状态变化到非捆绑状态的过程被描述为解脱。龙树在被捆绑状态与非捆绑状态观察半天都解决不了 A 点到 B 点这个解脱过程。

16.9
　　若不受诸法　　我当得涅槃
　　若人如是者　　还为受所缚

大意是：如果有人这样思考：我不取受任何法，我当能达成涅槃。

怀有这种想法的修行者，还是受到了束缚。

本颂龙树以终极上手的身份对修行者下指导棋。且不说龙树指导得对不对。仅仅是他得出的'还为受所缚'的结论就足以让旁观者忍不住要提醒他"别忘初心，你在本品的任务是什么？"。你不能破着破着就叛变到敌方阵营去了！你是在演一出洒狗血的闹剧吗？这太让人无语了！

16. 10

不离于生死　　而别有涅槃

实相义如是　　云何有分别

大意是：离开生死之外，另有一个涅槃是不成立的。

诸法的实相就是这样——生死即涅磐，涅槃即生死。

和上一颂一样，龙树继续指点苍生。只不过本颂是龙树一重要的立论，广为人知，当然也是一个托大的笑话。'生死即涅磐'这句判语产生的效果用句俗话来说就是：辛辛苦苦几十年，一夜回到解放前！

一句话就让佛教灭门了！出离生死轮回是佛门的一贯诉求，也是佛门修行的归趣。不然要佛教来干什么？六道轮回是如此的正义凛然，业力因果也是善恶分明、法度井然。如果没有出离轮回的高维度的述求，何必抛弃这么完美的宇宙运行机制？众生还能想像出一个更好的机制出来吗？

同时，龙树这一立论事实上完全封杀了后来唯识派无著、中观自续派清辩的两种挽救方案。

唯识的圆成实自性、依他起自性、偏计所执自性在此被龙树压成了一团浆糊。哪儿还有什么离言不离言的区别！

经龙树本颂一锤定音，名言概念指向的虚幻世界与名言概念不能指向的真实世界其实是一体的。并且不是一体两面，而就是一个玩意儿。言诠所表就是非言诠所能表！圆成实、依他起，偏计所执就是一个玩意儿！只能气得吐血了！

清辩的胜意无，世俗有也面临同样命运。

要么就是胜义有世俗有

要么就是胜义无世俗无

要想胜义无世俗有，门都没有。遇到这一闷棍，清辩也没法做人了。

　　龙树在本颂的观点如此重要，并非心血来潮偶尔为之。在后面第二十五品又再次重申，并详细论说，所以基本可以认定是龙树自己想要重点强化的论点。

十七、观业品

17.1

人能降伏心　　利益于众生
是名为慈善　　二世果报种

大意是：如果人能降伏自己的内心私欲，并作出利益其他众生的事。可以被称为慈养善的业，是今生和来世善报种子。

这一颂各家注释都认为放错了地方，应该放在 17.11 颂之后。

17.2

大圣说二业　　思与从思生
是业别相中　　种种分别说

大意是：佛陀略说业有二种。一者思。二者从思生。

17.3

佛所说思者　　所谓意业是
所从思生者　　即是身口业

大意是：佛陀说的思业就是意业。
佛陀说的思生业就是身口业。
身口业是由意业引发的。

17.4

身业及口业　　作与无作业
如是四事中　　亦善亦不善

17.5

从用生福德　　罪生亦如是

及思为七法　　能了诸业相

这两颂的大意是：总共有七种业。

至于具体是哪七种，说法不一，有各种版本，因为前五颂和本品要讨论的主题关系不大，权当是科谱知识看看即可。笔者个人认为这五颂完全可以从本品删除，没有任何必要放在这里。

而本品真正应该在篇首端出的应该是《百业经》

"纵经百千劫，所作业不亡。因缘会遇时，果报还自受"

正因为百业经的定调，然后各派围绕这个关于业的总体规划各自展开了论述。

龙树作为广破一切的执行人，当然认为各派说的都不靠谱。他说的才是最有道理的。

17.6

业住至受报　　是业即为常

若灭即无业　　云何生果报

大意是：业如果到受报之前安住不变，那么这个业成了常有。

如果业在受报之前就坏灭了，业如何生果报呢？

虽然藏译说本颂是其他宗派的观点。但笔者认为这是龙树的观点。

'业'这个东西一旦被拧出来讨论，它是什么特征？又是如何运行的？

围绕这些问题，接下来，是各派观点的展示，首先上场的是经部。

17.7

如芽等相续　　皆从种子生
从是而生果　　离种无相续

17.8

从种有相续　　从相续有果
先种后有果　　不断亦不常

17.9

如是从初心　　心法相续生
从是而有果　　离心无相续

17.10

从心有相续　　从相续有果
先业后有果　　不断亦不常

以上四颂的大意是：就像从种子生出了芽。从芽生出茎叶。这些芽与茎叶就是一种相续。从这些相续再生出果。离开种子就没有相续能生出来。所以从种子有相续，从相续有果，先种后有果。所以不断亦不常。业与果的关系也和这个种子的比喻一样。而众生的初心一动就生起罪福，就像种子，一直到果报产生。先业后果所以不断亦不常。如果没有业就有果报。则有断常的过失。

以上就是经部对业的看法，他们认为业在一种相续中持续不断的传递，继承下去，直到兑现果报。他们提出的要素就是'相续'，其实用现在的眼光看经部的相续就近似于基因的功能，虽然基因没变，但基因随外部环境的变化不停的换着马甲不断传承下去。

当然经部也不忘提醒，他们的这种观点是符合'不常不断'的原则的。

17.11

> 能成福德者　　是十白业道
> 二世五欲乐　　即是白业报

大意是：可以成为福业的是十种白业道，今生来世的五种妙乐就是修持白业的果报。

这是经部对种善果生善业的解释，十白业就是佛法里的十善业。

本颂对本品讨论的主体没有价值，可以略过。也是笔者认为毫无必要可以删除的一颂。

——————————

上面经部说完之后，有部一听，觉得经部说得很不靠谱，所以有部开始发炮猛轰，从17.12——17.19颂都是有部观点：

17.12

> 若如汝分别　　其过则甚多
> 是故汝所说　　于义则不然

大意是：你们用种子作为比喻，过错相当多，与真实的道理不符。

依青目释：

有部认为种子是可以见闻觉知的有形之物、当然可以有相续。但众生的心无法触摸没有形状也不可见。而且生灭不住。这怎么能相续？

再者从种子生芽等相续。是种子灭了以后产生相续。还是没有灭就产生相续了？如果种子灭了产生相续，则成为无因。如果种子还没灭相续就产生了，那么这个种子就可以常生诸谷。一谷子则可以生一切世间谷，这是不可能的。

所以业果报靠相续来运行是不可能的。

（注：有部对经部的批评和龙树一样，错漏百出，请详见前文观三相品对龙树的破斥）

批完了经部的观点，该有部自己立论了：

17.13

今当复更说　　顺业果报义

诸佛辟支佛　　贤圣所称叹

大意是：现在由我们有部给你们宣说什么才是业果报的正理，我们所说的正理是诸佛、辟支佛、贤圣所赞叹的。

17.14

不失法如券　　业如负财物

此性则无记　　分别有四种

大意是：业是通过不失法运行的，这个不失法如同债券，或者借条，造业者如同欠债人，业就是所欠债务。

以上是有部的关键内容。不得不承认，他们的观点很精彩。

接下去有部无限细分，叶上长叶、瓦上盖瓦的病又发作了，啰啰唆唆说了一大堆和主题关系不大的内容：

这个不失法是无记的，不是善业也不是恶业，是一个中性的东西，分为四种。

1:欲界的有漏不失坏法

2：色界的有漏不失坏法

3：无色界有漏不失坏法

4：超越三界的无漏的不失坏法。

17.15

> 见谛所不断　　但思惟所断
>
> 以是不失法　　诸业有果报

大意是：不失坏法不是见道能断的，只有修道才能断。也只有依这种不失坏法，圣者才能感觉业果。

也就是说获得见道乃至阿罗汉果的圣者仍要感受以前恶业所造的苦果。

17.16

> 若见谛所断　　而业至相似
>
> 则得破业等　　如是之过咎

大意是：如果说断除了见道就能将不失坏法断除，那过错就大了。业灭了它也灭了，业果就被破坏了。

17.17

> 一切诸行业　　相似不相似
>
> 一界初受身　　尔时报独生

大意是：一切诸业分为相似与不相似两种，善业与善业相似，善业与恶业不相似；当众生于某一界最初受生时，这些不同的不失坏法就会合成一个。

17.18

> 如是二种业　　现世受果报
> 或言受报已　　而业犹故在

大意是：像这样的二种业在现世感受果报，或者说感受果报之后，不失坏法依然存在。

17.19

> 若度果已灭　　若死已而灭
> 于是中分别　　有漏及无漏

大意是：不失坏法或者在度果之后灭尽，或者在死亡之后灭尽。

如果对不失坏法再进行归类，还可以分为有漏与无漏。

从 17.4 颂后半断到 17.19 颂，都是有部在自说自话，和讨论的主题关系不大，虽然有历史文献价值，但完全可以从正文中删除放到释论中或者注解中去。

特别说明一下，以上颂词算在有部头上是依藏译。而印顺导师认为以上颂词是正量部的观点。

————————————/////////////————————————

接下来这一颂就伤脑筋了。

藏译说这一颂前两句是总结有部的观点。

而印顺导师引青目的注释认为前两句是龙树的观点，后二句是龙树呵责正量剖的观点。

而三论宗认为全颂都是龙树观点。

但是这一次的糊涂账却没法略过，因为本颂的归属不但涉及到对龙树本意的判断。也涉及到后续的中观学人的道统是否纯正。

17.20

> 虽空亦不断　　虽有亦不常
> 业果报不失　　是名佛所说

大意是：业虽然是空性，但依靠不失坏法可以感果，所以是不断的。

业虽然存在，但不失坏法感果之后就消失了，所以是不常的。

业、果报、不失坏法。也是佛陀宣说过的。

以上大意是笔者将此颂暂且视为论敌的总结所作的翻译，不作定论。反正谁也说不清楚到底是谁的观点，甚至于有人认为是鸠摩罗什自己的观点。

笔者依颂文判断这不是龙树的观点，应该是有部或者正量部的。如果是龙树的观点就与龙树自己矛盾了，但是鉴于之前各品的颂文中也多次出现龙树自相矛盾的颂词，所以就不作定论。

我们只需要看到一个共识，就是各派的解释虽然不同，但最后都强调业是'不常不断'的。

这就让龙树的破斥很为难，他必须找另外的方向来破斥。

••

从 17.21 开始，各家版本达成共识确定以下是龙树的观点

17.21

> 诸业本不生　　以无定性故
> 诸业亦不灭　　以其不生故

大意是：因为诸业没有绝对自性的原因，所以诸业本来就不生。因为诸业不生的原因，所以诸业也是不灭的。

本颂龙树先给业下定义：业没龙树牌自性。

因为没有自性，所以不生。因为不生，所以不灭。

大家都知道龙树牌自性是封闭，独立，自存，不变、恒常的。按此定义，业如果有这种自性，就是不生的。和龙树的推论正相反。

颂词应改为：诸业本不生　　以有定性故

另外本颂的推论也是缺环节的，把环节补齐就是：

1:业无自性———2:无自性即不存在———3:业不存在———4:不存在就不生————5:不存在也就没有灭。

一补齐，就清楚的看到龙树玩成了断灭论。

如果有人想在第 2 点反驳，说无自性不是不存在。随便你说啥，只要不是不存在，只要是建立在'有'之上的不生，那都是论敌的观点，反正不是龙树的。你忙活半天都是在帮论敌打工，论敌还不会付你工钱。

17.22

　　若业有性者　　　是则名为常

　　不作亦名业　　　常则不可作

大意是：如果业有自性，即被称为常法，那么不作的法也应称为业了，因为常法就是不可作的。

这一颂龙树又暴露出逻辑混乱的陋习，又把他自己的推论推下了悬崖。

如果慈悲为怀，先暂且同意把本颂的自性按龙树牌自性处理，前半段倒是能成立。但是以前半段为基础推论不出后半段。

道理很简单，可以称为常法的类别不止'业'这一种，

小孩、老人、女人、男人都是人。你能说小孩=老人=女人=男人吗？

在龙树本颂颂词的语境中，'不作的法'被设定为与业是不同的，并且也被龙树认定为常法。虽然我们无法确知'不作的法'到底包括些什么，但已经不重要了。不管这些不作的法里包含的是虚空、时间、还是涅槃，结果都一样。

可以非常肯定，龙树又翻车了，还不能怪别人，是他自己干的。

笔者在此特别重申一下在第一品1.12颂里笔者就说过的一段话：

"龙树始终搞不明白不同事物之间有共相也有区别特征，他的推论始终陷在'二个事物有共相，二个事物就可以互换身份'的泥潭里无法自拔。"

因为这句话放在此处仍然非常有效！

如果不慈悲为怀的论敌，在自性的定义上就会给龙树一当头棒。让他的本颂第一句就被爆头。龙树宣称的自性永远是龙树牌自性，和一道太监偷撰的假圣旨没有区别。

17.23

若有不作业　　不作而有罪

不断于梵行　　而有不净过

大意是：如果有不作业，那么不造业一样有罪。

没有中断梵净行者也会有不清静的过失。

17.24

> 是则破一切　　世间语言法
> 作罪及作福　　亦无有差别

大意是：这样一来则破坏了一切世间的名言法。并且，造罪业与造福业也没有差别。

这两颂是接 7.22 颂的错误结论在继续推论。7.22 的'不作的法=业'立不住，7.23 与 7.24 颂就是豪无价值的废话。

17.25

> 若言业决定　　而自有性者
> 受于果报已　　而应更复受

大意是：如果说业有自性，承受了果报以后应该继续承受。

龙树当然知道，有论敌会说业有自性。而不要忘了，《百业经》里其实也明确了业的自性之一就是："纵经百千劫，所作业不亡。因缘会遇时，果报还自受"。

所以本颂龙树再次偷梁换柱，把论敌的自性换成龙树牌自性，继续忽悠。

从本品读下来，读者应该清楚各派给业的自性下的定义，笔者把这些定义中的极简版列在下面和龙树牌自性对比一下，再再次复习。

经部：业的自性就是相续

有部：业的自性就是不失坏法

龙树：业的自性就是永恒不变的独立自存状态

龙树也不想想，业的自性如果是他定义的那样，这样的业不会和任何东西扯上关系，正好造成了'业有自性则无果报’的灾难性后果。哪里还能制造什么果报，更不用谈什么承受果报之后的事。

————————————————————————

接下去几颂据藏译，都是龙树针对性逐条破斥论敌认为业存在的理由。

17.26
　　若诸世间业　　从于烦恼生
　　是烦恼非实　　业当何有实
　　大意是：如果各种世间的业是从烦恼而生，这些烦恼又不是实有，业又怎么会具有实体呢？

论敌认为业应该存在，因为业的起因烦恼存在。（藏译）

龙树针对这一观点进行驳斥，采用的方法不是证明论敌建立的逻辑关系不成立，而是说烦恼不是实有，由一个不是实有的东西产生的另一事物也不是实有。这相当于没有回答问题，绕道而走。

因为论敌的观点里并没有去讨论烦恼与业是不是实有，一丁点也看不出论敌有‘实有’这个意思，只是说因为烦恼存在所以会产生业。也就是说二者既便不是实有，也不影响二者存在以及二者之间的关系。

接下来龙树已无退路，只有硬着头皮上，说实有=存在，存在=实有。

这个就该龙树来解释实有与有的区别在哪儿？

如果是相同的，为什么要加个‘实’字。

如果是不同的，等龙树解释清楚了，那也就没龙树什么事了！

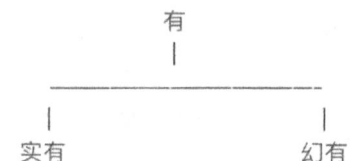

如上图，无论实有之外是幻有、虚有。龙树的驳斥都无法打击到论敌。

17.27

诸烦恼及业　　是说身因缘
烦恼诸业空　　何况于诸身

大意是：你们认为烦恼和业是因，众生的身体是果。

哪有这样的事情！烦恼和业都是'空'的，何况众生的生体呢？

论敌认为业是存在的，因为业的果——众生的身体存在（藏译）

这里又要确定颂文里的'空'是何意？

如果龙树的'空'是指什么都没有、空即是绝对不存在。那么龙树进入断灭见。

如果龙树的'空'是指依缘而起，那么本颂的论证就崩溃了。

烦恼与业都遵循依缘而起的规律，产生众生的身体顺理成章。

如果龙树想打横耙，说依缘起就是无自性、无自性就是毫无所有，也就是不存在。可以！这就一锤子把佛陀的缘起论钉死在断灭论上。

您可想好了再抢大锤。

17.28

　无明之所蔽　　爱结之所缚
　而于本作者　　不即亦不异

大意是：你们所谓的感业者，不过是被无明所蒙蔽，被爱结所束缚的众生。这样的感业者与原来的造业者不是异体也不是一体。

论敌认为，业是存在的，因为感业者存在。（藏译）

如同清辩论师嘲笑佛护论师"不成答"一样，龙树对论敌的反驳又一次'不成答'，龙树始终抓不住问题的要点。论敌并没有说感业者与之前的造业者是一体还是异体，龙树去纠缠一体异体没有任何价值。

造业者……………………业……………………感业者

论敌的观点很简单，因为被业所感，才有感业者。现在既然感业者存在，反推可得必然有业存在。

龙树去追究这个业之前的造业者与感业者的关系没有任何作用。

青目释也是一样，把《无始经》里的经文引用了一段，只是说明了造业者与感业者不一不异。但对破斥论敌的观点同样没有任何作用。

龙树要破论敌，要么就去论证没有感业者，要么就去论证人无法被业所感。除此之外似乎别无他法。

另外就是本颂中龙树的立论把自己第十六品观缚解品打得稀巴烂。

注：无始经中说。众生为无明所覆。爱结所缚。于无始生死中。往来受种种苦乐。今受者于先作者。不即是亦不异。若即是人作罪受牛形。则人不作牛。牛不作人。若异则失业果报堕于无因。无因则断灭。是故今受者于先作者。不即是亦不异。

17.29

　业不从缘生　　　不从非缘生

　是故则无有　　　能起于业者

大意是：业不从因缘而生，也不从非缘生

所以没有什么东西可以从业上生起来。

龙树的前半段立论估计是从第一品 1.14 颂'果不从缘生，不从非缘生'搬家过来的，只改了一个字。当然第一品里笔者也把这个推论方法批得体无完肤一无是处，这里就不重复补刀了。

另外前半段与后半段缺少一些逻辑环节，把环节一补上（下图扩号里），用笔者 17.27 颂的破斥方法就可以让龙树本颂的推论再次失败。

1：业不从缘生不从非缘生————（业是无生———业不存在）———不存在生不了任何东西出来。

2：业不从缘生不从非缘生————（业是无生———业永恒存在）———一个永恒不变的东西是产生不了任何东西出来的。

按第一个推论链条，龙树堕入了断见

按第二个推论链条，龙树堕入了常见

17.30

> 无业无作者　　何有业生果
> 若其无有果　　何有受果者

大意是：接上一颂，既然没有业和作者，哪里还有业生果这回事儿？

没有果如何有感受果报的人呢？

论敌犊子部认为有一个不可言说的我，它可以作为业果的受者。（藏译）

龙树这两颂都是针对犊子部的观点作的反驳。其实这两颂才应该是算作在回答17.28颂论敌的问题。目标是论证受果者或者感业者不成立。目标是选对了，可惜论证过程仍然无效，而且龙树的结论还非常明确的堕入了无因无果论————————无业无作者无果无受者。

17.31

> 如世尊神通　　所作变化人
> 如是变化人　　复变作化人

17.32

> 如初变化人　　是名为作者
> 变化人所作　　是则名为业

17.33

> 诸烦恼及业　　作者及果报
> 皆如幻与梦　　如炎亦如向

这三颂连在一起，大意是：如同佛陀用神通力制造一个魔术师。这个魔术师又变出另一个变化人。

佛陀制造的魔术师被称为于作者，而魔术师变出的变化人被称为业。

一切烦恼、业、作者、果报。都像幻梦、阳焰、空谷回音。

这个比喻龙树自己使用了不止一次，但是幻梦、阳焰、空谷回音等比喻还不如经部的相续与有部的不失坏法高明贴切。好歹别人还是以潜伏，隐匿的状态存在。龙树的这个'业'直接出场响过一炮，就显然不如别人的高级。

观察本品被非常确定（从 17.21 颂开始）的反映龙树观点的颂词，他并不是在直接破斥经部的相续与有部的不失坏法。而是通过破斥把业显示成不存在的状态，从根子上把业挖了，业都没有，还淡什么后续的相续、不失坏法。但是到了最后三颂，龙树又踩下了刹车，似乎业又成了幻有的东西。

这就像龙树开车冲下了悬崖绝壁后，反手向悬崖顶上抛出了一根带着绳子的钩爪掛住了自己的身体。

笔者在第一品 1.8 颂就提到过这种首鼠两端、前倨后恭、异常尴尬的状况。

也许龙树的初衷并不想走入断灭见，但随着他破敌的进程又不得不被拖进断灭，所以这个破敌过程结束后，龙树总是弄一些颂词把自己掛在悬崖上。

十八、观我法品

本品主要是龙树在宣讲修行者怎样进入真如的方法。不少论师认为本品是中论的精华。

笔者在此要重点申明一下，关于怎么进入真如的正确方法。笔者既不是某一方法的代言人，也没有能力有自己的一套主张。仅仅就龙树的某些主张作一点质疑！

18.1
　　若我是五阴　　　我即为生灭
　　若我异五阴　　　则非五阴相

大意是：如果神我就是五蕴，神我就和五蕴同样处于生灭之中，灭了之后无法轮回。

如果神我是神我，五蕴是五蕴。神我就没有五蕴的那些特征。

本颂是龙树认为五蕴与我的关系一、异都不成立。他想说什么呢？是想说二者之间存在一种不一不异的关系吗？

显然不是。

为了给下一颂打好基础，这一颂是说二者要不是以一的关系存在，要不是以异的关系存在。如果这二种情况下都不存在，那么'我'就不存在。下一颂就逻辑严密的接上了。

18.2
　　若无有我者　　　何得有我所
　　灭我我所故　　　名得无我智

大意是：如果没有'我'，哪还有'我所'

彻底消灭了我和我所，可以被称为得到了'无我智'。

这一颂接着上一颂打下的基础继续往前推进，前三句还行，第四句'名得无我智'一下就垮了！

论敌只需问一句'谁获得了无我智'？龙树就要崩盘。

18.3

得无我智者　　是则名实观

得无我智者　　是人为希有

大意是：得到'无我智'的人，这样则可以被称为如实观见。

得'无我智'的人，这样的人是非常希有的。

这一颂龙树的颂词表面上是接着上一颂介绍了一下风光，但他没有注意到这么说的后果，虽然获得无我智的人很希有，但毕竟有啊！人都有了，智也获得了，'我'就再也藏不住了！相当于龙树面对上一颂论敌的质问，老老实实承认了有'我'。

这可以算是昏招！

如果不从义理上理解，仅把龙树的这三颂说词当成为了修行者的修行方便来理解，那就没啥意思了，佛门各派也是这么玩的，弄一堆东西出来，无论简单的、复杂的，让修行者集中注意力，要把这一大堆东西观清楚，那可就无暇他顾了。这个时候哪儿还顾得上'我'啊！

但请注意，这不是无我，而是忘我。忘我还是有我。

18.4

内外我我所　　尽灭无有故

诸受即为灭　　受灭则身灭

大意是：从内到外的我与我所，因为己经全部无余的灭尽了，所以建立在我与我所之上的关系————各种受———也灭尽了。受灭尽了，五蕴身也灭尽了。

本颂龙树又赶紧往'无我'上找补。但本颂的内容形不成论证，经过上二颂的昏招，龙树的主要任务已经摆在眼前，就是怎么再次证明'无我'，他可以从各个方面去证明无我，但不能用'无我'作为基础论据去推论其他事物。推论再多也于事无补。

18.5

业烦恼灭故　　名之为解脱

业烦恼非实　　入空戏论灭

大意是：因为业与烦恼灭尽了，可以称之为解脱

业与烦恼不是实有，一旦证入空性，戏论就灭尽了。

本颂龙树又给解脱立下了标准。即便将这个标准放在名言概念层面来谈论，也是不行的。有标准就意味着规律产生了，一旦龙树对此立下标准，也就变成了解脱的铁律。名言概念里有铁律！这可是要出大事的。不但龙树自身保不住，后面唯识的无著就不用研发什么三自性了。

倒是清辩可以轻松一点。

并且龙树在本颂的观点基本上把他自己在第十六品观缚解品的工作彻底废了。

18.6

　　诸佛或说我　　　或说于无我
　　诸法实相中　　　无我无非我

大意是：诸佛有时候说有我，有时候说无我。

但在诸法实相中，即没有我，也没有非我

这一颂前二句笔者认为龙树说了实话，但又没有说清楚。

关于'我、无我'佛陀是怎么说的？不仅龙树讲佛陀是这么说的。内道其他派别也大概也是这么承许的。

但是佛陀说的'我'到底指什么？说有我的时候指的是什么'我'？说无我的时候指的又是什么'我'？这可就需要慎重分别了！龙树在本颂并没有作区分。

关于这一点，笔者在前面第九品观本住品的9.2颂与9.3颂详细讨论过。

而本颂后半两句应该是龙树自己下的判语，这个判语也是天外飞仙、来得莫名其妙，和前二句没有关系。

前两句在讲有我、无我。

这后两在讲有我、非我。

无我是不是非我？字面上肯定不是，一个是没有我、一个是不是我。

乱得一塌糊涂，这需要中观后学们来努力圆场。

18.7

　　诸法实相者　　　心行言语断
　　无生亦无灭　　　寂灭如涅槃

大意是：诸法的实相不是心的行境，也不是语言概念所能描述表达。

这无生无灭的法性如涅槃一样。

这一颂很出名，也给后面的唯识无著、中观学派的清辩打开了一个门。

相当于龙树把世界分成了两个部分：

一个部分是众生用语言概念可以触碰到的世界——言诠所表的世界

一个部分是众生用语言概念无法触碰到的世界——离言的世界

有了这个划分总算是在悬崖外留下了一根绳子，让挂在悬崖外的'毕竟空'可以爬回来。

但是龙树在本颂并没有说清楚二个世界各是什么具体特征，哪边是有哪边是无？所以无著与清辩各自走向了不同路径

无著———世俗无胜义有

清辩———世俗有胜义无

龙树在本颂的划分一方面是开了后门，另一方面也让龙树自己之前的论述面临被推倒的危机。比如第十六品观缚解品最后一颂 16.10 颂

18.8

　　一切实非实　　　亦实亦非实

　　非实非非实　　　是名诸佛法

大意是：一切法实有又非实有

一切法名言中实有，胜义中非实有

一切法非实有，非不实有

这就是诸佛所说的佛法。

由于本颂颂词照例语焉不详，龙树也没有说清楚，所以就这么一颂，就搞出了藏通别圆的判教、三种次第、三种根器、四门入实相等等。可笑至极！一旦有人路出名区、躬逢胜饯。席都已经入了，不让人说话肯定不好，所以必须让人说话。但是不少人入席之后又获得了说话的权力，他们会谨慎珍视这样的机会吗？

未必！

他们往往忘记了自己的实力，忘记了自己在本行业里并没有王勃那样的天才。话是说了，说的是些什么话呢？用最高法院的终极判决来形容都罩不住，俨然创造造物主的存在一般垂拱示下。

而偏偏忘记自己几斤几两又欲展示其高屋建瓴风姿的不止一位，观点还不同。于是就打起来了。围绕这些判教的标准所发生的战斗，无疑是最具生命力的旺盛顽强。

想想看，前面十七品，只能跟在龙树身后拾人牙慧，背读朗颂，一品都没整明白的，怎么就能铁口直断的把趋入圣道的环节给整明白了？

为什么在本品都跟打了鸡血一样亢奋不已？原因大约是生存的必须。能解释终极环节也是很有号招力和品牌影响力的。

另外由于本品被公认为是龙树在讲趋入真如的方法，所以难免不会让青目，清辩，月称他们自觉的以修行次第的方式来理解本颂。次第一出现、等级标准，境界就不可避免了。

如果本颂前三句每一个字的确为诸佛所说，笔者个人理解大约只说了一个意思—————存在于相对之中！

18.9

　　自知不随他　　寂灭无戏论

　　无异无分别　　是则名实相

大意是：1:对于真如，只有自己才能证知（如人饮水冷暖自知），并不依随他法。

2:寂灭

3:真如法性是离开语言戏论的。

4:真如是无异的

5:真如是无分别念的

这就是真如的五种法相。

本颂更扯，第一项把真如划入了个人的感知范畴。也就是说涅槃也好、实相也罢并无标准。而第四、第五却明确规定了真如其实是一个统一的标准，无二无别。这也太需要情商高的出来圆场了。

依龙树在前面 18.7 颂定立的标准，真如是以语言概念无法描述表达的，诸佛是用什么方式来观察描述所触碰到的真如？修行者没有到达佛的境界是没法了解的。反正不是用的世俗语言概念，世俗语言概念已经被真如彻底抛弃了，所以才有离言的真实相。

这样一来，五蕴、六根、六尘、六识这些为了客观世界与主观世界能够'碰触'而搭建的系统就用不上了。因为这个系统内的信息、信号统统依靠世俗名言概念。

修行者在世俗名言概念层面是可以说'如人饮水冷暖自知'的，因为这套世俗系统的信号发射、信号接收、信号转换成概念并不是统一、一致的。

不是色盲的两个人都对同一个苹果的颜色无法形成完全一样的认识，只是大致差不多，更别说色弱与色盲了。

而修行者进阶真如之后呢，按龙树的标准————'真如不二'。也就是说信号发射统一了。那么就只剩下信号接收系统是否有差别了。

如果信号接收系统无差别，那么'如人饮水冷暖自知'就是个笑话。凡是进入真如世界的佛都是'同一张嘴同饮一江水'，感受无差别，证知无差别。

如果信号接收系统有差别，那就把龙树在本颂规定的真如的五种法相里第四与第五两条（无异无分别）锤得稀烂，佛与佛也就千差万别。

18.10
　　若法从缘生　　　　不即不异因
　　是故名实相　　　　不断亦不常

大意是：如果事物从因缘生，事物与因不是一体也不是异体。

这就是真如实相，因果之间不是一体，所以不常；因果之间不是异体，所以不断。

龙树在本颂的说法和17.8颂的功能差不多，扔个掛钩把自己吊在悬崖外，不至于跌入万丈深渊，示现出首鼠两端的一面。回头去看第二品2.18颂时，龙树在一体异体这个问题上何其毋庸置疑！而本品第一颂里，龙树在一体异体这个问题上又是何其乾纲独断！一不成立、异不成立。所以就是什么都没有，什么都不存在。

而本颂龙树又呈现另一番景象——————虽然一不存立、异也不成立、但是存在一种不一不异的关系。如果实相是这样，龙树前面的颂词只能推倒重来。

18.11

　　不一亦不异　　不常亦不断
　　是名诸世尊　　教化甘露味

大意是：一切万法非一体也非异体，不是常也不是断灭这就是被称为诸佛世尊教化众生的甘露妙法

本颂价值不大，相当于把教内共同认可的观点广播了一下。龙树自己又没有展现在这一统一口号下自己对此观点有什么独特深刻的认识。所以本颂可以从本品删除。

18.12

　　若佛不出世　　佛法已灭尽
　　诸辟支佛智　　从于远离生

大意是：如果佛不出世，佛法已经灭尽了

将有一些辟支佛在不依靠他力的情况下靠自己的力量生起佛智。

本颂龙树在进行历史进程的框架性描述、同时也打开了修行的一个后门，就是没有传承也是可以有路走的，虽然成就的是辟支佛。

并且龙树的这一描述是值得称赞的，虽然没有给独行侠许以最高成就，但这已经避免了很多难题，以及教界内有可能发生的社群灾难———对非主流的排斥打压，的确达到了慈悲的效果。

　　值得庆幸的是龙树在此没有采用他在破敌时使用的独断论模式。

　　清辩论师在《般若灯论释》里强调辟支佛依寂静起智。这一观点很有意思，一但修行人静下来，接下来会发生什么？

　　有无限的可能！

十九、观时品

19.1

若因过去时　　有未来现在

未来及现在　　应在过去时

大意是：龙树说：如果你们说因为有过去时，所以有现在时与未来时。

那么在过去时中应有未来时与现在时。

论敌说了在时间轴上，三种时态是一种此有则彼有的依存关系。依靠这一相互关系存在着。

龙树扑上去责问论敌，龙树在此夹带私货'因果同时'进去作为论述条件。

意思是：你们说'因为过去时，所以现在时，未来时'。因果关系建立了，又因为'因果必须同时'的原则，所以现在时，未来时就应该在过去时。

龙树定义的'观待'这种因果关系必需同时的原则在时间轴上去观察三种时态是完全失效的。因为过去、现在、未来、在时间轴上天生就不同时。

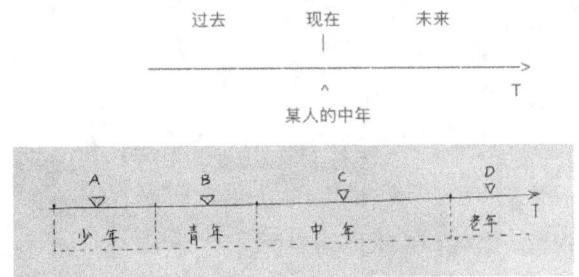

上图是论敌在因果异时前提下的三种时态的关系图，这里的少年，青年、中年、老年毫无疑问是对某个人的人生状态的划分。这种划分在时间轴上会产生前后序列，当观察者确定游标的坐标位置之后，相对于这一确定坐标，就可以划分出过去，现在，未来。很明显这三种时态在时间轴上并没有在同一时间段。

当游标（图中小三角形）被确定在某人的中年阶段，以中年阶段为基点命名为现在。那么少年，青年阶段就是这个人过去，老年阶段就是这个人未来。

这三种时态都有它们领属者————某人。

某人的过去………某人的现在………某人的未来

换成某物也是同一个道理。

这样论敌的观点是符合本品龙树在最后一颂 19.6 颂的定义'因物而有时'，时间是个体的配属物。

但是龙树对论敌的说词不是这样理解的，他按自己的意愿另外搞出了个意思：

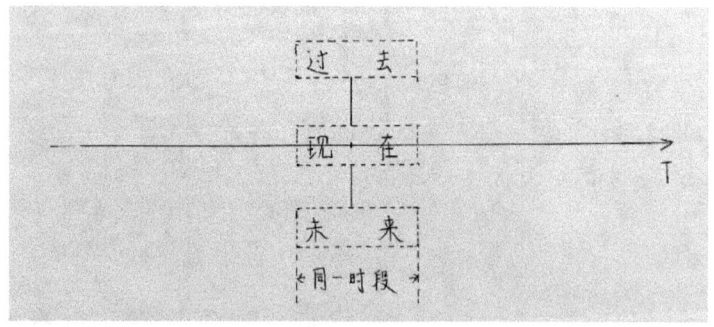

上图是龙树在因果同时的前提下的关系图，他没有把过去、现在、未来方放在时间轴上的横向。而是在时间轴上先截取某一时间段，然后在与时间轴垂直的纵向上把过去、现在、未来堆叠在一起。这三个时间概念有没有领属人？有！

但已经不是论敌所指的那个被观察的有时间属性的人，而是一个旁观的论敌，而此时这三个时间概念也不是这个论敌的时间属性，论敌的时间属性只是上图里的‘同一时段’。而过去时，现在时，未来时仅仅是论敌大脑里的概念，和时间属性完全无关。

这就是按龙树的理解展现出来的剧情。

“因为有过去时，所以有现在时未来时”这句话由于比较简略，仅从文字上来理解，其实论敌与龙树两种表述都说得通。要怪不能怪这句话说得不够详细清楚，而是过去时、现在时、未来时本身既有被某人或某物领属的时间属性，同时也具有作为概念的一面。

这就产生了一种奇妙的结果———集‘因果异时’与‘因果同时’于一身。它们就像拥有二面的硬币，当它们向你展示时间属性时，它们就是因果异时，当它们向你展示概念时，它们就是因果同时。

这种奇妙的结果是会让龙树的独断论式的破敌崩溃的。

论敌认为：

因为有某人的过去时，所以有某人的现在时，将来时。（论敌说的是时态、这些时态在时间轴上是有先有后的）

龙树认为论敌的这句话的意思是：

因为有’过去时‘这个概念、所以有现在时、将来时的概念。（龙树说的是概念，这些概念是同时生同时灭的）

后面 19.4 颂，龙树的颂词以‘上中下’为例清楚的表达这个意思。

这是非常明显的扭曲论敌观点里的含义。扭曲之后龙树就舒舒服服的进入了他擅长的仅靠文字概念进行推证的领域。

一旦进入纯语言文字抽象概念进行推论，由于抽象概念本身的指向不清的天性，龙树的推论就像小贩未加捆绑又装满货物的推车，在城管的追逐下推着小车亡命天涯，满车货物崩溃散落。

拖进抽象概念之后龙树在本颂还干了别的什么没有？

有的！

他夹带了第二个私货进来，进入概念推论之后仅依靠第一个私货'因果同时'是不够的，还需要第二板斧，那就是：

冥顽不灵的主张'因中有果'只能是'因中有完整的果的整体'这一种模式。

这是延续从第一品开始龙树就在执着的龙树牌'自性'，坚持要求以完整封闭的整体去看待果。思路还是老药方，到轮胎里去寻找汽车的整体。

本颂的果显然是现在时与未来时。因则是过去时。龙树要求在过去时中找到完整封闭的现在时与未来时。

论敌是绝不会认可龙树这条独断论的私货的，他们也很容易找到基因，相续一类的证据。基于这一类思路，即便在龙树设定的因果同时的概念层里，他们也可以坦然地说：过去时这个概念的内置属性与现在时，未来时是一样的，所以可以说'因中有果'————其含义是因中的内置属性，果里也有。果里的内置属性因中也有。

因果并没有掉链子。

不仅如此，论敌还可以说："世间多如牛毛的这类概念都可以这样观察。左、中、右的共同内置属性就是一条横坐标上的相对位置描述。上中下、前中后等等都是如此，只不过换了一条坐标而已。"

可以看到龙树在本颂已经使用了两次独断论。

无论龙树是误会，还是恶意扭曲。龙树本颂的破敌应该是又失败了。

另外印顺导师对本品的背景作了非常详细的解说，他在《中观论颂讲记》中把各家各派对时间的观点作了梳理比对，请读者自行参阅。

由于佛陀没有对时间有明确的说法、所以笔者虽然觉得这些资料很有价值，但在本颂中破龙树不需要这些内容，所以未加引用。

19.2

　　若过去时中　　　无未来现在

　　未来现在时　　　云何因过去

大意是：如果过去时中，没有未来时与现在时

怎么能说因为有过去时所以有未来时与现在时？

把这一颂放到论敌的时间轴上去观察，显然无法成立。龙树的责难还是停留在他的'因果必须同时'、'因中必须有果的整体'两条独断论上。

第一颂笔者已经详述，此处略过。

19.3

　　不因过去时　　　则无未来时

　　亦无现在时　　是故无二时

大意是：因为不观待达去时，就不会有未来现在时。

所以没有现在时，未来时。

本颂前三句的意思无论是放在时态与概念两套体系里都是行得通的。

　　只不过第四句的结论却要依赖没有过去时才能成立，可惜这一点龙树很难证明。估计他很想说因相互观待才能生起的东西根本不存在，可惜无论用什么方式生起、只要生起了、就不是不存在了。本颂第四句的结论就成了无根之水。

　　19.4

　　以如是义故　　则知馀二时

　　上中下一异　　是等法皆无

大意是：以上一颂的定义为基础，应该知道未来现在也没有。

　　如同上中下，因'上'才有中、下。离开'上'则无中下。

　　所以这些因观待才能成立的事物都是没有的。

　　本颂龙树采用一个拥有'因果同时'属性的一组关系作为论据。当然这种因果同时的关系还有很多，比如左右、前后、高低、长短等等不计其数的对应关系。

　　问题是宇宙之中是不是的'观待法'只有这一类关系呢？显然不是，前因后果的关系同样多得不计其数。而本品讨论的时间轴上的时态问题就不是因果同时的关系，所以龙树的类比是失败的。

　　比如相观待而成的苦乐，由于苦乐是属于有情众生的个体，个体必然有其领属的时间。苦乐自然会被个体带进这些

时间段。一进入时间轴上的时间段，先苦后乐、先乐后苦都
会产生。并且因苦得乐、因乐生苦的因果关系也很容易建
立。

19.5

  时住不可得　　时去亦叵得

  时（时间单位）若不可得　　云何说时相

大意是：时间的单位是不可得的、变与不变的时间中都
找不到时间单位。没有时间单位就没有时间的属性特征。没
有属性特征也就没有时间本身。

本颂龙树大约是对着佛门内主张可以无限细分时间的派
别去的，他们认为时间可以细分到不可再分的最小时间单
位，称为不可分瞬那。有点类似普朗克时间————光传播
一个普朗克长度所需的时间，理论上为时间最小可测量量。

时间单位如果成立，当然时间就能成立。

龙树认为时间停滞是无法产生时间单位的，这没有问
题。时间都停留了，无论它是暂时的还是永恒的，哪儿还有
时间单位。

但说时间迁流变动也不法产生时间单位就立不住脚了。
时间单位的产生本身就是依时间轴上的二点之间产生。而变
化的时间在时间轴上总能产生二点。

19.6

  因物故有时　　离物何有时

  物尚无所有　　何况当有时

大意是：因为事物的存在，才有与事物相伴的时间。离开了事物哪有时间？

事物尚且没有，哪里还会有时间。

本颂龙树对事物与时间的关系下了定义，事物与时间是同存同亡的。这没有问题，时间是个体的观点甚至是超越时代的看法，到爱因斯坦出世才大约把这事说明白了一部分。但是龙树认为事物不存在，这是没有证实成功的，不能用作论据，所以也无法推论时间不存在。

当然如果龙树把事物不存在论证成功了，本颂达成了无事物无时间的结论。那么龙树也就成功的跳下了断灭论的悬崖。

二十、观因果品

20.1

若众缘和合　　而有果生者
和合中已有　　何须和合生

大意是：如果你们说因缘和合，生成了果。
这个果和合中也经有了，又何须和合而生。

20.2

若众缘和合　　是中无果者
云何从众缘　　和合而果生

大意是：如果众缘和合中没有果，那怎么能从众缘和合中生出果呢？

20.3

若众缘和合　　是中有果者
和合中应有　　而实不可得

大意是：如果众缘和合中有果，那么和合中应该观察得到，实际却不可得。

青目释："若色应可眼见。若非色应可意知"

嘿嘿！青目此言当然会招致论敌的狂轰乱炸。论敌罗列了一大堆龙树看不见的可能，分成八节给你慢慢讲解。在此就不展开了，读者可自行参阅印顺导师《中观论颂讲记》里对这八节的详细解说。

总而言之就一句话，论敌认为之所以看不到是因为龙树眼色儿不好，不能说你龙树看不见，就说没有这东西。

龙树的颂词表达的是一种完全以自我为中心的认识，而且不仅仅是本颂，在中论的众多颂词中，把龙树的表述的意思显示出来都是一句话"你们说的这些我怎么没见过"。没成佛之前你龙树没有见过的那可就多了去了！

20.4
　　若众缘和合　　　是中无果者
　　是则众因缘　　　与非因缘同

大意是：如果众缘和合中无果，那么众因缘与非因缘相同。

青目释："如乳是酪因缘。若乳中无酪。水中亦无酪。若乳中无酪则与水同。不应言但从乳出。"

以上四颂，作为本品开篇，重复了龙树第一品的观点，推论过程破败不堪、豪无价值，也没有新意。笔者在第一品1.6颂与上一品（十九品19.1颂）都详细破过。读者请自行查阅。

青目释的解释也是延着龙树的脉络弄出了一堆可笑的'例证'。

这又一次证明了肉眼凡胎的龙树仅通过自己的肉眼去看，通过抽象概念在大脑转圈圈，'摸索'出来的所谓的胜义谛是多么不靠谱。

这几颂龙树采用的方式还是先破硬币的一面代表整个硬币不成立，再破硬币的另一面代表整个硬币不成立，最后总结硬币不成立的老方法。笔者之前在第十五品15.2颂已经详细解释过这种论证方法的谬误。龙树在具体的分别论证当中仍然是使用了自己的独断论作为依据。笔者之前在第十九品19.1颂详细分析过龙树这种独断论—————冥顽不灵的主张'因中有果'只能是'因中有完整的果的整体'这一种模式。

20.5
　　若因与果因　　作因已而灭
　　是因有二体　　一与一则灭

'若因与果因，作因已而灭'！哎！鸠摩罗什这是翻译的啥哦！不看其他版本的解释，有几个人能看懂这是写的啥？

大意是：如果你们说"因中可以提供作用能力让果产生，或者延续到果体上。因完成任务后就灭去"。

那么这个因就有两个'体'，一个体是提供给果体的能力，一个体是让自己灭尽的。

这是不可能的，一个事物怎么会同时有两个体呢？

据藏译，本颂龙树破斥的是成实论师的观点。很显然，成实论师揭示的因生果的方式如果成立就把龙树前面四颂的工作彻底推翻了，龙树的独断论——'因中有果'只能是'因中有完整的果的整体'这一种模式——将无法成立。

龙树不得不迎敌，只有灭此朝食。才能拉回到龙树的独断论中。本颂与下一颂从两个方面对论敌进行攻击。

龙树破敌的依据是一事物有两'体'不成立。然后龙树把传递给果体的部分认作一体，然后把灭坏的部分认作一体。玩了半天、龙树还是在玩他自己的把戏，只不过这一次把果换成了因，龙树把因看成一个封闭一体，原封不动的传递到果体上去。这个一体去完成了生果的任务就无法完成灭尽的任务。

这和论敌的意思是不同的，论敌的意思是指事物的部分在传递。就像一只鸡蛋，里面的蛋黄蛋清孵出了小鸡。作为因的蛋灭了，作为果的鸡生了。很明显这是部分在传承，作为‘因’的蛋，蛋壳、蛋清，蛋黄都是蛋的组成部分。蛋壳不就没有传递到小鸡的果体里去吗？

所以龙树的破敌又变成了‘我不要你觉得，我只要我觉得’。论敌原意不是这个意思，你非要扭曲别人的观点。这是赢不了论战的。

一节电池向另一节蓄电池持续放电，放电完成后，作为果的充了电的蓄电池就生起了，作为因的电池随着电量放完就灭了。这一节电池有龙树说的两体吗？没有！

‘因’这个文字概念所指向的事物基本上都不是在指一个不可分割的宇宙基础粒子，‘因’所指向的东西都是复合物，这复杂属性就决定了龙树那种简单粗暴的思维路径是行不通的。

这里只举了一个例子，实际上有很多比这复杂得多的因生果。从因到果的完成方式多不胜数，从植物到动物，从量子到星际。千变万化的因生果都需要具体事项具体分析。并不能简单肤浅的以一组文字概念去推理观察，象龙树这么搞，就变成了搞笑！

20.6
　　若因不与果　　作因已而灭
　　因灭而果生　　是果则无因
大意是：如果因不能提供产生果的能力，因灭之后、果生起，这个果就变成了无因果。

本颂龙树又从反方向进行观察。只不过这个方向却是废话，仅仅是为了完成龙树'二头堵'的形式而已。

因为龙树假设因与果没有联系是毫无意义的。纯粹的废话，浪费社会资源。

20.7

若众缘合时　　而有果生者
生者及可生　　则为一时俱

大意是：如果众缘和合时有果生起。那么所生之果与因发生在同一时间，这是不合理的。

青目释："如父子不得一时生"

在本品，青目一路下来几乎都在佐证龙树错得有多离谱。如果有人认为青目的智商不至于此，那青目就是在玩无间道。

顺着青目的举证，我们就能发现，龙树从他惯常使用的认识论立场滑向了他较少使用的本体论立场。之前龙树与青目等都主张父与子这种关系是此有则彼有的相互依存的概念。没有子哪来父，没有父哪来子。父与子这对概念是同一时间产生的。（参见第一品1.5颂）

本颂里的观察对象则被龙树换成了被称为父亲的那个人与被称为儿子的那个人。把父与子这对纯概念抛在一边。得出的结论是这两个人是不可能同时生的。同理，龙树认为众缘和合与果同时生起是不可能的。

月称在《显句论》中举了一些例子描述论敌的观点：灯与灯光同时，太阳与太阳的光同时。火和火的热同时。这几组因果关系都是同时的。

没办法，龙树现在为了只好以'因果不同时'去破敌。无论这次成功与否龙树最终都将以失败告终。

这次若成功，龙树又变成了同时手握矛与盾的楚人。想想看在上一品第一颂（19.1）里龙树为了破敌是如何咬牙切齿的坚持因果必须同时的。

如果这次失败，那就是失败。

20.8

　　若先有果生　　　而后众缘合
　　此即离因缘　　　名为无因果

大意是：如果先有果生，之后才有众缘和合

这就是离开因缘有果、被称为无因果。这是不能成立的。

据藏译：本颂是破数论的观点。

"数论外道认为：在因缘具足之前果法就已经存在了，只是随着因缘将原先就已存在的果法重新引出而已，就如暗室里本来就有瓶子，但谁也看不见，后来用灯一照就看见了；或者山里本来具足宝藏，只有在因缘成熟以后才能开发出来。"

以上笔者是从藏译原文引用，为了让读者能够了解清楚数论的观点。

数论的举例基本上属于飞机扔炸弹这一类型，因中早已有果法很好理解。龙树的破斥却没有找着调。不管是室里的瓶子，还是山中的宝藏的的确确是先存在的。但这能否引发龙树指责的无因出来呢？显然引发不了。

没有灯光的因缘就没有"能被看见的瓶子"这个果。

没有人力挖掘等因缘就没有"现世的宝藏"这个果。

这个因果是清清楚楚的，而龙树不知道在干啥？完全不在状态。估计是被自己的概念绕晕了还没回过神来。就这样去破数论，数论恐怕连战书都不会接。

20.9

　　若因变为果　　　因即至于果

　　是则前生因　　　生已而复生

大意是：如果你们说因变为果，因就迁移到果上。又因为'因'有能生果的特性，

那么之前生成果的因可以无穷生下去。这是不合理的

龙树不认栽，在本颂继续找数论的麻烦。当然龙树有继续找麻烦的权利，但是是不是该把前面那一局棋先认个输，再开这一局呢？

龙树本颂以概念进行推论，把这个概念的所指物放进数论的案例中去看看有什么结果。山中有宝藏，假设是一颗钻石，埋在山里的钻石就是因，挖出来的钻石就是果。这不但满足了龙树本颂的前两句。也满足了后两句。只要你相信钻石恒久远，一颗永流传。

当然一般人都知道，在无限的未来之中，谁也无法保证这颗钻石不会遭遇切割、高温，锤击等等使之变异。但假设这颗钻石挖出来后就被扔到了宇宙物质边缘之外的虚空，永恒存在下去了。龙树的质疑就不成其为问题。

前一秒的钻石就是后一秒的钻石的因，后一秒的钻石又是下一秒钻石的因，并且就是因生果的无穷生下去。

读者看到上面这一段也许会生起疑问，为什么这一次笔者把推论的背景放在宇宙物质之外的虚空中？开什么玩笑！

因为龙树在本颂的推论不仅是在玩文字游戏，并且把这些文字概念的背景设置在真空之中。

如果龙树反对，认为这种假设不存在。钻石总会遭遇外部环境的影响产生变化。那么龙树的'无穷生'的质问根本就质问不着，这颗钻石总难避免被坏灭的命运，只是时间长短而已，他自己也从假设的真空背景拖回到现实之中了，一回到现实，龙树的可笑的仅通过概念探知实相的方法就完全无立足之地了。

还有一个问题，对于'生'这个概念应该怎样应用，它的使用范围是什么？

从无到有的过程被称为'生'，这是共识、共许。

而从有到持续有还能不能用'生'这个概念来描述？笔者个人认为不能用。这样立即就会产生概念混淆。这本就应该用'住'的概念来表述，硬要剥夺'住'的权利，实际上也是在强行掩盖事物的表面暂时稳定性的存在。虽然说宇宙中万物皆流无物长驻，但并没证据表明不长驻就是霎那生灭的，说句不好听的话，就连前一念心后一念心也不能保证是刹那生灭。无论是七十五分之一秒。还是 0.013333 秒。有多少念头能在这么短完成从生到灭？更何况就是刹那生灭，也有'住'，停留 0.013 秒也是'住'。所以佛陀说生、住、灭。

20.10

云何因灭失　　而能生于果

又若因在果　　云何因生果

大意是：你们说什么'因'灭失之后能生果。因法都灭了，怎么能产生果法呢？

又如果说因去到果中，那又何必说因生果，这不就是因吗？

本颂龙树继续在概念名词上继续找论敌的麻烦，把辩论拖入无聊无趣又没啥价值的垃圾比赛时间段。

因为论敌一般说的因灭果生可以是因渐灭果渐生，如秤之低昂。

并不是龙树理解的因与果之间是绝然断开的，因灭得干干净净，过了一阵，果凭空生起了。

'因变为果之后，因还保留在果中。这就等于说果中有一切因'。龙树认为不合理。

这有什么不合理的，这种由局部零件合成的总体是一种常见现象。只不过这只是各种因果关系的一种，不能代表因果关系的全部。

20.11

若因遍有果　　更生何等果

因见不见果　　是二俱不生

大意是：如果因中遍有一切果，何必再生果？

因见不见果，都无法生起果。

本颂从上一颂反过来，这种由总体分解而生成的果只是因果的另一种存在形式，并无不妥。龙树仍然执迷不悟。

世界的变化既有合成，也有分解。这些不同的因果关系正是构成宇宙的迁流不驻。除此之外还有化学反应，四种基本力的作用等等更多的因果关系。

本颂后半断，龙树又重新挖了一个坑，讨论因与果能见与不能见。

作为名言概念，因与果这两个概念应该是不能见的。它们只存在于观察者的意识之中。

作为某些事物的属性，因与果见与不见没有意义，只能去探讨因与果所指向的事物本身的变化过程才有意义。说穿了还是要说清楚万事万物的存在有没有因？

有，则可以建立因果关系。

没有，则堕入无因论。

龙树在中论开篇就明确反对无因论，但随着龙树对因果的破斥又必然会堕入无因论。特别是到本品的最后四颂，已经是正大光明的无因论了。

20.12

　　若言过去因　　而于过去果

　　未来现在果　　是则终不合

大意是：如果说因在过去，则无法与过去果，现在果、未来果接触。

20.13

　　若言未来因　　而于未来果

　　现在过去果　　是则终不合

大意是：如果说因在未来，则无法与过去果、现在果、未来果接触。

20.14

若言现在因　　而于现在果

未来过去果　　是则终不合

大意是：如果说因在现在，则无法与过去果、现在果、未来果接触。

龙树在这三颂里说，‘因’不论存在于过去、现在、未来都无法与三个时段的‘果’接触。

笔者觉得写这么多废话干嘛，一颂就可以写完。

龙树再一次使用了‘我不要你以为，我只要我以为’的独断论方式，并且不给出论据。

论敌只需要点个蜡烛，然后在龙树面前用火燃烧一张纸。啥都不用说，龙树的‘现在因不接触现在果’的说词就随着燃烧的纸随风飘散了。

而且龙树还不敢继续追究火烧纸的细节，再追究下去，过去因和现在果也要接触了。

20.15

若不和合者　　因何能生果

若有和合者　　因何能生果

大意是：如果不接触则没有果能生，如果有接触也没有果能生。

龙树本颂又给接触找了一个切入点。从接触的有无两头堵。

犯的还是‘硬币两面’的老毛病。笔者就略过破斥过程，读者请自行参阅之前对龙树的破斥。

世界之大，无奇不有。

因不接触果也能产生果：

前世造作后世受报、用日元够买数字货币再用数字货币换美元、日元与美元并无接触这一类例子多如牛毛。

因接触果也能产生果：

火烧纸、喝一口水，吃一口饭。实际上满世界都有这种类型。

世界上这两种因果产生方式（接触、不接触）都广泛存在，并不是龙树认为的两者都不存在。

20. 16

若因空无果　　因何能生果

若因不空果　　因何能生果

大意是：如果因中没有果，怎么能生出果来？

如果因中已经有果，已经有了就不应再生。

青目释"如人不怀妊。云何能生子。"

龙树采用和上一颂一个模式——两头堵。内容则是笔者在第一品就详细破斥过的内容，毫无新意。青目释再次佐证了这一点。

20. 17

果不空不生　　果不空不灭

以果不空故　　不生亦不灭

大意是：'果'如果本来就有，就是不生的，果如果本来就有，就是不灭的。

20. 18

果空故不生　　果空故不灭

以果是空故　　不生亦不灭

大意是：'果'如果本来没有，也是不生不灭的。

这两颂龙树转了音，突然从有、无两个方向去描述'果'是不生不灭的。

如果龙树本颂把'果'这个概念换成'事物'、这两颂是可以成立的（最少严格的讲 20.17 颂是成立的，2.18 颂可以归入断灭论，）。

但龙树用'果'这个概念来说事就不成立了。

假设'果'这个概念不是事物本身，它只是观察者在观察事物的关系后产生的对事物一个面向的描述用语。'果'的生起依观察者的念头在生灭，有生有灭。

假设离开纯概念的范畴，去考察论敌的钻石之类的，龙树的这些推论全都要变成不知所云的胡言乱语。

钻石不空，是不生的吗？显然不是。它是地底下高温高压下合成的。当然有生。

如果被挖出来的钻石是果，这个被挖出来的钻石是不生的吗？当然不是，它也是在众缘和合下挖出来的。

20.19

因果是一者　　是事终不然

因果若异者　　是事亦不然

大意是：因果是一体、因果是异体都是与事实不符的。

20.20

若因果是一　　生及所生一

若因果是异　　因则同非因

　　大意是：如果因果是一体，能生与所生就变成了一体。这不合理。如果因果是异体，因与非因就没区别了，这也不合理。

　　这两颂是龙树的老套路，通过一体异体来观察因与果的关系。

　　如果因与果只是两个对应概念，本身就无体。用一体异体去观察就得首先把因与果这对名词概念想像成是有体积的东西。这种拟物化的思维方式可以去搞艺术创作，但不适合严谨推理。

　　更何况龙树的主观想象似的推论——如果'因，果'是异体，因与非因就没区别了。

　　这个推论犯的错误与第一品里'非缘'的错误是一样的。因果如果是异体，这只是因果关系中一个特征，因果关系中还有其他特征——生成关系、可以被判断确认等等诸多因素。

　　非因就没有这种特征。

　　二节从内部组成结构到外型一模一样的电池，从事物的特征（相）上来判断，在常人看来根本无法区分。把其中一节电池Ａ装进手电筒，电筒亮了这个'果'也非常明确的找得到造成它的'因'之一——电池Ａ。

　　没有装进电筒的电池Ｂ则也非常明确被视为这一次电筒亮了的非因。

　　龙树已经是无数次犯这毛病了。两个事物只要有一个共同特征，龙树就会把这两个事物画上等号，完全不考虑其他不同特征。中观论师们也普遍犯这种逻辑错误，笔者就不一一点名了。

不要说因与非因这么大的区别，就是下一品观成坏品中的'成与坏'与'生和灭'两组意思非常接近的概念都还有微细差别，无法等而视之。哪里能容许龙树这样天真浪漫的胡乱划等号？

20.21

　　若果定有性　　因为何所生

　　若果定无性　　因为何所生

大意是：如果'果'是确定的拥有自性，因无存在的必要。

如果'果'不是拥有自性，因也无存在的必要。

不用怀疑，本颂龙树说的自性照例是龙树牌自性。只要明白这一点，就知道本颂的基础依据没有价值了。而推论过程也是自相矛盾的老套路，有龙树牌自性就不是依缘起，所以不需要因。这就让后半段颂词内部产生了自相矛盾，无龙树牌自性就是依缘而起，这当然需要因。

20.22

　　因不生果者　　则无有因相

　　若无有因相　　谁能有是果

大意是：因不生果，这个因就不具备因的特征。

如果没有因的特征，什么东西能成为这个因所产生的果？

本颂龙树是晕了头了，还去找了个因不生果的排列组合出来探讨，没有生果的本来就不是因。那儿来不生果的因？既然没有这个排列组合，还往下推什么玩意儿？

20.23

　　若从众因缘　　而有和合生

　　和合自不生　　云何能生果

大意是：如果你们说'果'是从众因缘和合生起的。

和合就是和合、和合就不是生、怎么能生起果呢？

本颂龙树立了一个论——和合不是生。

这可就要开新篇章了，到底什么是生？

龙树应该详述，谁主张谁举证，这是他的义务。但依笔者看无论龙树怎么定义生，他都会被论敌打成千疮百孔的筛子。

20.24

　　是故果不从　　缘合不合生

　　若无有果者　　何处有合法

大意是：　所以，果不从缘和合而生、

也不从不合生。如果没有果，何处有众缘和合生果的法存在！

接上一颂毫无成算的草率了事，龙树在本颂直接把自己推进了无因无果的境地。笔者在前面 20.11 颂就说过随着辩论的展开，龙树必然堕入无因论，最后这四颂充分展示了这一点。龙树的悲剧之果在他执着于极端思想时就已经埋下了因。

因果宛然，业力不虚，现世就报了。

二十一、观成坏品

本品观成与坏，因为论敌认为一切世间事物都有坏败相。所以有坏。

龙树对此进行破斥。

依印顺导师在《中观论颂讲记》里的解释，'成与坏'意思和'生与灭'是一个意思，只不过用的地方有区别。印顺导师认为"生灭多依刹那说，成坏多依相续说"。

21.1

　　离成及共成　　是中无有坏

　　离坏及共坏　　是中亦无成

大意是：坏灭离开成或与成共存、这里面都没有坏

成离开坏或与坏共存，这里面没有成

论敌认为世间万物都具有坏败相，有坏败相则有生成相。有成坏相、一切法得成。

龙树本颂对此进行破斥，下面两颂详解理由。

21.2

　　若离于成者　　云何而有坏

　　如离生有死　　是事则不然

大意是：如果离开成，怎么会有坏？

就如同离生有死，这是不可能的。

本颂解释 21.1 颂的立论理由。龙树大概忘了自己是佛门中人，有情众生以无始以来作为前提，就是不生、无生的。通过修行最终入灭涅槃。离开生是有灭的。

如果龙树想争辩"我说的是一切有为法，不是无为法"。

好！

如果龙树说涅槃是无为法，可以！有情众生涅槃之前总是有为法了吧！

那么这个有情的'无生'是有为法吗？显然不是。

那么有为法是什么？只剩下'有生'了。

龙树立马就没得谈了，本品才开张就得关门。

21.3

　　成坏共有者　　云何有成坏

　　如世间生死　　一时俱不然

大意是：同时拥有成坏的事物，如何有成坏？

如同世间生与死，同一时间共存是不可能的。

本颂龙树继续解释 21.1 颂的立论，这一颂的论据笔者在前面的观三相品详细破过，简而言之————-生与灭同一时间共存是事物的一种变化常态，此渐生彼渐灭，如秤之低昂。

龙树的论据并不成立，成坏共有宛然现前。

还对第七品观三相品有记忆的读者应该清楚的知道龙树的错误在哪里。

21.4

　　若离于坏者　　云何当有成

　　无常未曾有　　不在诸法时

大意是：如果离开了坏灭，怎么会有成呢？

因为'无常'从来没有一刻不在万事万物之中。

据藏译，本颂的'无常'不是一般理解的意思，而是专指即生即灭的刹那性。

这有些让人疑惑，万事万物如果是刹那生灭的，万事万物在时间轴的横向上则无因果可言。龙树为了破'成'突然来了这么一下，把前因后果放弃了，转投因果同时的阵营，这种权宜之计自然会产生不良后果。

21.5

　　成坏共无成　　离亦无有成

　　是二俱不可　　云何当有成

大意是：如果成坏共存无法成立，成坏异体也无法成立。

这二种方式都不成立，怎么能说有'成'的存在？

这一颂就没有价值了，可以从中论中删除。

前面笔者已经破斥了'成坏无法共存'的观点。

21.6

　　尽则无有成　　不尽亦无成

　　尽则无有坏　　不尽亦不坏

大意是：事物灭尽则没有生成了。

事物不灭尽就在相续之中，不断不失，处于无生之中，也没有生成。

事物灭尽之后不能再'坏'

事物不灭尽更不可能'坏'。

'灭尽'这个概念应该是断灭论的观点，佛门内都是否定这个观点的，应该是承认有灭，却不承认有灭尽。一但有灭尽，佛门又无造物主之说，宇宙早就在无始以来的'灭尽'中归零了。龙树用断灭论的观点作前提如果不是为了破断灭论是没有意义的。

如果把'尽'的意思回归到佛门的非断灭有相续的'灭'上，一事物的灭同时就伴随着另一事物的生成，所以龙树本颂的第一句立论无法成立。笔者在第七品已经详述过。

龙树本颂第二句的观察以'不尽'作为前提条件，由于以此为假设前提，相续就产生了。相续产生了会不会就无生了呢？

相续以生住灭的形式在循环轮回，这就不用说了，生灭宛然。

相续不以生住灭的方式进行，就只能以龙树牌自性的方式进行。这就是'一颗永恒的钻石'。这是满足了龙树无生无灭的条件，但是把无常打得稀烂，相续即常的荒谬结论就产生了。

本颂后半段的内容和前半段类似，就不再重复破斥了。

21.7

　　若离于成坏　　是亦无有法
　　若当离于法　　亦无有成坏
大意是：如果离开成与坏，就没有有为法
如果离开有为法，也没有成与坏

本颂龙树设定了有为法与成坏之间的关系、这一关系与论敌主张的没有任何区别。

不同之处在背景，论敌认为因为有为法的存在，所以有为法的三个法相（生，住，灭）也存在。其中的生、灭就是成、坏。所以成坏存在。

而龙树认为根本没有有为法。

21.8

　　若法性空者　　谁当有成坏

　　若性不空者　　亦无有成坏

大意是：如果有为法没有自性，没自性就没有成与坏。

如果有为法有自性，有自性的东西同样不会有成坏。

本颂龙树回到大家熟悉的老套路，先抬出龙树牌自性，再据此从正反两面推论出同一个结果。当然这是一个自相矛盾的东西。

暂且不去批判龙树牌自性，就以此为基础，龙树首先立的论是：'没自性就没有成与坏'。这句话为什么能成立？它的成立只能建立在'有自性才能有成与坏'的基础上，这就和本颂后半段的立论自相矛盾了。

21.9

　　成坏若一者　　是事则不然

　　成坏若异者　　是事亦不然

大意是：成与坏的关系一体异体都不成立。

对于本颂笔者就不详细破斥龙树了，已经在第七品中详细破斥过，请读者自行参阅前文。

简而言之：成坏有以一体的形式存在，也有以异体的形式存在。

并不是龙树说的两种形式都不存在。

21.10

若谓以眼见　　而有生灭者

则为是痴妄　　而见有生灭

大意是：如果有人说眼睛明明看到有生、有灭。

这个人是因为愚痴才见有生灭。

这一次龙树剥夺了论敌用经验观察作为证据的权利，论敌的现量就被龙树给废了！嘿嘿，龙树也不想想自己在之前的辩论中使用了多少次'我怎么没看到过'！'我看到的不是这样'！

论敌在 20.3 颂都还专门指出过是龙树眼色儿不好！他这么快就忘了！

他现在还好意思说论敌傻，他自己都傻了多少次了？

现量，比量，圣言量。都只是龙树的工具，他需要的时候随手拖出来用、他不需要的时候、圣言量也就是个屁。

论敌如果要用则不允许！哈哈哈！这如何以理服人？

21.11

从法不生法　　亦不生非法

从非法不生　　法及于非法

大意是：法不从自生，法也不生非法

从非法之中也不产生法和非法。

青目释："非法名无所有。法名有。云何从有相生无相。是故从法不生非法。从非法不生法者。非法名为无。"

依据青目的注解，这一颂，龙树立论—————有不生有、有也不生无、无也不生'有无'。

看不出龙树的立论有什么立足之地，因缘和合生起诸法即可以看作'有生无'，也可以看作无中生有，只需要移动观察对象就能得到。

把因缘看作有，诸法（事物）未生时就是无，这就是有生无

把诸法（事物）作为观察对象，这个法本来无，后来生出来了，这就是一个典型的无中生有。这个无不是指因缘无，而是指本来没有此事物。

21.12

　　法不从自生　　亦不从他生
　　不从自他生　　云何而有生

大意是：法不从自生，不从他生，也不从自他共生，怎么会有生呢？

本颂是龙树在重复第一品的内容，算是注水猪肉，可以从本品删除。这样的论证没有任何价值，可以被视为变体的循环论证。第一品算是总论，后面的分证是不能使用总论里的结论来作为证据的。其实龙树在中论中不止一次使用了这种把戏，其实就是循环论证。

虽然龙树破四生失败了，（请参看第一品对龙树的破斥），但好歹第一品把四种状况都考虑进去了。而本颂龙树直接漏掉了无因生，这就更加没法推论出无生了。

21.13

　　若有所受法　　即堕于断常

　　当知所受法　　为常为无常

大意是：如果人们在认知上接受了某事物，就堕于断常见。

因为所接受的事物要不是常要不是无常。

这一颂是龙树在宣说别人的太过（无法避免的过错）。

这是一个老问题，关于人们（或者有情众生）和任何事物接触，都会以概念的方式在人的意识上展现出来，这就是主观与客体的互动模式。这里是在向内探求人的意识层面。

龙树认为只要一产生认识，这个认识不是常见就是断见。为什么呢？龙树的回答是句废话。

相当于龙树说'饭不能吃'，别人问他为什么不能吃，龙树回答，因为饭不能吃。

把龙树的论证完全失败先放一边，仅考察他的观点，就会发现这和他曾经的观点大相径庭。龙树之前的主张是'说有即是常'。意思是如果人们认为一个事物存在，那么人们就堕入常边。而本颂又说'如果人们认为一个事物存在不堕入常边就堕入断边'。

嘿嘿，只要你龙树高兴，你想怎么说就怎么说吧！

笔者还是建议把本颂删了吧！浪费读者的宝贵时间。

21.14

　　所有受法者　　不堕于断常

　　因果相续故　　不断亦不常

本颂是论敌的观点：

所有承认诸法自性存在的人绝不会堕于断常二边，

因为困果生灭，相续不绝的缘故，所以不会堕入断边与常边。

这里要重点提示读者，论敌说的自性不是龙树牌自性。切勿等同视之。

论敌是承认有因果、有生灭、有相续的。所以论敌就不是无因论者、断灭论者。

论敌的意思是，事物有自性，但事物在相续中轮回，所以不断，事物又在因果生灭里变化，所以不常。

21.15

若因果生灭　　相续而不断

灭更不生故　　因即为断灭

大意是：如果你们说因果生灭的相续不断，那么因灭了不再生起的缘故，因就成了断灭。

本颂龙树反驳上一颂论敌的观点

为了方便读者理解举个例子：

面粉—————面包

面粉经过制作变成了面包，假设面包被确定为果，面粉被确定为因。

对于这同一事件，论敌认为面粉只是变化了，换了一种形式在相续中延续了下去。

龙树认为面粉变成面包了，那么面粉就不存在了，面粉这一事物就死绝了。

实际上这是不同标准下的各说各话

论敌说的是面粉这个表面形式后面的物质延续了下去

龙树说的是面粉这个表面形式断灭了。

我们还可以帮论敌把以上辩论继续延伸下去：

论敌可以说，正因为你龙树仅仅看到事物的表面，所以肤浅的认为面粉消失了就是断灭了，这和断灭论者的人死灯灭有何区别？

佛教之所己站出来反对断灭论，不就是因为断灭论者都以表面现象作为判断标准吗？而佛教反对断灭论是仅仅反对断灭的结论吗？当然还包括得出这个结论的过程——仅依靠对表面现象消失的观察就得出断灭结论的思维方式——这也是本颂龙树采用的方法。

21.16

法住于自性　　不应有有无
涅槃灭相续　　则堕于断灭

大意是：事物保持着自性，就不应该有'有和无'
由于涅槃就灭掉了相续，所以就堕于断灭

本颂前半段没有丝毫价值，因为还是建立在龙树牌自性上的推论。这种推论和垃圾没区别了。

后半段提出了一个问题，涅槃是灭，有情众生是有，有情众生修行至涅磐是从有到灭。这不是断灭是什么？

这必然会涉及其中一个关键条件的设定，从有众情众生到涅槃，其中有无担纲者'我'？如果涅槃时，不但'人我'已经灭了，而且'我'（补特伽罗）也灭了。'我'（补特伽罗、不可思议的我）有没有转变成其他存在。比如转变成纯粹的智慧之类的存在（转识成智）。如果有，涅槃则不是断灭。

如果按龙树本颂的推论，可以探知在龙树理解的涅槃就是断灭。

21.17

若初有灭者　　则无有后有

初有若不灭　　亦无有后有

大意是：如果前世灭了，则不能产生后世。

如果前世没有灭，也不能产生后世。

龙树本颂的观点几乎要用断灭论加上无神论才能成立。

龙树的条件：前世灭=断灭=啥都没有

而论敌的框架下，龙树的条件都没法成立

我

人我————————神我

前世————————后世

前世的人我灭了，丝毫不会影响后世神我的产生。只不过是这个'我'（随便你叫它灵魂或者补特伽罗）换了个马甲，从前世转到了后世。

21.18

若初有灭时　　而后有生者

灭时是一有　　生时是一有

大意是：如果有情众生在前世灭的时候，后世的有情众生正在生起

灭的这一边有一个有情众生，生的这一边也有一个存在物。这就变成了两个有情众生，这不合理。

本颂的道理只能放在有情众生的转世轮回中去讨论，在器世间万物的成坏完全是可以这么运行的，如秤之低昂，'此正渐灭、彼正渐生'，完全无碍。

而有情众生的轮回的详细过程谁也说不清说不准。就算众生的轮回过程中没有采用这种'此正渐灭、彼正渐生'的形式。龙树也没法证明前世的坏灭和后世的生成不成立。

21.19

若言于生灭　　而谓一时者
则于此阴死　　即于此阴生

大意是：如果你们说前世的灭、后世的生同存于一时
怎么能在这五蕴身上死，又在这个五蕴身上生呢？
这里分二个情况说明

一：器世间的牛奶变酸奶。从表面看是牛奶渐灭与酸奶渐生同时，这没有问题。作为这两个表面现象的内核———奶制品——而言，也是一身之中有生死同存，只不过是在此身中的一个表面现象在灭，而另一表面现象在生而已。

二：众生有情的轮回。根本不存在龙树描述的状况，人我转生到天界的神我，就算是此渐灭彼渐生，人我的五蕴身和神我的五蕴身都不是一个东西。哪有龙树说的同一个五蕴身？

更何况即便是追随龙树的论师也承许轮回中前世与后世间有中阴身，彻底否决了龙树的假设，根本不存在'此渐灭、彼渐生'的转世轮回。龙树这一番推论又白干了。

21.20

三世中求有　　相续不可得
若三世中无　　何有有相续

大意是：在欲界、色界、无色界三界中寻找存在、相续都没有，如果三界中都没有，哪里还有什么相续

藏译把三世解作过去、现在、未来。

虽然意思不同，但不影响对龙树本颂最后观点的认识。

本颂龙树把'相续'给彻底否定了。最后那根掛钩也不要了，把自己彻底扔进了断灭论的深渊。

二十二、观如来品

本品龙树对着佛陀开刀，证明如来不存在。当然如来并不是佛门一家的专利，印度其他教派都称如来。

22.1
非阴不离阴　　此彼不相在
如来不有阴　　何处有如来

大意是：1:如来不是五蕴（如来与五蕴是两件不同的东西）

2:如来也不是离蕴而有（如来离开了五蕴就没有）

3:如来并非依靠五蕴（如来不依靠五蕴而单独存在）

4:五蕴也不依靠如来（五蕴可以不依靠如来而单独存在）

5:如来不具有五蕴（如来之中不含藏五蕴）

哪里有如来呢？

本颂龙树用的他自己的'五相推理'来推证如来不存在。

和之前的'五相'一样，不过是些自相矛盾的说词，啥也证明不了。上面括号里的内容请读者自行参阅其中的自相矛盾之处。

（友情提示：第1条与第3条自相矛盾，1、2、3、4、5条没有一条能证明如来不存在，反而有利于证明如来存在。1、3、4、5条都只说了一件事情：如来与五蕴是两件东西。与"何处有如来？"一毛钱关系都没有）。

象龙树这样冲出去破如来，就像赤身裸体手无寸铁的人爬上楼梯去攻城一样，除了被城墙上的箭雨穿成筛子还有其他的结果吗？

也许有！

因其独特的喜剧风格被城墙上的守军拉上去作为军旅艺术家继续劳军表演。

22.2
阴合有如来　　则无有自性
若无有自性　　云何因他有

大意是：如果你们说五蕴和合时有如来，那么如来就没有自性。如果没有自性，又怎么能说依靠他法存在呢？

‘五蕴’这个概念是一个对主体与客观世界连接关系的描述，这个连接关系一旦连上，就可以推知有客观世界的存在、以及主体‘如来’的存在。

简而言之，依关系存在可以推论出两端一定有东西。

这里就产生一个问题，连接关系可不可以断开？应该可以，深度睡眠时就是断开的，成佛之后可不可以断开？也应该可以。如果佛陀连这个都搞不定，那一定是成了一个假佛。

那么断开之后，连接关系没有了，就无法通过连接关系去判断关系两端有没有东西，但这不能推论出没有东西。这只能说五蕴没了，我们没办法通过五蕴去推论有没有如来。能不能通过其他方式推论出有如来？当然有一大堆，不然中论写二十七品干嘛？写一品五蕴就可以了。

而本颂龙树第一句就开始扭曲论敌的观点，搞成了因为有五蕴和合所以才有如来产生。仿佛如来是由这个五蕴组合出来的物件。

本颂后半段龙树稀里哗啦开始胡言乱语，不知所云。

虽然龙树一塌糊涂，论敌就正确吗？也未必。

进一步说，如来与宇宙实相之前的连接关系一定是使用的'受想行识'吗？未必吧！'受想行识'这一套依世俗建立起来的连接装置能用到连接宇宙实相上吗？当然不能，如果可以的话，众生当下即可成佛。如来是怎么与宇宙实相连接的不是众生凭想象力可以猜夺的，只有当众生修行成佛才能了知。

22.3
法若因他生　　是即为非我
若法非我者　　云何是如来

大意是：如果如来因众缘生，那么就没自我

如果如来没有自我的身份，怎么能称之为如来？

【注：这是按藏译的解释翻译的，法即指如来。如果不按藏译，按印顺导师的版本把法看作诸法（事物），本颂就读不通了，印顺导师费尽九牛二虎之力最后绕到'如来'身上，显得过于牵强附会。】

本颂龙树带来新的立论，如青目释所言'五指有拳。是拳无有自体'。意思是凡是由同类事物集合成的东西都是'无我'的。类似比喻还有很多，比如树林、人群等等。这个立论的基础是什么呢？就是先要承认手指、树、人等是有自我的，不以此为前提，本句话就没有存在的意义。这显然是一种天真烂漫的想当然，因为手指、树、人也是由其他同类事物合成的，这些追究下去，很容易就找到人体是由同类分子组成。龙树也是一样。结果其实是万物皆无自我。说了半天龙树说了句废话，他不用去探究树林、人群，拳头是不是同类集合而成就可以铁口直断万物皆无自我。

之所以龙树会产生这种错觉，不过是因为龙树对经验世界的无知造成的，而偏偏龙树不知道自己的无知。在经验世界里，他明显漏掉了由众多同类单体重复集聚而成的整体是有它的新特征的，而这种特征（相，性）是单体不具备的。一棵树与一片森林的特征差别那可就大了去了。一片森林可以调节地区气候，可以蕴育从微生物到巨兽的生态链。一棵树就没这些特征。当然读者应该明白笔者在此谈论的同类聚合物的整体拥有的自体（自性）不是龙树牌自性。

说完这一大段后，倒回去看龙树说'如来由五蕴生'。又有哪家会认为'如来'是由类似一棵树一棵树的同类产品重复堆叠起来的整体？如果论敌没有这种观点，你龙树还破个啥？

龙树本颂又成了自导自演、自问自答、自弹自唱、自愚自乐！

22.4
　　若无有自性　　云何有他性
　　离自性他性　　何名为如来
大意是：如果没有自性，哪里还有他性，离自性他性。什么可以被称为如来？

如来如果是无为法，那怕仅有一部份是无为法。那么众生也只能在涅槃之后才能了知。它的自性是什么？有没有？

还是暂时放到一边为妙。力不从心的事情，凡人非要想说清楚。这种好高骛远的妄想最后带来的都是眼高手低贻笑大方的结果。

龙树也好，前期的般若经也好，后期中观论师也罢，都在犯这种低级错误。当然也不止中观这一系，其他派系也或多或少一样不理智。不是很清楚的事情非要去说清楚，编到最后连自己都兜不住底了。正是"少年不识愁滋味，欲赋新词强说愁"，很尴尬！

22.5

若不因五阴　　　先有如来者
以今受阴故　　　则说为如来

大意是：如果不因为五蕴，先就有如来，这是不合理的以现在的五蕴的缘故，才可以称为如来。

据藏译这一颂不知是谁的观点，也不知道是不是龙树在破斥论敌。有说全是小乘的观点。

反正理不清，略过！其内容与下两颂一样，都是关于'先有如来'的辩论，在下一颂一并详述

22.6

今实不受阴　　　更无如来法
若以不受无　　　今当云何受

大意是：在不依不五蕴之前，实在是没有如来。
如果没有如来、拿什么去领受五蕴。

龙树这一颂又开始骚搞，论敌主张的五蕴之前先已有如来，或者叫如来本有。龙树没有破斥论敌，而是直接说五蕴之前没有如来，然后以这个'没有如来'接下去推论别的东

西。哎！这都是些啥破玩意儿！如果有裁判，可以直接出示红牌把龙树轰出场了！

龙树可以想办法去破斥论敌的观点，但是不能像本颂一样，你说有，我就说没有。再拿这个没有当证据去推论其他的东西。

这不叫辩论，也不叫理智观察，这就是菜市场的毫无意义的口舌之争。愚蠢至极！这样也让紧密关联的下一颂变得毫无价值。

22.7

　　若其未有受　　所受不名受

　　无有无受法　　而名为如来

大意是：如果如来没有取受五蕴，那么所取受的五蕴不能被称为所受法。不具有所受法是不能被称为如来的。

本颂龙树话都说不清楚了！即然如来没有取受五蕴！哪儿还有什么'所取受'？

为了龙树的名声，最好把这二颂从中论中删除吧！

22.8

　　若于一异中　　如来不可得

　　五种求亦无　　云何受中有

大意是：如果在一体异体中、在五相推理中，都找不到如来的存在。怎么能说取受中有如来。

本品也是可以删除的一颂，关于一异、五相推理。笔者在前面22.1颂已经破斥过了。

22.9

又所受五阴　　不从自性有
若无自性者　　云何有他性

大意是：同理，所取受的五蕴也没有自性

如果没有自性，也不会有他性。

这一颂龙树在说五蕴不成立，依据还是万年祖传的'龙树牌自性'。

22.10

以如是义故　　受空受者空
云何当以空　　而说空如来

大意是：因为以上道理的缘故，取受者如来与所取受法五蕴都是空性。

所以怎么能称本空的如来存在呢？

我们知道，龙树经常使用'你老婆不是你老婆'的老梗来破敌，这个老梗一般都会去提出一个前提，就是当你老婆还不是你老婆之前，她不是你老婆。基于这个条件，龙树才往下推论，通过混淆前提条件，最后达到在所有条件下你老婆不是你老婆的结果。而本品的方式和这个大体差不多，但有不同的地方。用个故事来描述，如下：

某人到菜市场买菜

某人：　这土豆多少钱一斤？

菜贩：250 美元一斤

某人：啊！这么贵？抢人吗！

菜贩：不贵！因为不贵，所以你买到了便宜货，你即然买的是便宜货，便宜的货怎么会贵呢？

龙树从本品 22.6 颂开始说了'不贵'（今实不受阴更无如来法）。然后后面所有的推论都以这个'不贵'为基础。

作为菜贩子，龙树也许能成为一个超级菜贩子。

作为语言类节目的表演演员，龙树也会成为永不缺梗的表演达人。但作为参会的辩论者是不合格的。

22.11

空则不可说 　 非空不可说
共不共叵说 　 但以假名说

大意是：如来的本体不能说是空，也不是非空，也不是亦空亦不空、也不是非空非不空。只是以假名说有如来。

本颂龙树对于如来到底是什么，用上了四件套————有、无、亦有亦无、非有非无。龙树也不知道如来是啥，只是说如来不在这四种模式中。

问题就来了，如果有人问龙树，宇宙之中存在的模式是不是只有这四种？有没有第五种？

如果有第五种，如来就可能存在于第五种模式之中，虽然我们不知道这种模式是什么。这就让龙树的第四句颂词无立锥之地了，人们既便不知道那存在的东西是什么，也很容易找到 X 这一类的符号来暂时描述它。完全不需要依赖一个描述不存在物才惯常使用的假名。

如果宇宙之中只有这四种模式，龙树的结论就非常清楚：没有如来。

如果的确没有如来，哪儿还有任何必要去说假名呢？中观宗无数次提及石女的儿子，明确认为这是不存在的东西，这个儿子是没有的。从不见中观宗用'石女的儿子'去承担假名有。

如果没有如来，如来就等同于石女儿子，假名的合法性也就不存在。

并且龙树也只好把自己在22.13颂拟定的大罪———邪见深厚———戴在头上。这简直是'请君入瓮'的翻版，自己挖坑自己跳，还附带自己扒土把自己埋！

龙树想以本颂这种和稀泥的蒙混方式是难以通关的。

22.12

　　　寂灭相中无　　　常无常等四
　　　寂灭相中无　　　边无边等四

大意是：诸法实相不在常、无常、亦常亦非常、非常非无常的四件套之中。

诸法实相不在有边、无边、亦有边亦无边、非有边非无边的四件套之中。

和上一颂一样的问题，除了这四件套，还有没有第五种？

没有第五种，龙树就进入断灭论

有第五种，诸法实相不仅可能存在，龙树还有责任去把第五种说清楚，如果说不清楚，龙树还有什么资格谈论如来、诸法实相有没有自性？

22.13

　　　邪见深厚者　　　则说无如来
　　　如来寂灭相　　　分别有亦非

大意是：邪见深厚的人，认定没有如来

如来呈现寂灭的特征、如果在这种寂灭的特征中，还是认为有如来，也是错误的。

龙树在本颂制定了刑法，罪名是'邪见深厚'。是他自制的，还是从别人那里抄来的都无所谓。

反正获得这一罪名的人中少不了龙树本人。请看前两颂。

22.14
如是性空中　　思惟亦不可
如来灭度后　　分别于有无

大意是：在诸法实相的性空之中，不应该在如来灭后思惟有、无。

简直让人无语了！关于如来的有、无。龙树在前面的22.11颂开始啰啰嗦嗦分别了半天，怎么？现在又觉得自己干得不太对？

22.15
如来过戏论　　而人生戏论
戏论破慧眼　　是皆不见佛，

大意是：如来超越了一切世间戏论，而世人常常以戏论去讨论如来。

戏论破坏了智慧的眼光，所以世人都见不到佛。

22.16
如来所有性　　即是世间性
如来无有性　　世间亦无性

大意是：如来所有的特征，就是世间的特征

如来没有特征，世间也没有特征。

本颂龙树再一次强调，如来=世间

立马给他的上一颂一记响亮的耳光。上一品才红口白牙的咬定

"如来过戏论"。本颂 180 度大转弯。

哎！

和世间即涅槃，涅槃即世间一样的不忍卒睹！

最后这三颂基本上反映了龙树的逻辑崩溃、从文字上随即展现出信口雌黄的效果。

二十三、观颠倒品

本品名称上说颠倒，实际上是在破烦恼。前面第六品观染、染者品也是在破烦恼，本品算续集。在第六品中，龙树主要是在论述烦恼与烦恼者无法接触，但以失败告终。本品龙树换了一个方向，从烦恼是怎么生起的入手进行观察。

23.1
　　从忆想分别　　　生于贪恚痴
　　净不净颠倒　　　皆从众缘生
　　大意是：从忆想分别里、以及对净与不净的颠倒认识，生起了贪嗔痴。都是从众缘所生

这一颂应该算是一个背景交代，是不是论敌的表述无法确定，但大概可以看作是论敌的表述。反正大概就是这么一个事。探讨烦恼（贪嗔痴）产生的原因及过程。

23.2
　　若因净不净　　　颠倒生三毒
　　三毒即无性　　　故烦恼无实
　　大意是：如果因为对净、不净的颠倒认识产生了贪嗔痴三毒

那么三毒就没有自性、所以烦恼（三毒）是没有实体的。

本颂龙树先把关系梳理了一下，紧接着就从裤兜里掏出了龙树牌自性对三毒进行衡量，结论是三毒无龙树牌自性，无实有。

目的是最终达成三毒不存在。

和之前的论述一样，这都是龙树按自己的标准在想当然。只要他掏出'自性'来参与辩论，这个辩论就进行不下去。他说的自性与论敌的自性永远在两条不同的跑道中。

23.3
我法有以无　　是事终不成
无我诸烦恼　　有无亦不成

大意是：'我'的有与无都不成立，没有我，也就没有'我的烦恼'

烦恼的领受主体是'我'，所以龙树本颂干脆从根上一锅端，把'我'的这个前提给灭了。

但是本颂中'我的有与无都不成立'和龙树需要的前提条件'没有我'是部分矛盾的，没法形成统一有力的证据。

因为'我'在无上不成立、那就只能剩下有'我'。

23.4
谁有此烦恼　　是即为不成
若离是而有　　烦恼则无属

大意是：没有了我，谁能有此烦恼？如果离开了我，烦恼则没有归属。

本颂是接着上一颂的'无我'往下推，结论是没有烦恼。

可是上一颂的'无我'根本无法成立。

23.5

如身见五种　　求之不可得

烦恼于垢心　　五求亦不得

大意是：以五相推理去推求也得不到萨伽耶见

以五相推理去推求也得不到烦恼与有垢心

本颂龙树用所谓的'五相推理'去推求三个东西不存

在，

这三样分别是

1：萨伽耶见———五蕴组成的身体之中，存在自我，并升起"这是我"，"这是我所拥有"的各种见解。

2：烦恼————贪、嗔、痴（三毒）。或者贪、嗔、痴、慢、疑、不正见（六根本烦恼）。还有更长的完整版，略过。

3：有垢心———被污染了的心王

不管这三样玩意儿存不存在，根据之前龙树几次使用的五相推理，用一次失败一次的纪录来看，本颂照旧难以成功。笔者建议以后中观学人也不要再提'五相推理'这个破烂货了，丢人。

印顺导师在《中观论颂讲记》中特别指出，本颂虽然简略，但是破斥对象涉及了很多，

心王心所一体论：经部师

心王心所别体论：大众部、分别论者

总而言之，龙树的目标定得比较大，但完成目标的武器太劣质，无法胜任。

23.6

> 净不净颠倒　　是则无自性
> 云何因此二　　而生诸烦恼

大意是：对净与不净产生了颠倒认识，颠倒认识又被称为虚妄。虚妄的东西是没有自性的，无自性则无颠倒，既然没有颠倒，怎么能说因为净、不净生起诸烦恼？

本颂的推论过程比较有代表性，其特点是

A：链条长。

B：逻辑混乱。

其中背靠背的自相矛盾的二条如下

1:颠倒就是无自性的

2:无自性的就没有颠倒

把第一句条件带入第二句就变成了"无自性的就没有无自性"。

把第二句条件带入第一句就变成了"颠倒就是没有颠倒"。

龙树竟然没有发现自己错漏在何处！

23.7

> 色声香味触　　及法为六种
> 如是之六种　　是三毒根本

大意是：色、声、香、味、触、法这六种东西是三毒根本

本颂应该是论敌说一切有部的观点，意思是净与不净不是三毒产生的根本，六尘才是，你龙树废话半天讨论净与不净是隔靴搔痒。

为什么说一切有部会认为净与不净并不重要？笔者猜说一切有部可能认为众生对净或不净的决择随意性太大，审美标准漂浮不定，价值取舍朝秦暮楚。净与不净生成的机制并不是这两个概念相互依存而产生，而是基于众生的决择时价值取向，所以可以略过这两个对应的概念。

而众生的价值取向却无论如何都要搭建在六根接触六尘这个平台上。所以不如在根源六尘上找烦恼产生的原因。

而通过六根接触六尘认识到的现象并不是宇宙实相，现象生起时，已经是实相变异幻化后的产品。正因为如此三毒产生的根本原因就是搭建在这六种变异现象之上的。

23.8

色声香味触　　及法体六种
皆空如炎梦　　如乾闼婆城
大意是：这六种东西象阳炎、幻梦、海市蜃楼。

23.9

如是六种中　　何有净不净
犹如幻化人　　亦如镜中像
大意是：在这色声香味触法六种中，哪儿有净与不净？就像幻化人，也如同镜中像。

龙树这两颂针对23.7颂论敌的观点进行回应："你们说六尘是三毒产生的根本，这六尘如同幻梦，海市蜃楼一样。哪儿有净与不净"？

龙树本颂的破斥是完全没有找准点，因为六尘如同幻梦，也是可以在众生的意识上制造出净与不净。海市蜃楼般的六尘同样可以引发贪嗔痴三毒。

空谷回音可以让众生神清气爽，喜剧电影也可以让众生放松开怀。

众生既便看穿了六尘的如梦如幻，也不影响这些梦幻能透发三毒。

23.10

不因于净相　　则无有不净
因净有不净　　是故无不净

大意是：由于相对观待所生的原因，如果不依于净相，则没有对比产生的不净相。所以没有不净相

23.11

不因于不净　　则亦无有净
因不净有净　　是故无有净

大意是：由于相对观待所生的原因，如果不依于不净相，则没有对比产生的净相。所以没有净相

这两颂合并成一句话就可以了，没必要写成两颂，占用社会资源。

龙树就一个意思要表达，：

因互相观待才产生的概念本身就不存在。

笔者在下一颂一并分析，因为这两颂主要是为下一颂作铺垫。

23.12

若无有净者　　何由而有贪

若无有不净　　何由而有恚

大意是：如果没有净的东西，众生怎么会对净的东西生起贪念？

如果没有不净的东西，众生怎么会对不净的东西生起嗔念？

接上一颂，龙树本颂的前提是上一颂产生的'没有净与不净'，因为这个预设前提的消除，然后推论出没有贪、嗔。

那么上一颂的这个前提在所有时间中一定能成立吗？

不能

因为依龙树的标准净与不净是互相关待才生起的概念。那么谁在进行'互相关待'？

众生

众生生起这个心思时有时无，有这个心思的时候，净与不净就存在了。没有这个心思的时候，净与不净就不存在。

所以决定'净与不净'存在与否并不是依观待，根子上还是众生。

而相互关待只是'净与不净'这两个概念在真空状态中存在的一种形式，而一旦这两个概念有指示对象（比如手是干净的，手就不是不干净的）。就不用依靠这个同一时间之内相互关待才能显现的形式。而且一旦这两个概念有指示对象，这两个概念就可能无法同时并存。

23.13

于无常著常　　是则名颠倒

空中无有常　　何处有常倒

大意是：在无常之中执着有常，这可以被称为颠倒的认识

诸法的性空之中是没有常的，那么在哪里还找得到执着于常的颠倒认识？

本颂龙树的逻辑错误非常显眼，假设所有的论敌都同意他的前三句的条件设定，笔者猜所有的论敌都会延着前三句写出与龙树相反的第四句。

原因很简单，因为众生错误的把无常视为常，把苦视为乐。才被称为颠倒见。现在设定的条件是世界为无常，众生把世界视为常，这就是颠倒见。如果要颠倒见消失，只需要众生视世界为无常即可。

世界无常并不产生颠倒。也不使颠倒消失。决定颠倒的只是众生的认识与实相之间的偏离程度。

龙树在此错得一塌糊涂！

23.14

若于无常中　　著无常非倒

空中无无常　　何有非颠倒

大意是：如果在无常之中，执着于无常才是非颠倒的认识

诸法性空之中没无常、那么在哪里还找得到执着于'非颠倒'？

本颂龙树反过去把无常也否决了，看似更进一步，更深一层。其实是与上一颂自相矛盾。同时也把'诸法性空'的定义弄得稀里哗啦，经过本颂，中观学人如何去向外宣说'诸法性空'这可要大伤脑筋了。

笔者建议把本颂从中论中剔除把，为了破个颠倒，顾头不顾尾把老本都赔上不值得。

这也是龙树这类极端主义份子的惯常结局，按照他们的思维执着推进，最后必定是搬起石头砸自己的脚。用驾驶汽车作比喻，极端主义分子对于不要错过刹车点，弯心之前找到最佳轮胎抓地力，调整方向循迹并保持扭力输出等等具体技术细节是不关心的。只知道锁定方向一脚老油门踩到底，仿佛车车永远能开在一条没有尽头的机场跑道上。这不冲下悬崖才怪了！

23.15

可著著者著　　及所用着法

是皆寂灭相　　云何而有着

大意是：被持着的事物，持着的众生、众生执着产生的业。以及众生接纳外部事物的六根等

这四种东西都是性空的寂灭相。所以没有持着存在。

本颂龙树用一顶'寂灭相'的大帽子把这四种东西统统罩住，然后否定有持着。和本品的 23.13 颂一样，龙树没有理清其中的逻辑，众生产生执着与这四种东西本身有没有寂灭相没有必然关系。

假设被持着的事物有一表面的幻像，也有其真实的寂灭相。而众生看清了这虚幻的表像与真实的寂灭相。而某众生就坚持即使是虚幻的东西，他也任然喜欢！你能咋的？持着不持着和这个东西有没有寂灭相没有必然关系。

众生之中如果看清了这二面而选择放下执着的人，也应该是基于出离心的引导。

龙树则是想当然的认为众生认清真相就会放下所执,这显然过于天真。他就没有想过众生面对寂灭时会产生的恐惧,搞不好弄一群人让他们看清真相之后,其中大多数都会选择活在虚假的幻梦中。

23.16

　　若无有着法　　　言邪是颠倒

　　言正不颠倒　　　谁有如是事

　　大意是:如果没有六根等工具,谁是颠倒谁是不颠倒?众生连六根都没有了,哪里还存在这些事情?

　　这一颂龙树直接认为没有六根等。把上一颂的寂灭性完全等价于断灭。

　　而藏译颂词与罗什版本不同:

　　若于真实中　　　无有颠倒执

　　颠倒不颠倒　　　谁有如是事

　　大意是:既然在真实境界中不存在颠倒的执着,那么谁会具有颠倒不颠倒这些事呢?

　　藏译认为这里是在破颠倒者补特伽罗。

　　把'我'(补特伽罗)这个前提取消。当然论敌肯定是不会认的,龙树也没啥有力论据来支持自己的观点。

23.17

　　有倒不生倒　　　无倒不生倒

　　倒者不生倒　　　不倒亦不生

　　大意是:已经颠倒事物的不会再生起颠倒,没有颠倒事物的当然不生起颠倒已经颠倒的人不会再生起颠倒，不颠倒的人也不会生起颠倒。

23.18

若于颠倒时　　亦不生颠倒

汝可自观察　　谁生于颠倒

大意是：在正颠倒时，也不生颠倒

你可以自行观察，谁是颠倒者。

这两颂龙树再次祭出了'三时破'的老套路。只要一动用'三时破'，龙树必然会堕落于断灭论的无底深渊。

另外推论过程也是有问题的。

当一个有情众生杷黑认为白，这个颠倒见就产生了。这里有生。

产生之后呢，只要众生没有改变这个认识，颠倒就一直存在，这就是住。直到众生把黑认作黑，颠倒见才结束，这就是灭。

这三步就是颠倒见的生住灭。在生之后灭之前，众生一直是有颠倒见的颠倒者。

龙树去探讨颠倒见生成之后（住这一阶段）没有'生'是没有价值的，这丝毫不影响颠倒见曾经有生成的事实，也丝毫不影响颠倒见的成立。更丝毫影响不到颠倒者的存在。

23.19

诸颠倒不生　　云何有此义

无有颠倒故　　何有颠倒者

大意是：种种的颠倒不生、那里还有什么邪是颠倒、正是非颠倒的的意义？

没有颠倒，哪里还有颠倒的众生？

依印顺导师在《中观论颂讲记》里的决择，本颂采用了清辩论师的解说。

藏译没有前二句，而青目释的解说没法看。

即便是清辩论师的解说仍然是建立在前一颂龙树的错误观察的基础之上。所以本颂依然是无根之水。

23.20

　　若常我乐净　　　而是实有者
　　是常我乐净　　　则非是颠倒

大意是：如果'常乐我净'是实有的法

那么这些'这些'常乐我净'应成为非颠倒。

23.21

　　若常我乐净　　　而实无有者
　　无常苦不净　　　是则亦应无

大意是：如果'常乐我净'不存在，那么相对应的无常、无我、苦、不净也不应该存在。

这两颂涉及两个不同的佛教派系，

一方坚持常乐我净。

一方坚持无常、苦、无我、不净。

龙树把两方观点作为相互依存的概念来处理，通过文字相进行推论。其中一方不成立则另一方也不成立。其实这个推理方法是脱离实际的。

假设前提是世界存在。之后众生的主观意识面对这个'存在的世界'幻想出了啥都没有的'无'的概念，与此对应的'有'的概念也产生了。依照'有、无'是互相依存才能产生的原则，如果无的概念没有了，有的概念也消失了。

但是前提'世界存在'仍然健在，丝毫没有受'有无'两个概念存在与否的影响，认为世界存在的一方并没有失去什么。

反之，假设前提换成'世界不存在'也一样。

站在纯文字概念上去观察，'常乐我净'与'无常、苦、无我、不净'这两组概念是俱生俱灭的。

但观察世界的本体正好是非此即彼。纯文字概念只要和指示物一连接，这种文字相上的俱生俱灭就瓦解了。世界如果是常乐我净，它就不是非常乐我净。反之亦然。

所以龙树用文字概念是无法破斥这两家论敌的观点的。

23.22

> 如是颠倒灭　　无明则亦灭
> 以无明灭故　　诸行等亦灭

大意是：像这样颠倒不存在了，无明也就灭了。无明灭了，十二缘起其余十一支也就灭了。

本颂龙树给出了解锁整个十二因缘的方法，这显然达不到目的。无明灭了十一支就灭也许没有问题，但颠倒灭了、无明一定会灭吗？未必。即便众生透过表象如实观察到真相，也未必不产生无明。无明这个里面可以包含的内容可就多了。无颠倒最多提供'信息为真'，并不能左右有情众生的选择。而无明里当然包括众生对信息的选择处理。

23.23

若烦恼性实　　而有所属者
云何当可断　　谁能断其性

大意是：如果烦恼实有、且属于某个补特伽罗、那么怎么能断除它呢？谁能断除它的实有本性呢？

23.24

若烦恼虚妄　　无性无属者
云何当可断　　谁能断无性

大意是：如果烦恼虚妄不实，无有自性也不属于某个补特伽罗，那如何能断除它，谁能断除无实之性。

最后两颂是回应论敌的责难。

论敌认为：如果烦恼就如虚空中的鲜花一样不存在，那我们何必去对治它呢？既然能够将它断除，就说明烦恼必定存在。

龙树对此的回应是则是老套路，完全回避论敌的问题，而是先扭曲对方的观点，把论敌的结论'烦恼存在'扭曲成'烦恼实有'。把这个'实'字像狗皮膏药一样贴上去，'性'就被强调成了龙树牌自性。龙树强行把对方的'存在'定义为拥有龙树牌自性的存在。再对这个扭曲的东西进行二头堵（烦恼有自性、无自性的状态）的破斥。

可以看到从始至终，龙树都没有敢面对论敌致命一击——烦恼不存在，何必对治。

相当于龙树再次耍了个流氓就遁了……

二十四、观四谛品

印顺导师认为本品是极为重要的一品。理由是之前各品都是龙树在随着论敌的观点在作相应破斥，而本品有龙树的真实想法。

24.1
若一切皆空　　无生亦无灭
如是则无有　　四圣谛之法

24.2
以无四谛故　　见苦与断集
证灭及修道　　如是事皆无

24.3
以是事无故　　则无四道果
无有四果故　　得向者亦无

24.4
若无八贤圣　　则无有僧宝
以无四谛故　　亦无有法宝

24.5
以无法僧宝　　亦无有佛宝
如是说空者　　是则破三宝

24.6
空法坏因果　　亦坏于罪福
亦复悉毁坏　　一切世俗法

这六颂的大意是：你龙树所讲的一切法空，破坏了四圣谛、破坏四果、破坏八贤圣、破坏三宝、破坏因果、破坏罪福业报、破坏一切世俗法。

以上六颂都是佛门内论敌对龙树罗列的罪名，论敌具体是哪派不太清楚。只听这些罪名就感觉是跨越了不少部派佛教群体。

——／——／—————————／／／／／／—

从 24.7 颂开始，龙树开始对论敌进行回应

24.7

　　汝今实不能　　　知空空因缘
　　及知于空义　　　是故自生恼

大意是：你们这些论敌、自己不知道空的特征，不知道为什么要谈论空，也不知道空的真实含义，所以自讨烦恼。

龙树在此没有再客气！佛门内论敌们倾巢灌下的弥天大罪已经乌云盖顶，龙树情绪激动了，更怼了回去。

看似很刚猛，其实是外强中干。龙树并没有强硬清楚的回答"为什么我的一切法空没有破坏一切"，而是强硬的耍了一个流氓————你们说我烂，你们比我还要烂，接下去读者就会看到。

24.8

　　诸佛依二谛　　　为众生说法
　　一以世俗谛　　　二第一义谛

24.9

　　若人不能知　　　分别于二谛
　　则于深佛法　　　不知真实义

这二颂大意是：诸佛依二谛为众生说法，一个叫世俗谛，一个叫第一义谛（胜义谛）。

如果人不能如实分别二谛，则对于甚深佛法，不知它的真实义

龙树先给佛陀讲的法一分为二，这就是著名的二谛。

至于这是怎么来的？应该是龙树个人的参悟。是不是佛陀的本意不得而知，笔者是执怀疑态度的，原因在下一颂解释。

但不加怀疑的去读本颂，就很容易把龙树的个人理解当成佛陀的意思。和苏试一样，龙树也不介意假传圣旨。

24.10

　若不依俗谛　　不得第一义

　不得第一义　　则不得涅槃

大意是：龙树说：第一义都依言说，言说是世俗。如果不依世俗谛。第一义则不可说。如果不得第一义。则得不到涅槃。

本颂龙树很快就开始打自己脸，他在上一颂说佛陀依二谛为众生说法，也就是说佛陀用语言描述的对象有二种。

一种是世俗言语可以描述的不真实如梦幻泡影的世俗世界。

一种是言语无法描述的真实的宇宙本体。

这里面的矛盾一下就暴裂出来。既然无法用世俗谛言说，那么还用世俗谛来说也没有用啊！

龙树给出的条件是第一义（胜义）是无法直接用世俗文字概念来描述的（请参看中论第十八品观我法品中 18.7 颂

与18.9颂龙树的定义）。但佛陀又不得不对众生讲一点，要讲也只能用世俗语言来讲。

搞了半天佛陀对众生所讲的只有世俗谛！佛陀对众生所讲的这个世俗言说能不能如实展示第一义谛呢？按龙树的条件是绝对不能的。如果佛陀用世俗语言能给众生讲清楚胜义谛，那么就与龙树的对第一义谛的定义自相矛盾了。

如果连佛陀也无法用世俗语言把第一义讲清楚讲明白。请问谁又能？龙树这种级别当然更讲不清楚。龙树用世俗语言讲不清第一义（胜义谛）就可以定板了。于是龙树讲的一切都不是胜义谛，有一个字是胜义谛都不可能。并且在这里隐喻啊，指月啊这些形式同样都被否决，如果世俗言说通过隐喻、指月能指向第一义。其效果等同于世俗谛能够言诠第一义，没有区别。

龙树习惯性的'开场就溃败'在本品继续保持！

如果回头去查找龙树失败的原因，大约可以看到龙树以凡俗的眼界去妄言第一义谛。这不自取灭亡才怪。凡俗所编撰的理论怎么能兜得住宇宙实相的底？

24.11

不能正观空　　钝根则自害

如不善咒术　　不善捉毒蛇

大意是：如果有些人本身就根器鲁钝，不能正确理解'空'的真义，如同不擅长咒术的人去捉毒蛇，反为所害。

这一颂龙树试图以降维打击的方式对付论敌，这里的'有些人'就是指论敌。

然而这种菜市场吵架的技能如果没有强大的证据支撑，也只能在口头呈一时之快，并没有拳拳到肉的力度。对方同样可以降维打击指责龙树是钝根，最后双方只能形成名誉上的互相伤害。

龙树自己也面临如何诠释'空'的问题。解释成没有就是断灭，如果不说没有，龙树中论里众多的破敌全部要化为灰烬。

24.12

世尊知是法　　甚深微妙相

非钝根所及　　是故不欲说

大意是：佛陀以'空法'甚深微妙。不是钝根所能理解的。所以不想说。

这一颂估计也是龙树假传圣旨。

佛陀不想对钝根说，但可以对利根说。依佛陀的智慧还不能区分纯根利根？

依教界诸多经藏所言，以佛陀出世为坐标，按时间排序，越靠近佛陀出世的根器越利。为什么佛陀对这些利根说的是四圣谛、十二因缘？而不是龙树自己都说不清道不明的'一切法空'？

24.13

汝谓我著空　　而为我生过

汝今所说过　　于空则无有

大意是：你们这些论敌说我执着于'空'、给我罗列众多罪名。在'一切法安'的理论框架中你们所说的这些罪名根本不存在。

本颂龙树否认罪名。但读者千万不要激动，因为龙树仍然没有解释'为什么'。为什么他的'一切法空'不会破坏因果罪福等等照久被悬置了。

而大家去看龙树在中论之中，从第一品一路走来，又的的确确是在破坏因果，罪福等等。

这就有一种瞪着眼不认帐的即视感。

24.14

以有空义故　　一切法得成

若无空义者　　一切则不成

大意是：依靠'一切法空'，一切事物才得以成立。

如果没有'一切法空'，一切事物就不能建立。

本颂前两句龙树提了口号，立了观点。没有进行证明，继续耍流氓。

后两句开始对论敌倒打一钉耙，这个龙树倒是在接下去的颂词中进行了长篇大论，没有耍流氓，只不过是又一次失败了。

本颂也是笔者前文多次提过的龙树强硬的语言只停留在'你说我烂、你比我更烂'这一层。

24.15

汝今自有过　　而以回向我

如人乘马者　　自忘于所乘

大意是：现在，你们这些论敌自己有过错，却把污水泼到我身上。就如同于骑马的人，自己忘了自己骑在马身上。

24. 16

　　若汝见诸法　　　决定有性者

　　即为见诸法　　　无因亦无缘

　　大意是：你们说诸法有定性。如果真是这样，那么等同于诸事物是无因无缘的。

　　为什么呢？

　　因为如果事物有定性。则应该不生不灭。这样的事物如何用得上因缘。

24. 17

　　即为破因果　　　作作者作法

　　亦复坏一切　　　万物之生灭

　　大意是：事物有定性，就用不上因缘，就是破坏因果，作业、作者，所作法等等也被破坏，万物的生灭也不会有。

　　以上三颂就是龙树在论证佛门内的论敌如何比他还烂。使用的基本依据还是龙树牌自性，这显然没有成功的可能。

24. 18

　　众因缘生法　　　我说即是无

　　亦为是假名　　　亦是中道义

　　大意是：众因缘所生的各种事物，我龙树说，这就是空。也就是假名，也是中道的意思。

　　本颂非常有名，夸张到依本颂可以创立宗派的地步。和第十八品 18.8 颂的张力有得一拼。

　　龙树的立论在这里有点天翻地覆的变化。他制造了一个新等式：

事物=因缘所生=空=假名=中道

这一等式一出，就给很多曾经定义模糊不清的概念铆钉于某处。

虽然龙树仍然没有把每一个概念说得很清楚，但是论敌是可以发问的？

论敌问事物存在吗？

回答存在，其余四项全部存在。龙树的中论就可以扔进火炉当柴烧了。

回答不存在，其余四项全部不存在。进入断灭论，中论一样要进火炉。

笔者认为作为辩论者，龙树这一颂的立论是非常愚蠢的。等同于赤壁之战时把每一条船用铁链拴在一起。论敌一把火就可以火烧连营。

一直以来，龙树喜欢使用应成法破敌，虽然说龙树在其使用过程中因功力不够而屡屡受挫，但不失为一个灵活机动、片叶不沾身的好方法。

而本颂则是自捆手脚，打包送上前线，其悲惨结局都不用费心思就可以预见。

当然过往对本颂的赞誉如潮，笔者就不一一引用了。只能对这些赞颂表示遗憾！

24.19

　　未曾有一法　　　不从因缘生

　　是故一切法　　　无不是空者

大意是：从来没有一个事事物不从因缘生起。

所以一切事物没有不是空的。

这一颂是对上一颂的补充说明，上一颂崩了，补充也就没有多大意义。

倒是本颂龙树一口咬定的"未曾有一法，不从因缘生"给龙树中论第一品一盆冷水泼下去，泼得一点火星都不剩了。龙树搞这种局部战斗时顾尾不顾头也是个常态。

24.20
　　若一切不空　　则无有生灭
　　如是则无有　　四圣谛之法
如果一切事物各有各的'性'。则没有生灭，没有生灭，则没有四圣谛法。

本颂龙树开始论证论敌'一切不空'的观点才是破坏四圣谛的原凶。

龙树所有的依据都堆在第一句上：不空=有=龙树牌自性=孤立封闭不变的常在

是的，没错。还是龙树牌自性！

佛门内论敌会不会回应龙树都要打个问号？不知道写到本颂时龙树年龄几何？反正有点江郎才尽的感觉。接下去所有推论都建立在荒谬绝伦的龙树牌自性之上。

24.21
　　苦不从缘生　　云何当有苦
　　无常是苦义　　定性无无常
大意是：如果不从缘生，则没有苦的产生。经说无常是苦义。如果苦有定性。怎么会有无常。

因为本品主要是龙树在和佛门内的论敌比划。论敌都是承认诸法是从缘生的，所以龙树本颂变成了失忆健忘后的对论敌的诬赖。用俗话说就是乱扣帽子，乱打棍子。如果帮龙树恢复一下记忆，把过去的记录翻出晒晒太阳。当龙树惊讶的发现之前激烈反对诸法从缘生的正是他自己时，他会不会精神崩溃？

24.22

若苦有定性　　何故从集生

是故无有集　　以破空义故

大意是：如果苦有定性，则不应再生，因为先已经有了。如果是这样，则没有集谛。因为坏空的意义。

本颂同样是把依据架在龙树牌自性上，离开龙树牌自性，龙树一个推论都推不下去。

在佛门论敌那里，苦是有自性的。什么是苦？就是众生的感觉，佛陀总结人生有八种（生、老、病、死、爱别离、怨憎会、求不得、五蕴炽盛）。这八种事物为什么会让众生感觉到苦？因为这些事物让众生不舒服。不舒服的程度对应着苦的指数。小不舒服则小苦，大不舒服则痛苦。

于是苦的其中一些自性就被显现出来——令众生不舒服。

这个特征就是苦的自性之一（只能这么说，因为苦还有其他的特征，诸如在相对中产生）。

如果没有这些特征，就无法区分定义‘苦’与其他事物。

而苦是由苦自己决定生起的吗？只有在名词概念里打滚的龙树才会去进行这种拟人化拟物化的思考。这种思考模式去创幼儿造动画片可以。但不适合与论敌交战。

苦是众生的感觉，不管这种感觉基于真实还是虚幻。也就是说苦虽然有它的自性特征（让众生不舒服），但只是由众生来决定它存在还是不存在。众生使它出现时，它必有其自性特征。众生不让它出现，则它不存在。这也是修道要达成的目标。龙树妄想的'苦'可以以拟人或者拟物的形式存在并永恒下去显然没有基础。

24.23

苦若有定性　　则不应有灭
汝著定性故　　即破于灭谛

苦若有定性。则不应灭。为什么，有自性则无灭。

24.24

苦若有定性　　则无有修道
若道可修习　　即无有定性

大意是：苦如果有定性。则没有修道。

如果道是可以修习的、道则无有定性。

佛门共识有五道：资粮道，加行道，见道、修道、无学道

这两颂与24.22颂一样，都是以龙树牌自性作为基础来推证。其实并入一颂就可以了，无需啰啰唆唆写这么多。

24.25

若无有苦谛　　　及无集灭谛

所可灭苦道　　　竟为何所至

大意是：如果没有苦、集、灭、三谛，那么可以灭苦的道谛究竟要到达什么样的境界呢？

这一颂龙树假设了一个等同于废话的前提条件。

本颂是可以从本品删除的一颂。

24.26

若苦定有性　　　先来所不见

于今云何见　　　其性不异故

大意是：如果苦谛有自性，那么它先前不被见到，后来也不该被见到。因为苦的本性不变异的缘故

本颂龙树又开始不知所云了，再概念里浸泡久了，大脑已经进水了。

能不能见到一个事物，和一个事物之前有没有被见到过以及这个事物有没有自性并没有必然关系。

如果一个事物就在宇宙边缘存在着，之前没被见到，并且无始以来凭自性存在于那个地方。但丝毫不影响之后飞行器飞到此处发现它，能不能被见到由众因缘所决定。见与不见并不是由事物作为主导，起主导作用的必竟是观察者。如果龙树还要狡辩，说某事物有自性就包含了不能被看见的特征，这无非是给龙树牌自性的封闭性再封装一层表面包裹物。

而按龙树这样推论就让之前未见过妻子的丈夫永远见不着自己的老婆。

24.27

如见苦不然　　断集及证灭
修道及四果　　是亦皆不然

大意是：如果苦谛之前看不见，以后也不应被看见。如果这样的话，同样的道理，也不应该有四圣谛后三谛————断集、证灭、修道。

本颂龙树把上一颂的错误扩大化。

24.28

是四道果性　　先来不可得
诸法性若定　　今云何可得

大意是：诸事物如果有定性。四沙门果之前没有得到，现在怎么能得到？

本颂龙树还是在啰啰嗦嗦重复'先前见不到，就永远不应被见到'的梗。

24.29

若无有四果　　则无得向者
以无八圣故　　则无有僧宝

大意是：如果没有沙门四果，则没有得果向果的修行人，没有八贤圣，则没有僧宝。

沙门四果（须陀洹，斯陀含，阿那汉，阿罗汉），以及这四果之前的四果向的修行人总共八种贤圣被佛经称为僧宝。

基于一个错误的前提，龙树在错误的道路上越玩越嗨。

24.30

无四圣谛故　　亦无有法宝
无法宝僧宝　　云何有佛宝

大意是：修行四圣谛才能得涅槃法。没有四圣谛则没有法宝。如果没有这二宝怎么会有佛宝？

24.31

汝说则不因　　菩提而有佛
亦复不因佛　　而有于菩提

大意是：你们说诸法有定性，则不应该因修菩提（证悟）道而成佛。或者因佛有菩提。因为这二者的自性恒常不变。

24.32

虽复勤精进　　修行菩提道
若先非佛性　　不应得成佛

大意是：虽然不断勤奋精进的修行菩提（证悟）道
如果先没有佛性，不应该能修行成佛。

24.33

若诸法不空　　无作罪福者
不空何所作　　以其性定故

大意是：如果诸事物不空，最终将没有造作罪业福德的人。为什么？因为诸事物不空有自性就无法造作。

24.34

汝于罪福中　　不生果报者
是则离罪福　　而有诸果报

大意是：你们认为善业恶业都不会有果报
则应该离开善业恶业也有果报。

24.35

　　若谓从罪福　　而生果报者
　　果从罪福生　　云何言不空

大意是：如果离开善恶业没有善恶果。怎么能说果不
空。你们先前说的诸法不空如何能成立？

24.36

　　汝破一切法　　诸因缘空义
　　则破于世俗　　诸馀所有法

大意是：你们如果破坏一切法缘起性空的真义，则破坏
了一切世俗法。

24.37

　　若破于空义　　即应无所作
　　无作而有作　　不作名作者

大意是：如果破坏了空性的真义。则一切果都没有因。
就会没有所作的业、又会产生不造作就有行为。还会使一切
没有为的人也被称为作者。

24.38

　　若有决定性　　世间种种相
　　则不生不灭　　常住而不坏

大意是：如果诸法被确定为有定性。则世间种种事物都
会不生不灭常住不坏。

本颂龙树再次重申有自性=龙树牌自性=不变

24.39

    若无有空者　　未得不应得

    亦无断烦恼　　亦无苦尽事

大意是：如果没有空法。则世间的以及出世间的所有功德都不应得到，也不应刻有断烦恼者。因为自性固定封闭、苦是没有尽头的。

24.40

    是故经中说　　若见因缘法

    则为能见佛　　见苦集灭道

大意是：所以经中说，如果有人能见到因缘规律，这个人就能见到佛的法身。也能见到四圣谛

综述：

本品比较长，总共四十颂，其实关键内容并不多。笔者多数时间都浪费在对这些冗长的颂词作翻译。从 24.14 颂开始一直到本品结束。除去 24.18 颂，龙树其实只是在讲了一件事：你说我烂，你们比我更烂。

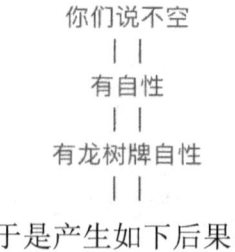

于是产生如下后果：

没有生灭、没有四圣谛、没有苦集灭道，也不能见到四谛，没有沙门四果，也没有八贤圣，没有三宝，没有菩提道，没有成佛的可能，没有罪福，没有果报，破坏一切世俗法，断不了烦恼。

可以清楚的看到，对于论敌盖在龙树头上的罪名，龙树把罪名数量加倍的还了回去，这一点和小孩子吵架差不多。从上图还可以看到，这一切只不过都是建立在龙树牌自性之上。论敌只需要否定自性等于龙树牌自性，龙树罗列的洋洋洒洒的罪名就会像沙滩上的茅草房轻松坍塌。论敌几乎都不用费力到这些具体罪名里去找茬，当然这些具体罪名的推论里也有不少茬可找。

龙树自己在本品玩得很嗨，如同龙树带兵和强敌作战时，敌人的间谍传送给龙树一个假信息————敌军的元帅突然死了。于是基于这个信息，龙树推论出一大串后果出来——————元帅的老婆将改嫁、元帅的小妾将和情人私奔，元帅的家财将引发争夺战、元帅在军中的孩子将被军中的对立派元老排挤等等。

但是一当这个信息被证伪，龙树就白嗨了。

一谈到龙树牌自性，自然不得去不观察论敌的'自性'作为对比。

其他论敌的都不用说了，就以最极端的说一切有部的自性，也是仅指某事物内含之理，事物的特征规律，而不包括事物的作用。事物的自性在过去、现在、未来都是不变的。而事物的作用随着缘起缘灭生灭变化着。

比如一个三角形：

是由三条线段顺次首尾相连，或不共线的三点两两连接，所组成的一个闭合的平面几何图形

但无论你让它显现出来还是不显现。都不影响三角形的自性存在于宇宙之中，甚至包括三角形的那些细分自性（特征）：

三角形两边之和大于第三边

三角形任意一个外角大于不相邻的一个内角。

在欧几里德平面内，三角形的内角和等于180°。

无论在过去，现在，未来的时间段里这些自性恒常存在。

某人可以用实物把这个三角型制造出来，也可以用笔把三角型画出来，甚至于仅仅通过冥想让这个三角形出现在脑海中，都无所谓。这些显现不过是随缘起舞，幻生幻灭。但不影响三角形的自性有。

而龙树牌自性，则包山包海，从内容到外形，从自性到作用都只能是一颗封闭的黄豆。甚至于连是这样的黄豆也不行，因为黄豆内部还有互相依存的关系。而只能是一个基本粒子，不能有丝毫变动，并且要绝对不变的永远存在下去，甚至都不能被观察。

可以毫不掩饰的说，龙树牌自性就是由极端主义思想疯狂推动出台的精神病患者的颠倒梦想。

本品被称为精华实在是徒有虚名！

二十五、观涅槃品

25.1

若一切法空　　无生无灭者

何断何所灭　　而称为涅槃

大意是：如果你龙树说一切法空，无生无灭。那还断什么灭什么？没有断除业、烦恼等怎么能称之为涅槃？

本颂是论敌对龙树的问难。

其中只有一点需要注意：论敌在此把龙树的'空'认定为'啥都没有、不存在。

这的确也没有冤枉龙树。

这里佛门的论敌绝不可能把龙树的空定义为依缘而起，因为依缘而生本来就是佛门论论敌们的一惯主张。龙树从第一品就在破他们的依缘而生。

25.2

若诸法不空　　则无生无灭

何断何所灭　　而称为涅槃

大意是：如果你们说一切法不空，无生无灭。那还断什么灭什么？没有断除业、烦恼等怎么能称之为涅槃？

龙树本颂反驳只改了一个字，把一切法空改成了一切法不空就扔回给论敌了。还是在说"你说我烂，其实你才烂"，但没有论证，算是先表个态。

并且龙树这个表态也是问题很多，一切法不空就是有，论敌的'有'如果是下图的结构：

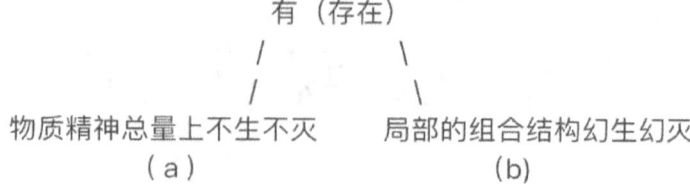

如上图，修行人无须去断除不生不灭的（a），只须断除幻生
幻灭的(b)引发的业、烦恼。龙树的推论就抓不住论敌。

25.3

　　无得亦无至　　　不断亦不常

　　不生亦不灭　　　是说名涅槃

　　大意是：没有所得，也没有可以到达之处。不是断灭也
不是恒常。不产生也不灭坏。这就是涅槃。

　　本颂是龙树宣说什么是涅槃，算是他一家之言。

　　前面笔者就提过，龙树是没有资格去描述涅槃的，这也
是他自己在前面对涅槃的定义划下的禁界———-非言诠所
能表述。

　　本颂算是龙树自己立法自己犯法。

25.4

　　涅槃不名有　　　有则老死相

　　终无有有法　　　离于老死相

　　大意是：涅槃不是有、有则有老死相，
终究没有一种事物可以脱离老死相

25.5

　　若涅槃是有　　　涅槃即有为

终无有一法　　而是无为者

大意是：如果涅槃是'有'，涅槃即是有为法

在这万物之中终究没有一件事物是无为法

25.6

若涅槃是有　　云何名无受

无有不从受　　而名为有法

如果涅槃是'有'，怎么能称之为无受，

没有有法不受而有。是故涅槃非有。

以上三颂都是龙树在努力破斥涅槃是'有'。

龙树可能忘了涅槃不是有为法，不能按有为法的法则（一切有为法暂有生住灭）去推定。

涅槃如果是'有'，那么这个'有'也是指言诠无法描述的境界，诸如被称为'真常妙有'的这一类。你龙树拿个'世俗有'的尺子去量度，岂不可笑？

更可笑的是往下写到本品 25.13 颂，龙树又恢复了记忆，铁口直断涅槃是无为法。

25.7

有尚非涅槃　　何况于无耶

涅槃无有有　　何处当有无

大意是：'有'尚且不是涅槃，何况无呢？

经中说"先有今无则称为无"，

涅槃无法从'有到无'，所以也不是无

本颂据称是在破经部论师的观点，他们认为通过智慧抉择，断除业和烦恼后的无实灭法就是涅槃。

前三颂龙树破涅槃'有'以失败收场，本颂想以'有'不成立作基础显然已无可能。既便经部的论点是错的，龙树也无能为力。

另外就是龙树的推论过程是一笔糊涂账，龙树自己一直没有捋清楚。

涅槃（事物） 　　　　　第一层

有<——————-> 无　　　　第二层概念

如上图龙树把第二层概念当成纯概念在看待，和第一层完全割裂。在这种完全割裂的真空中，有与无这两个纯概念是相互关待而存在的，此有而彼有。但是这样就与事物无关了，一但龙树要把这个关系连接到第一层事物上，这个真空状态就被打破了，'有'是事物的有，'无'是事物的无。事物有就不是无，事物无就不是有。

如上图，龙树在论证过程中又一次稀里糊涂、错乱颠倒的分不清范畴。

还有一个问题有待解决，青目释解释龙树本颂的推论依据是——引用佛经中说的'先有今无，称之为无'。青目这一解释是必要的，没有这个前提条件，龙树的推论无法进行。

但是这个依据里面明显没有包括'先无'，石女儿子是不是无？

一旦把'先无'挂出来，龙树的推论就变成了鱼网装粥。

25.8

　　若无是涅槃　　云何名不受
　　未曾有不受　　而名为无法

大意是：如果你们说'无'是涅槃。佛经上则不应说涅槃被称为不受。为什么？从来没有'不受'被称为无法。

'无法'如果被赋予'不受'的特性，并无不妥。既便经部论师的观点是错的，龙树也没有找到好的破斥点。

25.9

　　受诸因缘故　　轮转生死中
　　不受诸因缘　　是名为涅槃

大意是：众生依赖五蕴在生死中轮回

如果不依赖这些因素了，就可以称为涅槃。

论敌指责龙树把有的涅槃与无的涅槃都否定了，就没有涅槃了，不承认涅槃还算佛教徒吗？

于是龙树通过本颂回应论敌，无论罗什的版本还是藏译意理都不是很清楚，并没有构成对论敌的回答。

龙树在本颂只是承认了有涅槃，并且给出了涅槃的条件——不受各种因缘的攀扯。

25.10

　　如佛经中说　　断有断非有
　　是故知涅槃　　非有亦非无

大意是：龙树说：正如佛经中说——断除'有'和无。

所以知道涅槃是非有非无的。

龙树在前面第十五品中说"15.10 定有则著常，定无则著断，是故有智者 不应着有无"。结果本品龙树自己在有无上反反复复纠缠不休。为什么？因为绕不过去。涅槃是有还是无事关所有的佛门内修行人。

如果是无，则修行无用，还不如顺从顺世外道的断灭论。

如果是有，修行的目标是不虚了，修行人到是满意了。但龙树的理论要崩溃。

是的，你没看错，涅槃是'有'对修行人不但丝毫不会产生干扰，而且对修行人是积极正向的。但对龙树却是致命一击。

想想看所有修行者按龙树的瞎指挥在修空无所有，修到最后什么都空掉了，连空也是空，这下终于可以涅槃了，但进入涅槃后得到的是有。这是不是黑色幽默在逗你玩？

所以龙树必须否定涅槃是有，但是否定有之后，龙树就只剩'无'这个断灭论的选项了。

龙树只好打死不认账，绝不承认无。但这也没啥用，先否定有后否定无其实还是'无'。无非断灭得更彻底而已。就算再创造二组词来圆场也没啥用。中观论师月称就说过，'亦有亦无'还是有，'非有非无'还是无。在文字概念上耍流氓没有用。（注：演培法师《入中论讲记》）

但接下去很多颂词继续在这四组词（四边）上纠缠。

还要提醒读者，不要天真的把龙树所说的"经上说"当成是佛陀所说，这个需要求证。即便是佛陀原话也要看佛陀这句话的语境，因为不得不防龙树喜欢玩"六经注我"。

25.11

　　若谓于有无　　合为涅槃者

　　有无即解脱　　是事则不然

大意是：如果说有与无合为涅槃。这是不合理的，有无二个事物是相违的，有就是有，无就是无，不能同时存在于一处。

这是龙树在否定涅槃以亦有亦无的状态存在。

25.12

　　若谓于有无　　合为涅槃者

　　涅槃非无受　　是二从受生

大意是：如果说有无合为涅槃。佛经上不应说涅槃名无受。为什么？因为有无二者从受生，互为因果而有。

25.13

　　有无共合成　　云何名涅槃

　　涅槃名无为　　有无是有为

大意是：有与无二者一起和合而成的法怎么能称之为涅槃呢？涅槃是无为法，而有无兼具之法是有为法。

25.14

　　有无二事共　　云何是涅槃

　　是二不同处　　如明暗不俱

大意是：有与无二者共处一处，这怎么会是涅槃呢？因为这二者不可能同处，如同明与暗不能同时具足一样。

有与无共存一处也没什么不可以。对于烦恼而言，涅槃是无。对于成佛而言，涅槃是有。有无共处于涅槃之中。

另外龙树选的这个比喻还真不恰当，黑洞就是明暗同时具足，你在事件视界外往里看是黑的，在事件视界里往事件外看却是七彩斑斓的。

25.15

　　若非有非无　　　名之为涅槃

　　此非有非无　　　以何而分别

大意是：如果涅槃是非有非无。这个非有非无如何分别？

本颂龙树开始对涅槃以非有非无的状态存在进行否定。

25.16

　　分别非有无　　　如是名涅槃

　　若有无成者　　　非有非无成

大意是：你们认为非有非无是涅槃，这是不合理的。若有无成者。然后非有非无成。有相违名无。无相违名有。是有无第三句中已破。有无无故。云何有非有非无。是故涅槃。非非有非非无。复次。

25.17

　　如来灭度后　　　不言有与无

　　亦不言有无　　　非有及非无

大意是：如来灭度以后，不能说有与无。

也不能说有无二俱（亦有亦无），和非有非无。

25.18

如来现在时　　不言有与无

亦不言有无　　非有及非无

大意是：如来住世时，不能说有与无。

也不能说有无二俱（亦有亦无），和非有非无。

到此为止，关于涅槃的性质、状态。龙树把四项（有、无、亦有亦无、非有非无）全部否定完了。

前文笔者就说过龙树面临的问题就是："是否这四项状态就是涅槃存在的全部？"。

如果龙树回答：是。

那么龙树就进入断灭论。涅槃不存在

如果龙树回答：不是

那么涅槃最少存在于第五种状态中。

笔者在第二十二品观如来品 22.12 曾经讨论过此事，接下去的二颂只能当成龙树对第五种状态的描述。

25.19

涅槃与世间　　无有少分别

世间与涅槃　　亦无少分别

大意是：世间与涅槃没有一丁点分别。涅槃与世间也没有一丁点分别。

25.20

涅槃之实际　　及与世间际

如是二际者　　无毫厘差别

大意是：究竟推求世间的究竟实相与涅槃的究竟实相无毫厘差别。

这两颂废话过多，只写一句话就可以了。这个观点是龙树之前第十六品16.10颂就主张过的，是他很重要的观点。在这个观点上龙树是坚决不动摇的。作为阅读者只能延续上一颂的思路把龙树的这个主张当成涅槃的第五种状态。

但这也是龙树的自掘坟墓。后世为了把这个坟墓给兜圆了，创造出诸如"见山是山见水是水、见山不是山见水不是水、见山还是山见水还是水"之类的鸡汤语言来圆场。其实仍然是兜不住龙树这个大洞，龙树这个世俗与涅槃绝对一样的结论哪里容得下"涅槃不是有、不是无、不是亦有亦无，不是非有非无"。

涅槃不但是有、而且就是世俗有，这是一个地地道道的唾面自干。本品25.9颂龙树主张的"不受诸因缘　是名为涅槃"也被绞成了碎沫。

这里仍然无法去讨论涅槃、世俗是无的状况。因为这必然将涅槃与世俗一起推入断灭论。

这个观点属于龙树并无任何异议，又是龙树本人反复强调的，归属上不存在问题。笔者之前提过这个观点像重重的棺材板一样把唯识的无著、中观自续的清辩的压得死死的，动弹不得。

无著、清辩要起身就必须砸碎这块棺材板。

25.21
　　灭后有无等　　有边等常等
　　诸见依涅槃　　未来过去世

大意是：如来灭度后有无等四边，世间是'有、无'等四边。世间是'常、无常'等四边此三种十二见。

这些见解分别依涅槃、未来世、过去世而安立。

本颂龙树是在继续解释上二颂，如同世间的的诸四边不可得，涅槃也一样。所以涅槃世间无毫厘差别。

龙树犯的错误还是幼稚的老毛病。只看不同事物的共相，然后依共相草率的划等号进行替换。完全不考虑有共相的事物存在差别相（特殊性）。

像龙树这样证明世间就是涅磐简直就是儿戏。

25.22

　　一切法空故　　　何有边无边

　　亦边亦无边　　　非有非无边

大意是：一切法是空性的缘故，哪里存在有边，无边，亦有亦无边、非有非无边。

25.23

　　何者为一异　　　何有常无常

　　亦常亦无常　　　非常非无常

大意是：一切法是空性的缘故，哪里存在一体异体。哪里有常、无常、亦常亦无常、非常非无常。

这两颂是口号型的颂词，后面七句全都建立于第一句'一切法空故'的基础上，而龙树没有对这个'空'作明确定义，所以没有价值可以删除。只要龙树胆敢对'空'下定义，就面临困境。

25.24

　　诸法不可得　　　灭一切戏论

　　无人亦无处　　　佛亦无所说

大意是：一切万事万物了不可得，寂灭一切戏论

没有人，也没有处所、佛陀也从未宣说一句话。

本颂也是一个非常著名的观点，和《金刚经》上的观点差不多。我们知道佛陀说了很多话，讲了很多法。为什么大乘论师要瞪着眼睛说瞎话——————"佛陀从未说过什么"。

《金刚经》里有这么一段文字：

佛告善现："于汝意云何？如来颇作是念：我当有所说法耶？善现！汝今勿当作如是观。何以故？善现！若言如来有所说法，即为谤我，为非善取。何以故？善现！说法说法者，无法可说，故名说法。"（注：玄奘法师的《能断金刚般若波罗蜜多经》）

我们知道佛门内很多派别是否认佛陀说过这样的话的，因为这明显是在瞪着眼睛说瞎话。所以这些派别认为大乘的经是伪造的会议纪要。

笔者认为这不过是大乘论师在极端主义的作祟下把理论推进了死胡同。用简单的一句话来说，就是大乘论师对'不执着'疯狂的推崇产生了对'不执着'的执着。这就立马形成了悖论。

那么让我们观察一下金刚经这一段文字的上下文连接，然后发现这段文字和前后文没什么关系。

此段文字的前面在说不可以见佛色身得见如来，不可能以见具足妙相的外相而见如来。

此段文字的后面在说未来的众生听到这部经是否会生起信心？

从上下文关系看到的结果只是显示了一堆乱炖大杂烩！

不仅乱炖，把经文范围向前后再放大一些观察，自己打脸的状况非常明显。就是同一小段文字中都会出现"所有众生，若干种心，如来悉知"与"三心不可得"。自相残杀的文字惨案！这两段文字不但自相矛盾，更无法如经中所说"三心不可得"成了"如来悉知"的因。本来经中前文里有如来具足"五眼神通"，把五眼神通作为"如未悉知"的原因是没有问题的，这此大乘的编辑们是不是觉没有睡好，编着编着就编花了？

编撰此经的愚蠢的大乘论师完全不知道自己在干啥！暂且不说这些经文是大乘编辑们杜撰出来的，像这样剪辑，佛陀再好的原话都会被他们从钻石剪辑成煤碳。

金刚经讲'不住'讲得很多。如果要把这个精神推进到佛陀所说的法。最多也只能说不住于法。大乘编辑们一根筋的把"不住于法"执着推进到'佛陀没有说法'，等同于挥刀自宫！

论敌只需对大乘编辑们说"你们所编辑的经文不是佛陀所说"。大乘编辑们就只剩老血狂喷一个动作可做了。

这条同样适用龙树的本颂。

承认论敌这句话，等同于承认"大乘非佛说"

不承认论敌这句话，等同于立刻自煽耳光，唾面自干。

龙树还可以狡辩一下，说佛说的"从未说一句"仅是指针对万法实相而言，因为是离言的，非言诠所能表。所以关于胜义谛佛陀一字未说。

这是可以的！

意思是佛陀并没有对涅槃、如来，第一义、离言实相等等描述一个字。佛陀终其一生的说法只是对众生说了怎么修行脱离烦恼的方法。

如果是这样，佛陀尚且没有对涅槃等离言诸事说一个字，一句话。你龙树何德何能对涅槃等事巴啦巴啦废话半天，定义下了一大堆、概念堆积一大框。你龙树是不是觉得自己比佛陀还厉害？

佛所说的法有些是根据机缘而产生的一些答疑，听众、根器、佛说的内容等等都只是一些机缘。这些当机所讲的法讲过了的，都随缘而过。即使须菩提（善现）一字不差记录下来，也已经不是当时的那些因缘了。但是基于此，我们就能说佛从没说过法吗？显然不能！

我们最多只能说修行人不应执着（住）于佛陀的所说的某些法。

金刚经反复重申，修果不住果，就是让修行者避免成为功利主义者，计划完成者。这种修行的实践方法在其他领域早已经过了检验，获得巨大成功。比金刚经早得多的婆罗门教的毗湿奴与阿周那的"阵前对话"大差不差也有这个意思。

对佛门的修行人而言，如果大方向是朝向解脱，修行时把眼光从目标上收回来，不管最终结果如何，精进于修行上，也许是相对高效的方式。

暂时忘记涅槃的本质为何也许是不错的选择。

但是绝不能像龙树在本品中那样，一会儿把涅槃彻底搞成啥都没有、一会儿把涅槃等同于世间。

二十六、观十二因缘品

一般的观点认为前二十五品已经把大乘的内容说完了，这最后两品是转向声闻乘的内容，青目释也是这么解释的。但是像印顺导师这一类的不认同这一观点。

26. 1

　　众生痴所覆　　为后起三行

　　以起是行故　　随行堕六趣

大意是：众生因无明愚痴覆盖，为后世造作三种业，以因为这三种业的生起，众生就随业入于六道轮回

从本颂一直到 26. 6 颂都是描述十二因缘的内容。

据藏译本颂的三行有不同解读。

有说善、不善、不动三种

月称论师解释为身、口、意三业

本颂是说十二因缘前两支无明、行。

26. 2

　　以诸行因缘　　识受六道身

　　以有识著故　　增长于名色

大意是：随着诸业的缘故，众生的识受身于六道，依靠识投胎，然后形成了名色。

这一环节有很大问题的，识是不是名？名是精神。

26. 3

名色增长故　　因而生六入

情尘识和合　　而生于六触

大意是：精神物质一起增长，然后产生了六入（眼耳鼻舌身意）

26.4

因于六触故　　即生于三受

以因三受故　　而生于渴爱

大意是：因为六根与外界的接触，产生了苦乐舍三受，因为三受的原因，产生了渴爱。

这里也出现了问题，

1:触了之后依什么产生三受？为什么同样的触，触这一个就是乐，触另一个就是苦？

2:三受里的乐受产生爱，苦受与舍受产生的东西呢？总不能四舍五入就略过吧！

26.5

因爱有四取　　因取故有有

若取者不取　　则解脱无有

大意是：因为渴爱产生了取，依靠取的原故又产生了‘有’。如果取受者不再取受、就获得了解脱，不会再有三有。

取有四种（见取、戒禁取、我语取、欲取）

其中见取又分为（邪见、边执见、见取见）

这一颂都是按有部的观点在呈述。其分类又是一堆乱麻。和'因爱生取'完全脱节。这种胡乱无限细分的方式经常引发引人走入岔道的涡旋。

26.6
从有而有生　　从生有老死
从老死故有　　忧悲诸苦恼

大意是：从有产生了后世的五蕴，所以是依靠有的因缘而有生。从生有老死，因为老死又产生了忧愁、痛苦、不舒服。

以上六颂都是龙树在讲述十二因缘的内容。算一家之言、最多有个版本对比的价值。

26.7
如是等诸事　　皆从生而有
但以是因缘　　而集大苦阴

大意是：这一切都是因为生而有的，这个大苦聚集仅仅从因缘而生。

本颂龙树开始表达他自己的观点，他立的论是"生在前"。可能龙树健忘症又犯了。他自己之前破斥'生在死之前'可是费了老大劲了！

26.8
是谓为生死　　诸行之根本
无明者所造　　智者所不为

这个大苦阴的聚集就是被称为生死相续的根本，无明者则是造业者。智者不会造作这样的业中论越到后面，龙树的立论越多。不过大都是些不靠谱的喃喃呓语。没有什么强力支撑。生死相续的根本当然不是大苦阴集，相续的根本只能是'我'、没有'我'，就没有生命的相续，无论这个'我'是无明者还是智者。

大苦阴聚不过是'我'于无明开始后一连串因果链产生的一个感受结果。龙树自己在上一颂后半段写得清清楚楚，转个背，龙树就忘得一干二净！

26.9
　　以是事灭故　　　是事则不生
　　但是苦阴聚　　　如是而正灭

大意是：像这样修习，观十二因缘生灭，如果这些事项灭了、这些事项就不会生起。苦蕴随缘聚集也会像这样而灭。这就是十二因缘生灭义。

关于十二因缘，佛陀说得很少，后世解说却非常多，就以本品为例，颂词很短，看看印顺导师在《中观论颂讲记》里的大篇幅的详细分析就可见一斑。

关于十二因缘的分歧也很多。

水野弘元在《原始佛教的特质》中称："由于原始经典本身，对十二缘起没有一定的明确解说，且部派佛教以低俗的形式误传，所以今日不论是西洋学者之间，或东方佛教学者之间，对十二缘起没有一定的解释，而产生种种说法，甚至曾在学界中展开热烈的论战。"

虽然部派佛教的版本未必是水野弘元认为的低俗，但各派之间的激烈论战，事实上的确如此。

除龙树这一版之外，在龙树之前部派佛教说一切有部、南传上座部，各有自己的解说。在龙树之后的瑜伽行唯识学派也有自己的解说。这里面涉及各派怎么看待缘起规律与缘生法等等纠缠不清的内容。

但总体而言，佛陀是讲得粗大，后世佛门论师的解说都是趋于细节化。

各家讲得越细，分歧越大。

笔者个人猜测，佛陀讲十二缘起并无意去细化其中每一支。其用意或许是为了解决如下二个问题

一是要众生理解"智慧解脱道"的合法性重要性。

二是要众生理解"业力不虚"。

修行人求解脱之心是共同的，但不同修行门派的方式却并不相同，佛门讲求"智悲双运"，这其中的智慧解脱与大悲心并行不悖。十二因缘的第一支就是无明（愚痴）。解决了无明，就从根本上得到解脱，解决无明的办法就是靠智慧。

佛陀的十二因缘是以长链条结构出现的。展示出草色灰线伏延千里的感觉。比如单独把第二支'行'与第六支'触'拎出来放一起是看不出其中联系的。但是把十二因缘拉通了依秩序感悟，就明显能感到业力不虚贯通其中。最后还是让众生明白要重视因果，多行慈悲。

如果以上二点是说得通的，佛陀根本就无需像后世各种版本那样去详细阐述十二因缘里每支的具体细节。更没有必要进一步去归纳总结出'刹那缘起'、'连缚缘起'、'远续缘起'、三世两重因果的'分位缘起'。

回过头来看本品，青目释里解释，本品及下一品是龙树离开大乘，依声闻乘的内容去阐述第一义（胜义谛）。但是

从本品颂词看不到这样的感觉，如果龙树初心是这样，实际结果却是走样的。龙树自己也被卷进了'缘生法'的具体细节的漩涡之中，参与各派肉搏。而对缘起规律并没有什么拿得出手的东西。对于怎么利用十二因缘来达到修行的目的，龙树的解决方案也是理路不清。

二十七、观邪见品

佛门内部各派由于标准不统一，对于什么是邪见众说纷坛。而龙树在本品把邪见归纳为我见和边见。

27.1

    我于过去世   为有为是无

    世间常等见   皆依过去世

大意是：我在过去世是有、无、二者兼具、二者皆非。

世间在过去世是常、无常、二者兼具、二者皆非。

这些都是依靠过去世而安立的。

27.2

    我于未来世   为作为不作

    有边等诸见   皆依未来世

大意是：我在未来世。是有、无、二者兼具、二者皆非。

世间在未来世是有边、无边、二者兼具、二者皆非。

这些都是依靠未来世而安立的。

这两颂都是龙树在呈述论敌的'邪见'，总共有十六种的见解全部罗列了出来。前世八种、后世八种。

27.3

    过去世有我   是事不可得

    过去世中我   不作今世我

龙树从本颂开始破斥这些'邪见'，但其实本质上还是在破'我'。

大意是：说过去世中有我存在，这是不成立的。

因为过去世的我不是今日的我

为什么不是？

龙树在本颂其实就开始在干一件事，把肉身与'我'捆绑打包。接下去的推论都要基于这个捆绑打包。

当然论敌肯定是不会承认的，论敌的'我'仅指可以和肉身分离进入轮回转世的东西。这和龙树捆绑打包的东西完全不是一码事，属于龙树在扭曲对方的观点。

在论敌的定义中这个'我'是不变的，前世后世都是同一个。而肉身则每世都不同，相当于同一套软件、可以安装在不同的硬件中。

27.4

若谓我即是　　而身有异相

若当离于身　　何处别有我

大意是：如果说前后世的我就是一个，只是前后世的五蕴有差别，这不合理，因为离开了五蕴，哪还有一个我呢？

本颂龙树的推论建立在五蕴与'我'绝非异体之上。

在这里产生的问题是论敌认为肉身与'我'是两码事，'我'是补特伽罗，是灵魂，是不可言说的我。'我'在前世后世都是存在的，并且就是同一个'我'。肉身是每一世都不同的。

而龙树扯到五蕴上去讨论，而五蕴（色、受、想、行、识）之中既包括肉身，又包含'我'还包含肉身之外的物质世界。用这一套泛泛的关系去讨论肉身与'我'根本就不合适。纯属于龙树在胡敌攀扯。

如果把五蕴之中的色看作肉身，而后四项受、想、行、识代表的是精神。如果这四项全部归属于'我'，论敌的肉身是肉身，'我'是'我'的说法是没有问题的。

而龙树则把把论敌的肉身与五蕴划上等号。

论敌说：前后世肉身不同、但'我'是同一个

龙树把论敌的观点换成：前后世五蕴不同、但'我'是同一个。

靠偷换概念来混江湖。

本颂也是下面几颂的基础，本颂的楼已经被建歪了，所以接下去的龙树颂词也将越歪越严重。

27.5
　　离有无身我　　是事为已成
　　若谓身即我　　若都无有我
大意是：离开五蕴没有我，这是已经是既成事实。

如果还说五蕴即我，那就不存在人我了。

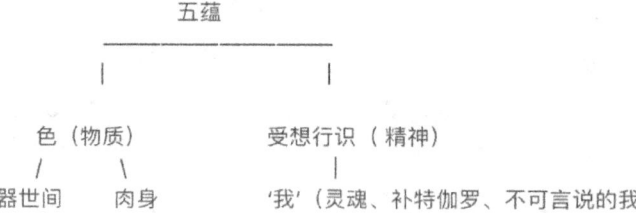

如上图，五蕴是由器世间（肉身之外的所有物质世界）、有情众生的肉身、'我'这三项所构成。应该说离开这三项的任意一个，五蕴就不是五蕴了。在这个图中，五蕴

既不是器世间、也不是'我'、更不是肉身。它是包括全部三项在内的统称。

龙树在这里面废话半天都说不到重点。

论敌根本用不着跟龙树讨论什么五蕴，只探讨肉身与'我'这一层的关系，就可以描述关于'我'在过去世、未来世的存在状态。

27.6

但身不为我　　身相生灭故

云何当以受　　而作于受者

大意是：五蕴不是我，五蕴有生灭相。如果五蕴就是人我，那么所受的五蕴和取受者就变成一体了。

既然龙树在本颂承认了五蕴不是我，那还怎么证明前世的我不是今世的我？之前的 27.3 颂龙树一口咬定前世的我不是今世的我。

27.8

若离身有我　　是事则不然

无受而有我　　而实不可得

大意是：如果离开五蕴有我，这是不合理的。

因为没有所取受而有我，这样的我不可得

如果'我'离开某一世的五蕴转世投胎去了，那么原来的五蕴就只剩下色（物质一项），受想行识四项随着'我'而去。并没有出现龙树认为的这个'我'单独离去，留下了色、受、想、行、识。

虽然对于'我'转世投胎的过程的详情，主要指中阴这一段究竟是如何运作的，众说纷纭。但并不影响大家作出'我'离世后受、想、行、识这四项随即也离开的判断。

龙树在本颂把五蕴错误的想象成一个不可分割的主体来思考与'我'之间的关系，不可避免的产生了离世的'我'没有所取对象、没有所接收信息的局面。

27.9

今我不离受　　亦不即是受

非无受非无　　此即决定义

大意是：'我'不能离开五蕴而存在，也不是五蕴本身

'我'既不是不观待取受五蕴而有，也不是不存在

本颂前二句是从一体异体的角度去观察'我'与五蕴的关系。从 27.5 颂的图中可以看到这种观察方式没有意义。在某一世中，'我'是五蕴这个关系总称下的一个组成部分。当'我'离开这一世，那么这一世的关系总称就瓦解了。龙树去探讨这关系是一体异体对'我'的存在而言毫无意义。什么也破不了，什么说不明白。

本颂后二句完全因为版本的翻译完全不同，不知道谁抄错了，所以笔者就不作评论了。

27.10

过去我不作　　是事则不然

过去世中我　　异今亦不然

大意是：过去世的我不生不合理

过去世的我与今世的我不同也不合理

龙树的唾面自干来得不但快，而且反复来，27.3 颂才论证了过去世的我与今世的我是不同的！

龙树在下一颂继续追打 27.3 颂的立论。感觉龙树从第一品写到二十七品，走火入魔已经不可避免了！

阿弥陀佛！

27.11

若谓有异者　　离彼应有今

我住过去世　　而今我自生

大意是：如果说过去的我和现在的我有异，则有三种过失：

离开过去的我有现在的我

现在的我与过去的我共住

而现在的我是自己产生的。

这一颂龙树的推论稀里哗啦，烂泥一堆。

假设过去的我和现在的我不同。这个「我」的限定条件就必须交待清楚，

是单指肉身，

是肉身+灵魂，

还是仅指灵魂？

如果是前二者，当然不同。离开过去的我当然可以有今世的我。

如果是后者，就是相同的。

如果这个不交待清楚，后面的推论的三种过失纯属瞎推。

并且即便忽略这个前置条件，龙树的推论也是胡来。

前我与后我不同如何能推论出前后共住？把时间当摆设吗？还是你龙树又发功把现在的我送回到过去玩了把穿越？

前我与后我不同如何能推论出现在的我是自生？没有前我、也会有众缘合成今我的他生，哪里就必然有自生？

龙树的'逻辑'总是令人不敢抱以期望，和他同时代或者之前的社会水平相比，总能突显出龙树的短板。

读者读着读着就会产生到底有邪见的是论敌还是龙树？

笔者对论敌是不是邪见不敢妄下断言，龙树是邪见倒是可以确定的。

27.12

> 如是则断灭　　失于业果报
> 彼作而此受　　有如是等过

大意是：如果像上一颂这种情况，则会产生断灭，业果报应也会被破坏。有他人作业而此人受报等诸多过失。

这一颂，虽然龙树的前提是上一颂遗留的错误。但平心而论，不能把本颂后面的推论里的众多条件看作是龙树自己的主张。

这些条件包括不允许前世后世断灭，不允许破坏业果报应的运作机制等等。

基于这些条件，一般人都会推导出业果是不虚了，随之而来的'我'（补特伽罗、灵魂、不可言说的我）也必然恒常于前世今生后世。

龙树之前怎么破的'我'，现在又怎么毫发未伤的找回去！辛辛苦苦几十年，一夜回到解放前。

其实不是这样！

因为本颂还是处于应成法的使用过程之中。龙树的意思只是：如果你们说前世与后世的我不同，则你们自己主张的这些业果不失，不常不断就会被破坏。

当然龙树这个应成法是建立在前面扭曲论敌观点的基础上，没有成功的可能。

27.13
　　先无而今有　　　此中亦有过
　　我则是作法　　　亦为是无因
大意是：原先在过去世中没有我，现在有我了。这也是有过失的。

我是所作法，我变成了无因生。

我是所作法，不就是缘生吗？最少也是他生，龙树怎么能推成无因生？又喝高了吧！

27.14
　　如过去世中　　　有我无我见
　　若共若不共　　　是事皆不然
大意是：观察过去世中，关于'我'的有、无、亦有亦无、非有非无。都不成立

这一颂总结属于口号型废话，可以删除。

27.15
　　我于未来世　　　为作为不作
　　如是之见者　　　皆同过去世

大意是：观察过去世中，关于'我'的有、无、亦有亦无、非有非无。都不成立

这一颂也是口号型废话，可以和上一颂一并删除。

27.16

若天即是人 　　则堕于常边

天则为无生 　　常法不生故

如果天人就是世人、则堕入常边

天人则为无生，因为常法不生的原因。

龙树在本颂探讨天人与人在这二道之间的的关系，

天人在天道，人则在人道。按六道轮回的一些表面描述。'我'入于人道是肉身，'我'入于天道则是仙体。如果观察天人与人明显有仙体与肉体的区别。那么龙树去假设天人就是人有一丁点的必要吗？

答案是没有。

那么龙树其实想干什么？想都想得到，论敌在主张天人的'我'就是人的'我'。大白话是天人的灵魂就是人的灵魂，只不过是灵魂从人转生到天道换了一个身体而已。

龙树破斥的方式仍然是上不了台面的扭曲对方观点，把论敌的'我'偷换成天人、人来推论。

27.17

若天异于人 　　是即为无常

若天异人者 　　是则无相续

大意是：如果天人与人不同，这就是无常。

如果天人与人不同，则成了无相续

同上一颂，龙树继续停留在偷换概念后的胡说八道上。

天人与人的相续本来就是靠'我'。天人与人是不是同一个东西与相续没有什么直接关系。

27.18
　　若半天半人　　则堕于二边
　　常及于无常　　是事则不然

如果众生半身是天。半身是人。这样则堕入常与无常二边。常与无常这两个相违的东西怎能能共处呢？

本颂龙树已经开始在错误的基础上想入非非了！

这都是些什么玩意儿啊！

妄想用这些东西去破'我'、灵魂、补特伽罗、不可言说的我？简直不忍卒睹

可笑可怜又可悲！

笔者是不相信有论敌会执如此之观点并等待龙树来破，如果真有这样的论敌，怎么没有送进精神病医院，还能似漏网之鱼潜入了辩论大会？

事实上论敌的观点非常清淅明白——天人和人的身体不同，但所谓的'我'恒常不变。

龙树当然有权利对论敌的观点进行破斥，但是怎么会去弄出一个一半是天人一半是人的鬼东西出来？并且这个鬼东西对破斥论敌的观点毫无作用！

本颂后两句本身也涉及一个悖论。如果一切都是无常的，这个无常本身就是常。从这个角度看无常就是一种常。

27.19
　　若常及无常　　是二俱成者

　　如是则应成　　非常非无常

大意是：如果常、二无常可以同时存在。

那么非常非无常也应该同时存在。

这都是不合理，也不成立的。

经过上一颂，这一颂可以删了，毫无价值。

非常是什么？不就是无常吗？

非无常是什么？不就是常吗？

何须用一颂来废话。

27.20

　　法若定有来　　及定有去者

　　生死则无始　　而实无此事

大意是：事物如果有来去，那么生死就会应该是无始的，但根本没有无始这种事

这一颂，龙树立了新观点。

无论是佛经还是教界，因为不承认世界为造物主所造。谈论世界的起源都是说'无始以来'。对于这个佛门的基本共识，龙树在本颂否定了。

这让笔者大吃一惊，然后去看印顺导师的"中观论颂讲记"，确定无误的确是龙树的观点。龙树本颂只有观点，并没有详细论证。而印顺导师替龙树解释的内容是站不住脚的。印顺导师意思是："无始就是没有开始，继然开始都没有，哪里还有无始？"。这显然是依龙树的玩概念那一套在推论。

把无始建立于有始的基础上，没有开始这个概念，哪里有无始这个概念。

　　　　　　　生、死、生、死、生、死
　　　　　　│
　　　　　无始

如上图，对于现在向过去追溯找不到由造物主创世的起点，所以把这个虚线代表的无穷称为无始以来。对于这个清楚的描述，龙树进行了否定，否定之后的结果是什么？其实只剩下有开始，这必然导向造物主创造奇迹。龙树只能叛出佛门！

如果龙树狡辩，我否定了无始，但也否定了开始。那就只有被裁判请到一边玩沙去，不适合进入严肃的辩论场合。如果可以这么玩，佛陀还用得着说无始以来？

27.21
　　今若无有常　　云何有无常
　　亦常亦无常　　非常非无常

大意是：现在没有常、哪里还会有无常、亦常亦无常、非常非无常。

龙树本颂的解释印证了前一颂印顺导师的解释没有误解龙树。

本颂龙树的推论仍然是停留在文字概念本身的真空状态之中。概念之间互相依存。也就是笔者常说的掉进纯文字概念的泥潭再也爬不起来。

人们一般是这样使用概念————说‘我’无始以来，都在生死中轮回。‘我’（灵魂、补特伽罗）是‘常’的。而每一世不同的肉身是幻生幻灭、无常的。

常与无常都是有关于事物的状态的描述概念。

‘我’如果是常，‘我’就不是无常。这是很清楚的使用方法。

而龙树把'常'与'无常'单独抠出来观察，寻找其中的关系。但是他忘了离开了'我'之类的事物，哪里还有常与无常安立的空间？你龙树还能叽叽歪歪个啥？

佛门内论敌指责龙树破坏世间名言，的确也没有冤枉他。

27.22

　　若世间有边　　　云何有后世

　　若世间无边　　　云何有后世

本颂开始龙树转向破斥边见

大意是：如果世界有边，怎么会有后世

如果世界无边，怎么会有后世？

如果世界在时空上是有边界的，比如下一秒，或者五十亿年后就结束，归零，断灭发生。当然什么后世也没有。

但是如果世界在时空轴上是没有尽头的，怎么会没有后世呢？

在这个无尽的时空前提下，前世后世是依'我'而设定的，有没有后世主要和'我'能否恒常并转世有关。龙树在无尽的宇宙时空上去瞎摸一通，不落脚于具体的'我'，啥都摸不着。

本来宇宙有边无边的问题是十四无记里的内容，佛陀对这些问题选择了避而不答。这本就不是未成佛的修行人能理解的东西，佛陀的意思是清楚的，请大家老老实实修行，减少烦恼，别去碰这些玩意儿，有害无益。

但是一大群不自量力的所谓'智者'扑了上去，誓要把宇宙实相给定个板。当然这其中也包括本书的论主龙树。结果一个二个把自己搞得更加烦恼。

27.23

　　五阴常相续　　　犹如灯火炎

　　以是故世间　　　不应边无边

大意是：五蕴常相续，像是灯的火焰一样。

众缘不尽灯不灭，若尽则灭。所以不得说世间有边无边

龙树本颂又挑错了观察对象，五蕴这玩意儿是作为主体的'我'在某一世内同一时间段里与客体之间关系的描述。不适合用来举证相续，更不适合用来研究有边无边。

对于'我'而言，人死'我'灭（人死灯灭），就是断灭，这就不是相续。要成立'我'的相续，就要给'我'按排下一世的转世（这是仅对包括诸如佛门的转世论在内的所有转世论者而言，对于今世的人死之后见上帝这一类相续不适合）。于是相续的主体——我——在前世、今世、后世之中串流，而五蕴之中的肉身根本就没有随'我'一起发生串流。器世间的东西（比如今世天天戴在手指上的钻石戒指）也没有随'我'去转世投胎。哪里来的什么'五蕴常相续'？

龙树若要谈论相续，有边无边，就必须抛下五蕴这个关系总和，以五蕴之下的器世间、肉身、'我'分开论述。

不然永远是一锅浆糊！因为这三者的性质差别巨大。

遗憾的是不仅是龙树，其他中观论师如月称同样是在这锅浆糊里游泳。

27.24

　　若先五阴坏　　　不因是五阴

更生后五阴　　世间则有边

大意是：如果前一世的五蕴坏灭，则不应该是前世的五蕴生后世的五蕴，如果这样世界就是有边的。

27.25

若先阴不坏　　亦不因是阴
而生后五阴　　世间则无边

大意是：如果前世五蕴常住不坏，也不是前世五蕴生的后世五蕴，那么世界就是无边的。

如笔者在 27.23 颂所言，以上两颂龙树仍然在五蕴的泥潭里奋力打滚，试图依靠对五蕴的分析去把有边无边探个究竟。龙树的目标是破有边、破无边。这个目标依龙树的路径是无法实现的。

他需要做的应该是老老实实依佛陀的教诲，不去碰这玩意儿。

27.26

真法及说者　　听者难得故
如是则生死　　非有边无边

大意是：真法不是有边也不是无边。因为得不到真法因缘，生死往来就不会停止。

这一颂的颂词在藏译里没有，不知道龙树原文里有没有这一颂。

27.27

若世半有边　　世间半无边
是则亦有边　　亦无边不然

大意是：如果世间一半有边、一半无边，这就成为了亦有边亦无边。这样则成了一法二相，事实上不是这样的。

世间的事物，一法二相的多了去了，没啥不可能的。

27.28

　　彼受五阴者　　云何一分破
　　一分而不破　　是事则不然

大意是：那些领受五蕴的人也是如此，怎么能一部分坏灭，一部分不坏灭呢？这也与事实不符。

有什么与事实不符的？

世间人=肉身+'我'。

肉身坏了，'我'不坏转世而去。这在转世轮回的图景中非常合理，除非龙树把转世轮回废了。

27.29

　　受亦复如是　　云何一分破
　　一分而不破　　是事亦不然

大意是：所领受的五蕴也是如此，怎么能一部分坏灭，一部分不坏灭呢？这也与事实不符。

这一颂应该是龙树写的病句，领受者是'我'。我是无法领受五蕴的，因为'我'就是五蕴之中的一个组成部分。领受者'我'所领受的只能是五蕴之中除'我'之外的余下的部分，比如——色。

27.30

　　若亦有无边　　是二得成者
　　非有非无边　　是则亦应成

大意是：如果亦有亦无边这种兼具的模式成立，那么非有非无边也应该成立

关于有边、无边。龙树都未能找到破斥路径，瓦上盖瓦般的推论二俱、二非没有任何价值。

27.31

一切法空故　　世间常等见

何处于何时　　谁起是诸见

大意是：由于一切法都是空性的缘故，无论何时何地，谁还能生起这四边十六见呢？

最后，龙树又祭出他含义不清的'空性'来总领全局。

如果龙树的空是'无'，那么'无'就能成立。

如果龙树的空是'缘起'，那么'有'就能成立。

作为教内精英的龙树仍然找不到出路。

从另一个角度也充分证明了佛陀面对十四无记为什么沉默不语的必要性。

27.32

瞿昙大圣主　　怜愍说是法

悉断一切见　　我今稽首礼

大意是：佛陀为了令众生断除一切边执邪见、而以大悲心宣说了正法，我现在毕恭毕敬地向佛陀顶礼！

到此为止，中论就全部结束了，借这最后一颂的颂词，笔者想说的是，佛陀已经说清楚的东西经不靠谱的龙树一通添油加醋，胡搅蛮缠。搅出了一堆一堆的迷雾。

这些迷雾笼罩于教界近一千八百年，是时候该吹散了。

后 记

为什么龙树的中论在笔者看来是一笔逻辑混乱的糊涂账?

笔者认为回头重新去看佛陀的十四无记或许能找到些答案。十四无记有四类问题,

第一类——世界是永恒的?还是非永恒的?即永恒又非永恒?非永恒又非不永恒?

第二类——世界是有限的,还是无限的?是既有限又无限?还是非有限非无限?

第三类——证得大觉的如来死去以后是存在?还是不存在?是既存在又不存在?还是非存在亦非不存在?

第四类——心灵与肉体是一是异?

对于十四无记里的问题,佛陀没有直接作答,选择了沉默不语。

为什么?

是佛陀不如龙树吗?显然不是。

也许伟大的佛陀在这些涉及宇宙极限的范畴中看到了什么不是凡人可以理解的,而用人类语言来表达也许远远不够呈显其真实样貌。所以佛陀悬置了论难转而用箭喻告诫修行人,踏踏实实的依修行解决目前紧迫的烦恼问题,不要妄想着去当造物主策划宇宙如何运行。

而龙树们偏偏不信这个邪,硬着头皮也要试图充当整个宇宙的程序员。无可厚非,他们有这样去试试的权力,没有人去试试也说不过去,试都不试,怎么知道行不通呢?佛陀刚

针对婆罗门说了人无我,说一切有部就去'法有'那块地开荒建大楼去了。般若干脆简单粗暴的把人无我无限拓展出去,直接复制粘贴成法无我。

弗里德曼则认为:真理从来不可能被完全证实,对真理的寻求是一项依据新经验检验新旧假说的无止境的过程,真理是在观察的过程中一块块拼起来的,真理不是终将被征服的高峰。

每一次新发现,都打开了无知和探索的新领域。我们知道得越多,我们就意识到我们所知的越少,而且有待认识的就更多。真理只不过是在没有尽头的道路上进行着的无尽旅程中的站点。我们所掌握的知识永远只是临时性和试探性的。

注:(引自弗里德曼传)

笔者认为弗里德曼对真理的认识态度完全可以成为修行人对缘起的态度。

我们一直在修行,一直在追寻理解缘起的过程中却永远不可能到达终点。

正因为缘起的无限,所以我们不必担心有一天我们的后代会质问"为什么要把我生出来?所有的一切你们都已经确知了,定调了,还生我出来干嘛?"

宇宙还有慈悲隐藏于其中的话,就应该保持其永远不会被完全解密的状态。

而妄想策划宇宙毕竟空的龙树只是做了一次注定要失败的尝试,如同柏拉图,亚里士多德,黑格尔等等一长串妄想代行造物主之责的凡人一样。

虽然龙树尝试是失败了,但中论作为磨刀石却是不错的。破除了龙树的迷雾虽然不能让我们立即观见全部缘起真理,但却有可能学会了怎么磨好艰难前行时披荆斩棘的刀,虽然还远不是文殊师利菩萨的智慧利剑，好歹手里有个工具了。

如果读到这里还有人念念不忘《楞伽经》里有佛陀对龙树的授记，那就合上本书并忘掉书中的内容，本书明显不适合这类读者。

笔者的观点非常明确，不屑于理会这类后人添加的广告宣传。

本文的写作过程中难免因笔者能力不足，写作充忙，导致一些错漏，希望读者能自行捡择，指正。为此带来的不便敬请谅解。

无上甚深微妙法
百千万劫难遭遇
我今见闻得受持
愿解如来真实义

顶礼诸佛菩萨，如果没有诸佛菩萨冥冥之中的引导，笔者也许无法完成本书。

写完本书回过头去，笔者要衷心感谢演培法师、印顺导师、索达吉堪布、以及围绕着《中论》孜孜以求的众多论师。借由他们的工作成果，笔者才能跨进《中论》的大门。虽然笔者与他们的观点完全相反，但是对他们的敬意不损分毫。

以演培法师在《入中论颂讲记》所言，月称论师把《入中论》的重点与精华放在第六地现前地，详解般若。其余仅是简约带过。由于笔者与月称论师的观点完全不同，觉得第六地现前地的内容没有什么价值, 反而感觉月称论师简约带过的那些内容很不错, 非常值得尊敬!

　　笔者甚至希望达赖喇嘛尊者也能看到本书, 我们知道作为藏传佛教的领袖, 尊者是毫不讳言的公开表示倾向于龙树的。阿弥陀佛!希望尊者能听到完全不同的声音。

2022 年 2 月 11 日

听云